13인의 재일한인 이야기

在日異人傳

在日異人傳

동국대학교 일본학연구소 번역총서

13인의 재일한인 이야기

보고사
BOGOSA

시작하며

　‘異人’이라는 한자어는 일본뿐 아니라, 중화권이나 한반도에서도 통하는 말이다. 중국 간체자로는 ‘异人’, 한글로는 ‘이인’으로 표기한다. 일본에서는 ‘이진칸(異人館)’[1]이라는 말에서 알 수 있듯이 대개 외국인을 가리킨다. 또한 ‘평균 또는 주류에서 일탈’한다는 한자의 뉘앙스로 인해 부정적인 이미지를 갖기도 한다. 그러나 ‘이인’은 본래 뛰어난 ‘이재(異才)’, ‘이능(異能)’의 소유자라는 긍정적인 뉘앙스도 갖는다.

　이 책은 그러한 ‘이인’들의 삶에 초점을 맞췄다. ‘재일(在日)’이라는 말은 ‘재일 화교’, ‘재일 미군’ 등 다양한 층을 포함하지만, 여기서는 한반도에 뿌리를 둔 사람들로 한정하고자 한다.

　물론 ‘재일한국·조선인’, ‘재일코리안’과 같은 구분도 분명히 있다. 자신 또는 부모의 국적이나 출생지, 뿌리에 대한 사고방식도 각양각색이다. 그러나 이 책에서 소개하는 사람들의 삶은 모두 일본이라는 환경과 근현대사를 비추는 거울이다.

　책에서 소개하는 인물은 의도적으로 각각의 연대나 활동 분야가 고루 분산되도록 선별하였다. 등장하는 이들은 그 희유의 삶이 일본의 매스컴에 다뤄졌다는 것 이외에, 서로 특별한 공통점은 없다. 또한 본문에서는 경칭을 생략하기로 한다.

---

1) 일본의 메이지 시대(1868~1912)에 서양인들의 거주 공간으로 지은 서양관.

차례

▶ **일러두기**

– 일제 식민지 시기부터 일본으로 이주한 조선인과 그들의 후손을 명명하는 용어는
매우 다양하다. 재일한인, 재일조선인, 재일동포, 재일한국인, 재일조선·한국인, 재
일코리안, 자이니치 등의 명칭이 관점과 입장에 따라 다양한 맥락에서 쓰이고 있다.

– 역자는 한반도에 민족적 유래를 지닌 재일조선인·한국인의 존재론적 위치를 아우
르는 개념으로서 '재일한인'이라는 말을 제목에 사용하였다. 다만 본문 중에는 저자
가 문맥에 따라 달리 사용한 명칭을 최대한 그대로 반영하고자 했다. 따라서 이
책에서는 재일, 재일코리안, 재일한국인, 재일한국·조선인, 자이니치 등의 용어를
다양하게 사용하였음을 밝혀둔다.

서장
'소문'의 이면에 깔린 역사

야키니쿠 식당 '식도원'에 드나든 연예인들

미소라 히바리는 재일한국·조선인이었다는 소문이 있다. 쇼와(昭和, 1926~1989) 시대를 산 사람들에게는 설명이 필요 없지만 미소라 히바리는 1937년생 여가수다. 1949년, 열두 살의 나이에 데뷔하여 일찍이 천재적인 가창력을 인정받고 일본 연예계를 대표하는 스타가 되었다. 쇼와 시대가 막을 내린 1989년 6월, 그녀는 52세의 젊은 나이로 세상을 떠났다.

미소라 히바리가 10대였을 때 당시 매니저 일을 해주던 어머니 손에 이끌려 오사카의 인기 야키니쿠 식당 '식도원'에 자주 갔었다고 한다. 그녀가 식당에 나타날 때는 언제나 선글라스와 커다란 마스크로 변장을 한 차림이었다.

일본식 불고기, 즉 야키니쿠의 원조라 불리는 '식도원'은 평양 출신 임광식이 해방 직후에 문을 연 가게다. 그는 훗날 일본 국적을 취득하여 에자키 미쓰오로 이름을 바꿨다.

'식도원'은 역도산이 자주 찾은 집으로도 유명하다. 역도산은 1950~60년대에 국민적 인기를 얻었던 프로 레슬러다. 본명은 김신락, 출생지는 함경남도이다. 역도산도 1951년에 일본 국적을 취득하여 모모타 미쓰히로라는 이름을 썼다. 김신락이라는 본명이 세상에 널리 알려진 것은 사후 10년 이상이 지나고 나서였다. 생전의 역도산은 한반도 출신인 것이 알려지지 않도록 늘 조심했다.

미소라 히바리의 콘서트를 기획한 이가 역도산의 프로 레슬링 선수 데뷔전을 성사시켰고 1955년에 개봉된 역도산 전기 영화의 주제가를 부른 사람도 미소라 히바리다.

역도산과 미소라는 친분이 있었던 것으로 알려져 있다. 역도산의 부인 다나카 게이코 말에 따르면 역도산이 미소라 히바리를 여동생처럼 귀여워했고 '히바리가 나한테 마음이 있었다'며 자랑하듯 말하곤 했다고 한다.

'의혹'을 둘러싼 논쟁

미소라가 변장을 하고 야키니쿠 식당에 드나들었던 것은, 한국 음식을 좋아하는 것이 알려지면 자신의 출신이 들통날 것이라 생각했기 때문은 아니었을까. 역도산과의 친분, 그리고 선글라스와 커다란 마스크로 얼굴을 가리고 야키니쿠 식당에 갔던 것을 보면 쉽게 유추할 수 있는 부분이다.

다만 이 '의혹'은 과거에 한 주간지에서 사실무근이라 보도되었다. 미소라가 타계한 1989년, 한국의 주간지가 '미소라의 부친은 한국인'

이라고 보도했다. 이에 대해『슈칸분슌(週刊文春)』은 같은 해 8월 10일 발행호에서 관계자들의 증언과 함께 '미소라 히바리의 부친은 한국인, 어디까지 진실인가'라는 제목의 기사를 실었다. 미소라 히바리의 부친은 1912년생으로, 같은 고향 사람의 증언에 의하면 도치기현에서 대대로 농업에 종사하던 집에서 태어났다고 한다. 기사는 한국에서 굳게 믿고 있는 '한국인설'의 근거는 결국 찾을 수 없었으며, 미소라의 어머니도 그 소문을 듣고 웃어넘겼다고 전했다.

미소라가 한국인이라는 근거는 발견되지 않았다. 그러나 이런 소문이 사실로 밝혀진 예는 상당히 많다. 앞서 예를 들었던 역도산도 그랬고 1970~80년대 인기배우였던 마쓰다 유사쿠도 사망 후 친척들에 의해 한국인임이 밝혀졌다. 또한 떠도는 소문을 본인이 사실로 인정한 경우도 있다. 와다 아키코는 부친이 사망한 이듬해인 2005년, 주간지에서 국적과 가족에 관한 이야기를 했다. 그녀는 데뷔 후 바로 국적을 일본으로 바꿨고 재혼 후 현재 호적상의 본명은 '이이즈카 아키코'라고 한다.

'국민가수'의 조건

어째서 그들은 일본 이름으로 활동하고 공식 프로필에 일본인이라고 적었을까.

1969년 잡지『슈칸헤이본(週刊平凡)』에는 '한국인 남편을 둔 미야코 하루미의 어머니, 마쓰요 씨(50세)의 굴욕과 인내의 23년'이라는 제목의 기사가 실렸다. 미야코는 1948년생으로 인기 여성 엔카 가수이다. 데뷔한 1964년에 일본레코드대상 신인상을 수상하면서 일찍이 스타로서 많은 사랑을 받았다. 이 기사가 나오기까지 그녀의 아버지가 일본인이 아니라는 사실은 알려지지 않았다.

아버지 이정차는 재일한국인이었다. 미야코의 어머니 기타무라 마쓰요는 일본인이었음에도 남편이 재일한국인이라는 이유로 일본 사회에서 철저하게 배제되었다고 고백했다. "장녀 하루미가 태어났다(1948년 2월 22일). 그러자 '한국인의 자식을 낳다니!'라는 비난이 마쓰요에게 쏟아졌다", "그러나 주위의 굴욕적인 비난을 체감할수록 마쓰요의 마음속에 간절한 바람이 더욱 강해졌다. 두고 보자. 내가 이 굴욕을 기필코 씻어 내리라. 어떻게 해서든지 딸을 성공시키고야 말 테다."

이 기사가 나오고 7년 후인 1976년, 대히트곡 '북쪽의 여관에서(北の宿から)'로 미야코는 일본레코드대상 대상을 수상한다. 그러자 『슈칸산케이(週刊サンケイ)』는 '레코드대상도 극우, 미야코 하루미가 국민가수가 될 수 없는 부분'이라는 제목의 기사를 게재하여 부친의 출신을 언급했다. 기사는 미야코가 왜 미소라 히바리와 같은 '국민가수'가 될 수 없는지 그 이유에 대해 5페이지의 지면을 할애하여 "'이춘미'가 미야코 하루미의 출생 당시 이름이라는 점을 기억해야 할 것이다. 부친인 이정차 씨는 한국인이다."라고 썼다. 미야코는 이후 잡지 인터뷰에서 부친의 국적과 관련하여 "저런 사람한테 일본레코드대상을 줘도 되는 거냐."는 비난을 받았다고 회고했다.

'저 연예인은 조선인이라며?'라는 소문은 어찌 보면 암묵적으로 그냥 지나치던 집단의 존재를 강하게 의식할 때 나오게 되는 것이다. 소문의 주인공 대다수는 균질한 일본 사회를 연출하는 데에 협력함으로써 공존을 인정받아 왔다. 그러나 미야코의 어머니와 같이 그 암묵적인 틀에서 벗어나는 순간 '저런 사람한테 일본레코드대상을 줘도 되는 거냐.'와 같은 배제의 시스템이 작동한다.

역도산, 마쓰다 유사쿠, 와다 아키코 등도 일본 이름으로 일본 국적을 취득했다. 신청 절차가 번거롭긴 해도 어찌 됐든 이름이나 국적은 본인이 원한다면 법적 수단을 통해 바꿀 수 있다.

다만 자신을 낳아 길러준 부모의 삶이나 심정까지는 바꿀 수 없다. 그것을 어떻게 받아들이느냐는 천차만별이지만, 일련의 에피소드의 밑바탕에는 한반도와 일본 사이에 가로놓인 100년의 역사가 존재한다. 이에 사전 지식 차원에서 그 개요를 간단히 설명하기로 한다.

제국 신민에 편입된 조선인

1882년부터 발행된 『일본제국통계연감』에 따르면 그해 일본 국내에 재류한 조선인 수는 단 네 명에 불과했다. 그러던 것이 1945년 8월에는 200만~240만 명이었다. 참고로 법무성의 재류외국인 통계에 따르면 2017년 6월을 기준으로 재일한국·조선인은 약 48만 5천 명이다.

대륙 진출 기회를 엿보고 있던 일본 메이지 정부는 그 발판으로 조선을 주목했다. 당시 조선은 500년 동안 이어진 조선왕조 통치가 극도로 피폐해져 산업의 부진, 행정의 부패, 유망민(流亡民)의 속출 등 서서히 붕괴되고 있었다. 일본은 1876년, 조선과의 무력 충돌(강화도 사건)을 구실로 조일수호조규를 체결한다. 일본은 이 불평등 조약으로 수많은 특혜를 보장받고 조선의 지배에 나서게 된다.

이후 일본은 1905년, 조선을 사실상 속국화하는 을사보호조약을 체결한다. 같은 해에 일본의 통치 기관인 통감부가 수도 한성에 설치되어 조선은 독립국의 입지를 상실했다. 이어서 1910년에는 한일 강제병합으로 조선은 통치권 일체가 일본에게 넘어가 국권을 완전히 상실하고 사실상 일본의 식민지가 되고 만다. 이후 일본은 조선을 통치하는 기관으로 통감부 대신 조선총독부를 설치했다.

이와 함께 조선을 모국으로 하는 이들, 즉 조선인들은 본인의 의지와 상관없이 일본 국적의 제국 신민으로 편입된다. 그렇다고 해서 법적으로 일본인과 동등했던 것은 아니어서 호적, 사법, 징병 등 제도상의 처우는 달랐다.

도일자의 급증과 노동 시장

을사보호조약 체결 1년 전인 1904년에 기록된 일본 내의 조선인 재류자 수는 233명. 조일수호조규로 시작된 일본과의 외교 관계를 처리하는 관리 외에, 근대의 지식을 배우고자 도일한 유학생이 많은 부분을 차지한 것 같다. 통감 시대와 한일 강제병합을 거쳐 1911년에는 열 배가 넘는 2,527명, 그리고 1924년에는 약 11만 8천 명으로 급증한다.

사실 한일 강제병합 이전부터 조선인 노동자들을 일본의 공사 현장 등에서 고용하는 시책이 실시되었다. 당시 공업화로 급성장한 일본 국내에서는 일손이 부족했기 때문이다.

한일 강제병합 후에는 집단모집 방식으로 일본에 건너가는 조선인 노동자가 점점 증가했다. 호소이 와키조의 『여공애사(女工哀史)』(1925년)로 유명한 방적 공장에도 수많은 조선인 여공이 일했다. 또한 조선에서 노동자를 모집하여 일본으로 보내는 브로커들도 늘어났다. 조선총독부는 이러한 추세를 뒤따르듯 노동자 모집을 허가제로 전환하고 조선인의 일본 도항 관리에 나섰다.

한편, 일본에서 근대적 학문을 접한 유학생들은 모국에 대한 통치에 항거하며 독립운동을 시작한다. 1919년 2월에는 도쿄 간다에 위치한 조선기독교청년회관에서 개최된 독립 선언문 낭독 집회가 일본 당국에 의해 적발되었다. 검거망을 벗어난 유학생들은 조선이나 중국으로 건너가 독립운동을 전개했다.

민중 봉기의 배경

이러한 움직임에 촉발되어 1919년 3월에 일어난 것이 3·1 독립운동이다. 전국 각지에서 일제히 일본의 지배에 항거하는 시위가 일어나 폭력 사태로 번졌다.

대규모 민중 봉기가 일어나자 일본 정부는 바로 군대를 출동시켜 진압했다. 일설에 의하면 사망자 약 7,500명, 부상자가 약 4만 6천 명에 달했다고 한다. 독립운동은 국외로도 확대되어 같은 해 4월에는 상하이에서 이승만을 포함한 독립운동가들이 대한민국 임시 정부를 수립했다. 현대에 이르러 이를 대한민국의 건국으로 간주하는 역사관도 대두하고 있다.

3·1 독립운동을 초래한 큰 요인은 무단 정치라고 불렸던 일본의 통치 정책이다. 당시의 조선에서는 일본의 헌병 경찰에 의한 강압적인 지배가 이루어졌고 독립운동이나 해방투쟁 또한 무력으로 진압되었다. 그러한 강권적 통치가 오히려 사람들의 반발을 부추겨 저항 세력의

조직화와 봉기의 준비를 재촉한 것이다.

또한 조선 전역의 토지 소유권을 법적으로 정비하는 토지 조사 사업도 농민들의 분노를 샀다. 조선의 농민들은 양반 계급의 논밭을 경작하는 대신 공물을 바쳤는데, 농지의 상속이나 매매는 가능했다. 그러나 조선총독부는 토지 조사 사업을 실시하면서 서면으로 사유지를 신청하도록 했다. 글을 읽고 쓰지 못해 신청하지 못한 농민의 토지는 국유지로 전환되는 등, 토지는 자본가에게 집약되어 갔다.

하루아침에 소작인이 되어버린 농민은 새로 부과된 소작료나 세금의 부담을 견디지 못했고 이농자가 속출했다. 3·1 독립운동 때 봉기한 농민들은 관청을 습격하여 토지와 소작인에 관한 장부를 불태우기도 했다. 한편, 토지 조사 사업으로 인해 발생한 이농자는 일자리를 찾아 도시에 모여들었고 바다 건너 일본의 노동 시장에 공급되었다.

3·1 독립운동에 놀란 일본 정부는 무단 통치에서 회유와 동화에 역점을 둔 통치로 정책을 전환한다. 그때까지 제한하던 언론과 집회의 자유도 일부 용인하였고, 헌병 경찰 제도도 폐지했다.

'불령선인'에 대한 시선

일본으로 건너간 조선인 노동자 중에서 살 집이 없는 사람들은 하천 부지 등에 판잣집을 짓고 모여 살았다. 이렇게 해서 일본 각지에 생겨난 조선인의 집단 거주 지구가 이후 조선인 마을이 되었고 그 안에서는 조선의 생활 관습이 재현되었다.

일본인들이 볼 때 그들 대부분은 초라하고 알 수 없는 말을 구사하는 이방인이었다. 일본 정부가 초래한 상황임에도 불구하고 이질적인 집단이 들어와 자신들의 사회를 침식하기 시작했다고 느낀 일본인도 적지 않았던 모양이다. 또한 1919년 이후에도 각지에서 독립운동이 일어나, 일본 정부에 거스르는 괘씸한 조선인, 즉 '불령선인(不逞鮮人)'이라는 단어가 정착했다.

1923년 관동대지진 당시, 군대나 경찰 또는 자경단에 의해 많은 조선인이 살해된 사건은 이러한 '조선인=불온한 집단'이라는 인식이 밑바탕에 깔려 있다. 당시 조선인 희생자는 일본 사법성 집계로는 233명, 정치학자 요시노 사쿠조의 집계로는 2,711명이었다. 또한 조선인 유학생들의 집계로는 6,415명이라 전해진다.

이러한 참사에도 불구하고 일본 국내의 조선인 인구는 꾸준히 증가했다. 그것은 조선총독부의 교육 정책에도 기인한다. 비록 취학률은 낮았지만 조선총독부는 동화정책의 일환으로 일본어 교육을 특히 중요시했다. 일본어를 습득한 조선인들은 조선보다 조건이 좋은 일자리를 찾아 하나둘 일본으로 향한 것이다.

이렇게 일본으로 건너간 이들은 그나마 도항 비용이 조달 가능한, 말하자면 경제적 중간층이었다. 그들에게 도일은 사회적 지위 상승을 위한 도전이라는 측면도 있었다. 한편 일본에 건너갈 수조차 없는 빈곤층은 조선에 머무르며 밑바닥 일에 종사하거나 만주로 이주하는 경우가 많았다.

그러나 일본으로 건너간 다수의 조선인도 역시 일본인들이 기피하는 토목 공사나 항만 노동 등 가혹한 육체노동에 종사했다. 1930년에 그 비율은 약 절반 정도였다. 또 고용이 불안정한 잡역 노동을 하는 사람도 많아서 일본에서의 생활은 어려움이 많았다. 그럼에도 불구하고 1920~30년대에는 가족 단위의 이주가 증가하여 여성이나 어린이의 비율이 늘어났다.

노동운동과 '친일파'

불리한 입장에 놓인 조선인 노동자의 권리 보호를 위해 투쟁한 단체도 일찍이 등장했다. 1925년에는 각지의 노동자 단체를 통합하는 형태로 재일본조선노동총동맹(재일조선노총)이 결성되어, 한반도의 사회 운동과 보조를 맞추면서 일본에서 활동을 전개해 갔다. 이러한 움직임은 일본의 노동운동, 나아가 공산주의 운동과 연결되어 치안 당국의 단속 대상이 되었다.

1921년에는 '내선융화'를 적극적으로 주장하는 조선인 단체 '상애회 (相愛會)'가 일본의 정치가와 관료의 지지를 받으며 발족된다. 내선융화란 내지(일본)와 조선의 융화, 즉 조선인이 일본으로 동화되는 것을 가리킨다. 상애회는 일본의 공장주, 토목 공사의 청부업자들과 손을 잡고 조선인 노동자를 알선하기도 했다.

상애회를 창설한 박춘금은 1891년 경상남도에서 태어났다. 1907년경 도일하여 탄광 노동자로 일했다. 그는 조선인 단체의 대표를 맡는 등 두각을 드러냈고 마침내 상애회를 결성하게 된다. 박춘금은 내선융화를 강조했고, 독립운동의 대항 세력 역할도 담당했다.

그러한 박춘금은 일본의 유력자들에게 지지를 받았고 1932년에는 조선인으로서 처음으로 중의원 의원에 당선되었다. 내지에 거주하는 조선인에 한해 참정권이 인정되었기 때문이었다. 의원이 된 박춘금은 조선에서의 참정권 부여, 조선인 징병제 도입 등을 주장했다.

박춘금은 일본의 패전 직전인 1945년 6월 경성에서 '미영 격멸' '대
아시아주의' 등을 내건 '대의당'을 결성했다. 그러나 다음 달에 경성부
민관에서 열린 집회에서 일본 통치하 마지막 항일의거[2]로 기록된 폭파
사건에 휘말리기도 했다.

해방 후 한국에서 일본에 협력한 죄를 심문받았으나, 다시 일본으로
건너가 추궁을 피했다. 그 후 일본에서 재일본대한민국거류민단(민단,
현 '재일본대한민국민단')의 중앙본부 고문, 상사회사의 사장 등을 맡았다
고 한다. 1973년, 도쿄의 게이오대학병원에서 82세로 생을 마감했다.

일본 통치하의 조선과 일본에는 박춘금과 같이 내선융합을 지지하
며 적극적으로 동화하고자 하는 조선인들도 많았다. 이들이 후에 '친일
파'라 불리는 사람들이다. 그들은 필연적으로 조선의 독립과 해방을 추
구하는 조선인들과 대립했고 해방 후에도 이러한 갈등의 깊은 골은 계
속 이어지게 된다.

적극적으로 추진된 동화정책

일본으로 건너간 조선인들 중에는 일본에 정착하지 않고 다시 한반
도로 돌아온 이들도 적지 않았다. 세계 공황의 여파로 실업자가 대량
발생한 1930년에는 귀향자의 수가 도일자의 수를 웃돌았다.

한편 일본에서 태어난 조선인, 즉 재일조선인 2세도 등장했다. 1930

---

2) 부민관 폭파 의거. 1945년 7월 24일, 대의당이 주최한 아시아민족분격대회에서 강윤국,
유만수, 조문기가 설치한 폭탄이 폭파된 사건.

년에는 일본의 조선인 인구 약 40만 명 중, 일본 출생자가 약 3만 4천 명을 차지했다. 다만 2세에 대한 의무 교육 제도가 확립되지 않아, 초기에는 조선인들이 만든 사숙에서 조선어 교육이 이루어졌다. 그러나 이 사숙은 1934년에 폐쇄 명령을 받는다.

세계 공황 이후 일본에서는 조선인 실업자가 사회 문제가 되어, 내지 도항 억제와 재일조선인의 관리 강화를 요구하는 목소리가 높아졌다. 그리고 1934년 10월에 '조선인 이주 대책 건'이 각의 결정된다. 이에 따라 만주나 한반도 북부로 조선인 이주를 유도하며 내선융화를 강화하였다. 그리고 2세를 일본의 학교에서 교육시키고 동시에 조선어 교육을 금지, 사숙을 폐쇄하는 방침이 정해졌다. 또 이 각의 결정에 따라 내선융화 추진을 표방하는 '협화회(協和會)'가 발족되어 조선인의 관리, 통제를 담당했다.

일본에서는 중일 전쟁 발발 이듬해인 1938년에 국가총동원법이 제정되어, 국내의 인적, 물적 자원을 정부가 통제하고 운용하는 총동원 체제에 돌입하였다. 이때 재일조선인의 전쟁 동원 활동을 전개한 것이 바로 '협화회'다. 협화회는 신사 참배, 국기 게양, 일본식 복장 착용, 일본 식습관의 보급, 일본식 예의범절의 철저한 함양 등 일상생활의 동화를 꾀하고 근로 봉사, 국방헌금 등에 재일조선인을 동원했다.

1935년, 일본 경찰은 일본 국내 집회에서 조선어 사용을 금지했다. 그리고 1940년에는 일본 국내에서도 창씨개명이 적용되었다. 이것은 일본의 호적 제도에 맞춰 조선인들의 성씨를 일본식으로 바꾸게 하는 제도다. 일본에 동화되기를 원했던 조선인들은 창씨개명을 환영했다. 단, 일본 경찰은 일본인과 구분이 어렵다는 이유로 창씨개명에 부정적이었다고도 전해진다.

이렇게 내선융화가 추진되면서 일본 사회에 흡수되어 활약한 조선인도 하나둘 등장하기 시작한다. 예를 들어 1940년에는 김사량이 조선인 작가로서는 처음으로 아쿠타가와상 후보에 올랐다. 김사량은 1914년에 평양에서 태어나, 1933년에 일본으로 건너갔다. 구제(舊制) 사가고등학교에서 도쿄제국대학으로 진학하여 일본어로 문학 작품을 발표했다. 그러나 문학계에 대한 전시 체제의 압력을 견디지 못하고 1943년 다시 한반도로 돌아왔다. 이후 중국에서 독립운동을 하다가 해방 후에는 북한에서 활동을 이어갔다. 한국 전쟁에 종군한 이래 소식이 끊긴 것으로 알려져 있다.

조선인의 노무 동원

총동원 체제 돌입과 함께 일본 정부는 1939년에 국민징용령을 공포하였다. 이것은 정부가 강제적으로 국민을 징용하여 노무에 동원시킬 수 있도록 그 권한을 인정한 제도이다. 그리고 같은 해에 수립된 노무 동원 계획에 따라 조선인도 새롭게 계획적 동원 및 배치의 대상이 되었다.

당시에는 중일 전쟁에 따른 일본인 남성의 소집, 생산력 확충 계획에 따른 노동 수요의 확대가 겹쳐 노동력이 부족했다. 이에 한반도에서 모집한 조선인 노동자가 일본 각지의 탄광이나 광산 등 가혹한 노동 현장에 동원되었다. 이것은 당시에는 '집단 이입(集團移入)'이라 불렀고, 오늘날에는 '조선인의 강제 연행·강제 노동'이라 불린다.

노동자 모집은 '모집'(1939년~), '관 알선'(1942년~), '징용'(1944년~)의 세 단계로 이루어졌다. 예를 들면 1939년도의 제1차 노무 동원 계획에서는 전체 약 114만 명의 동원을 계획했는데 그중 8만 5천 명을 조선인 노동자로 충당하도록 정했다.

'모집'은 일본 국내 사업자가 주체가 되어 조선 각지에 있는 행정 기관의 협력을 받아 진행되었다. 마침 그해는 가뭄으로 이농자가 속출하여 당초의 모집은 순조로웠던 모양이다.

그러나 응모자는 서서히 감소했다. 이유 중 하나는 한반도 북부의 광산 개발이나 쌀 증산 등으로 인해 조선 내의 노동 수요가 높아졌기 때문이었다. 그리고 또 한 가지 이유는 계약 기간을 마치고 돌아온 조선인 노동자를 통해 일본의 열악한 노동 조건이 전해진 것이다.

이어 1942년부터 시작된 '관 알선'은 조선총독부가 모집부터 일본으로 보내는 일까지 맡았다. 각 지방에 노동자 수가 할당되어 행정 기관에 의한 조직적인 동원이 이루어졌다.

그런 과정에서 '강제 공출'과 '납치에 가까운' 동원이 행해졌던 것은, 조선총독부 정무총감의 훈시, 내무성 직원의 시찰 보고서에서도 언급되었다. 게다가 1944년 8월 각의 결정 이후에는 노무 동원을 위한 징용, 즉 강제 동원이 시작되었다.

이렇게 1939년부터 1945년까지 일본 국내에 동원되었던 조선인은 총 67만 명으로 추정된다. 또한 일본 정부에 따르면 군인, 군속으로 약 24만 2천 명이 동원되었고, 사망자 수는 약 2만 2천 명이라고 공표되었다.

배에 오르지 않은 사람들

전술한 바와 같이, 일본 패전 당시 일본에는 2백만 명이 넘는 조선인
이 있었다. 1949년 3월까지 그중 140만 명 정도가 인양선 등을 이용해
귀국하였다. 같은 해 4월부터 12월까지 GHQ(연합군 최고사령부)의 명령
으로 조선인의 계획 송환이 행해졌지만, 이때 귀국한 사람은 8만 3천
명 남짓이다. 나머지 재일조선인들은 한반도에 돌아가기를 망설였다.

이유 중 하나는 계획 송환에는 소지금이나 소지품의 제한이 있었기
때문이었다. 전시 체제하에 동원된 육체노동자 등의 단기 체재인은 얼
마 안 되는 돈이라도 들고 귀국하고 싶었을 것이다. 그러나 오랜 고생
끝에 얼마간의 재산을 모은 이들은 계획 송환을 이유로 그것을 빼앗기
고 싶지는 않았다.

한편 돌아갈 땅 한반도는 북위 38도 선을 사이에 두고 소련과 미국
이 분할 점령하고 있었다. 남측에서 조선인이 건국한 조선인민공화국
은, 미군정청에 의해 묵살되었다. 재일조선인의 고향은 일본과 가까운
남측에 집중되어 있었지만, 그곳에서는 미국을 뒷배로 삼은 보수 우파
가 반대 세력과 항쟁을 전개하고 있었다. 따라서 일단 수습이 될 때까
지 일본에 머물기로 한 조선인도 많았다.

또한 이미 수십 년 이상 일본에서 생활 기반을 닦은 사람이 젊지 않
은 나이에 인생을 다시 시작하는 것도 쉽지 않은 일이었다. 그들 중에
는 일본 사회의 일원으로서 노력하고 사회적인 성공을 거둔 사람도 어
느 정도 있었다. 또한 어릴 적부터 철저한 동화교육을 받은 사람에게
한반도는 오히려 생소한 이국땅이었을 것이다.

이윽고 1948년에 남북 각각의 정부가 수립되었다. 그리고 1950년에

한국 전쟁이 발발한다. 한반도 정세는 수습되기는커녕 혼란이 극에 달했고 1953년 휴전 이후에는 도항마저 불가능한 상태가 되었다. 한반도의 남측과 일본 사이에 자유로운 왕래가 시작된 것은 1965년 한일 국교 정상화 이후의 일이다.

1959년부터는 귀국 희망자를 배에 태워 북한으로 보내는 '귀국 사업'이 시작된다. 1984년까지 이어진 이 운동으로 북한으로 건너간 사람은 약 9만 3천 명이었다. 그 중 약 6,700명은 일본인 아내를 포함한 일본 국적자였다. 사회주의에 대한 환상이 건재하던 당시, 일본의 매스컴은 일제히 귀국 사업을 칭찬했다. 그러나 이것이 무시무시한 빈곤, 억압, 기아에 빠지는 거대한 덫이었다는 사실은 주지하는 바와 같다.

평화 조약 국적 이탈자

조선인을 제국 신민으로 편입시켜 동화에 심혈을 기울였던 일본 정부. 그러나 패전 이후에는 반대로 그들을 단계적으로 일본으로부터 떼어내는 작업이 이루어진다.

먼저, 1947년에 외국인등록령이 공포된다. 이로 인해 재일조선인은 법적으로 일본 국적이면서도 외국인으로 등록되어 관리의 대상이 되었다. 등록증명서의 국적란에는 '조선'이라 적혔다. 다만 당시에는 한반도에 아직 국가가 성립되어 있지 않았으므로, '조선'이라는 표기는 단순히 출신지 지명을 나타낸 것에 지나지 않았다.

이어서 1952년 샌프란시스코 강화 조약 발효와 함께 그들은 '평화 조약 국적 이탈자'가 되었다. 즉 본인의 의사와 관계없이 일률적으로 일본 국적을 상실한 것이었다.

한편 1950년부터는 등록증명서 국적란에 '한국'이라 기재하는 것이 인정되었다. 이렇게 해서 재일조선인은 조선적을 가진 사람과 한국 국적을 가진 사람, 이렇게 두 종류로 나뉘게 된다. 그 때문에 전자를 재일조선인, 후자를 재일한국인이라 구분하여 부르는 경우가 많다. 통틀어 말할 때는 재일한국·조선인, 재일코리안 등으로 불린다.

한국 국적의 소유자는 한국 국민이지만, 조선적=북한 국적, 그리고 재일조선인=북한 국민임을 의미하지는 않는다. 전술한 바와 같이, 조선적은 단지 출신 지역을 나타낸 것이기 때문이다. 다만 이것은 어디까지나 일본 정부의 입장이고, 조선적의 소유자가 북한을 스스로의 정체성으로 삼는 경우도 당연히 있을 수 있다.

특별 영주자와 귀화자

1965년 한일 국교정상화를 거쳐 다음 해에 한국 국적의 소유자에게 영주 자격이 부여되었다. 조선적의 소유자에게 영주 자격이 부여된 것은 1982년의 일이다. 그리고 전후 46년이 지난 1991년에 시행된 출입국관리특별법으로, '평화 조약 국적 이탈자와 그 자손'이 '특별 영주자'로 정해졌다. 10년 이상 체재 등을 원칙으로 하는 '일반' 영주자와 비교해볼 때, 재입국 허가의 유효 기간, 강제 퇴거 사유 등에서 다소 특례가 있다.

해방 후 일본으로 이주한 한국인은 '평화 조약 국적 이탈자와 그 자손'이 아니기 때문에, 특별 영주자는 될 수 없다. '뉴커머'로 불리는 이 사람들도 넓은 의미에서는 일본에 거주하는 한국인=재일한국인에 해당한다. 그러나 재일한국·조선인 또는 재일코리안이라 부를 때는 역시나 특별 영주자를 가리키는 것이 일반적일 것이다.

그리고 일본 국적을 취득하여 법적으로 일본인이 된 사람들도 있다. 과거에는 행정 지도 차원에서 '일본인다운 이름'으로 개명하도록 요구되어 그렇지 않은 '민족명', 즉 조선 민족 고유의 이름은 창구 직원의 재량으로 귀화 신청이 각하되었다. 1990년에 귀화한 소프트뱅크의 손정의(손마사요시)가, 부인의 성씨를 개명하는 방법으로 '손'이라는 성씨를 어렵게 인정받은 것은 유명한 이야기다.

다만 1987년에는, 귀화할 때 어쩔 수 없이 선택한 일본 이름을 민족명으로 되돌려달라고 요구한 재판에서 원고가 승소한 경우도 있었다. 이후 민족명이라는 이유로 귀화 신청이 각하되는 경우는 차츰 줄었다고 한다.

물론 귀화를 택한 이들과 그 자손들이 자신의 정체성을 어떻게 생각하는지는 저마다 다르다. 자진해서 일본 이름을 대고, 출신을 일본으로 생각하는 사람도 있다. 어느 매우 유명한 재일조선인의 자손은, "나는 평범한 일본인으로서 생활하고 있고, 한반도가 뿌리라는 의식은 전혀 없다."라고 말했다. 한편 그 반대의 경우나 중간적인 입장도 있을 것이고, 세월과 함께 생각이 바뀌는 경우도 있다.

다양하고 가변적이기까지 한 타인의 정체성. 그것이 '소문'이나 '의혹'으로써 소비되는 구조는 항상 당사자의 외부에서만 존재한다.

제1장

반도의 원풍경

역도산

프로 레슬링 선수, 1924(1922?) ~ 1963
함경남도 홍원군 출생 / 재일 1세

출신을 바꾸는 레슬러의 기믹(gimmick)

프로 레슬링은 이미 오래전부터 국제적인 스포츠로 인기를 얻었다. 본고장 미국은 물론, 영국, 호주, 캐나다, 멕시코 그리고 일본의 많은 프로 레슬러들이 바다를 건너 해외에서 활약했다.

그런 프로 레슬러들의 프로필에 실제와 다른 국적이 적히는 경우는 흔한 일이다. 남미의 거인으로 주목받았던 '보보 브라질'(휴스턴 해리스)은 미국 아칸소주 출신의 아프리카계 미국인이었고, 일본계 미국인 미스터 후지와 함께 일본인 콤비로 활약한 '프로페서 다나카'(찰스 칼라니)도 중국인의 피가 섞인 사모아계 미국인이었다.

일본인 선수가 국내외에서 외국인 레슬러를 자칭하는 경우도 있다. 그레이트 고지카가 한때 미국에서 '쿵푸 리'라는 이름을, 스트롱 고바야시가 '코리안 어새신[3]'이라는 이름을 사용하기도 했다. 몽골인 '킬러

칸'이 되어 미국과 일본의 링에 오른 것은 스모 선수 출신의 일본인 오
자와 마사시였다. 그리고 한국인 아버지와 일본인 어머니 사이에서 태
어난 '타이거 도구치'(도구치 마사노리)는 일본, 미국, 멕시코에서 '김
덕', '타이거 찰리 리', '야마토' 등의 이름을 사용했다.

프로 레슬링에서는 경기 분위기를 고조시키기 위해 레슬러들이 자신
들의 캐릭터를 창작한다. 링 위에서의 이 캐릭터 연기를 '기믹(gimmick)'
이라 부른다. 선역=베이비 페이스, 악역=힐, 그리고 중립적인 트위너
등과 같이 짜인 설정상의 역할은 프로 레슬링의 핵심이다.

1954년 2월 역도산의 경기가 TV로 일본 전역에 중계되었고, 이후
역도산은 패전 이후 복구에 박차를 가하던 일본 사회에 한 줄기 빛을
선사한 국민적 영웅이 되었다. 그 또한 기믹의 중요성을 제대로 이해하
고 있었다.

역도산은 미국에서 온 복면 레슬러 '더 디스트로이어'가 링 밖에서
마스크를 벗은 모습을 보고 격노했다고 한다. 복면 레슬러로 계약한
이상, 적어도 일본에 머무는 동안은 링 밖에서도 맨얼굴을 보이지 말라
는 뜻이다.

영화 〈역도산 이야기, 노도의 사나이〉의 뒷이야기

일약 스타가 된 역도산은 이듬해인 1955년 12월 개봉된 자신의 전기
영화 〈역도산 이야기, 노도의 사나이〉에서 주연을 맡았다. 영화의 주

---

3) 스트롱 고바야시는 재일교포 프로 레슬러 박송남과 함께 '코리아 어새신'이라는 팀으로
   활동하기도 했다.

제가는 이미 대스타로 활약하던 가수 미소라 히바리가 불렀다.

대략의 줄거리는 이렇다.

나가사키현 오무라시에서 태어난 소년 모모타 미쓰히로는 싸움에서 진 적이 없다. 이를 눈여겨 본 지인의 권유로 스모 도장에 발을 들이게 된다. 이렇게 '역도산'이라는 이름으로 스모에 입문한 미쓰히로는 혹독한 훈련을 이겨내고 주료[4]로 승급한다. 한편, 스승인 오무라 가타는 전후 배급물자의 부정을 저질러 스모 협회에서 제명당하고 만다. 역도산은 필사적인 노력 끝에 오무라 도장을 다시 일으켜 세우고 오무라 가타를 다시 스승으로 모시게 된다. 그러나 역도산은 고마움을 모르는 비정한 스승, 부조리한 스모 협회에 염증을 느껴 결국 스모를 버리고 프로 레슬링 세계로 뛰어든다.

많은 일본인들은 단순한 이야기 구조를 가진 이 영화에 뜨거운 갈채를 보냈다. 그러나 극중 오무라 가타의 모델이 된 스모 선수 다마노우미가 명예 훼손 소송을 검토했다는 사실은 별로 알려지지 않았다. 배급사인 닛카쓰와 다마노우미 측 사이에서 '이 영화는 사실과 다르다'는 문구가 합의된 후에야 비로소 개봉할 수 있었다.

자이언트 바바는 스승이었던 역도산을 '인간으로서 본받을 점이 하나 없는 사람'이라고 평했다. 화려했지만 이면에서는 부정적인 평판이 끊이지 않던 역도산이 정의에 불타는 영웅을 연기한 것도 프로 레슬링의 기믹이라는 장치가 있었기에 가능했다.

단, 훗날 말이 많았던 국적과 본명 문제는 알려진 내용이 사실 그대

---

[4] 스모의 6단계 등급 중에 위에서부터 두 번째에 해당. 주료가 되어야 비로소 한 사람의 스모 선수로 인정받는다고 한다.

로다. 역도산은 1951년 2월 취적[5] 절차를 거쳐 나가사키현 오무라시가 본적지인 일본인 모모타 미쓰히로가 되었다.

역도산과도 수차례 대전했던 루 테즈(Lou Thesz)는 당시 미국에서 절대적인 인기를 자랑했던 레슬러이다. 2002년에 향년 86세의 나이로 타계했을 때 『뉴욕타임스』는 '20세기 중반 가장 칭송받던 레슬러'라고 언급했다. 본명은 알로이시우스 마틴 테즈. 부모는 헝가리 혈통의 독일 이민자였는데 미국 내에서 그의 출신이 문제가 된 적은 없다.

그러나 일본에서는 일본 국적의 모모타 미쓰히로가 함경남도 홍원군을 본적지로 하는 '김신락'이라는 사실을 철저히 숨겼다. 프로 레슬링 보도의 1인자, 사쿠라이 야스오에 따르면 당시 프로 레슬링을 전담한 기자들 대부분은 역도산이 한반도 출신이라는 것을 알고 있었다고 한다. 하지만 일본의 국민 영웅이 된 역도산과 프로 레슬링 업계 종사자들에게는 껄끄러운 사실이 아닐 수 없었다. 입을 다물고 있던 언론에서 그의 출신이 회자되기 시작한 것은 흑백 TV 시대가 과거의 추억이 되고 난 후의 일이었다.

소년 '김신락'과 일본인 경관

"그를 조선에서 데려온 게 과연 잘한 일인지 모르겠습니다."

1977년 오가타 도라이치가 고향인 나가사키 오무라시에서 논픽션 작가인 우시지마 히데히코에게 한 말이다. 당시 75세로 와병 중이었던

---

5) 就籍: 호적이 없는 무적자가 호적에 기재되는 일.

오가타는 14년 전 역도산이 39세(또는 41세)의 젊은 나이에 무참하게 생을 마감한 것을 두고 자책했던 모양이다. 오가타는 2년 후인 1979년에 세상을 떠났다.

오가타는 새롭게 쓰인 역도산의 전기에서 빼놓을 수 없는 인물 중 하나이다. 1925년 불황 속 일본에서 빈곤에 허덕이던 그는 '조선 경찰관' 모집 공고를 보고 한반도로 건너간다. 사람들이 기피하던 '국경 순사'에 자원하여 1943년까지 한반도 북부 지역을 전전했다.

1938년 오가타는 동해안의 어촌 마을에 부임한다. 그해 초여름 일본에서 온 양아버지 모모타 기노키치와 함께 조선의 씨름 대회를 구경하러 갔다. 열성적인 스모 팬이던 모모타는 오무라시 출신의 다마노우미 선수의 후원회 간사를 맡았던 인물로, 고향에서 제법 많은 스모 선수를 스카우트하기도 했다.

씨름 대회의 우승자는 인근 신풍리에서 출전한 김항락이라는 청년이었다. 전국 씨름 대회에 출전하여 신문에도 이름이 종종 실렸던 선수다. 1931년 『동아일보』에 김항락을 포함한 9명의 선수들이 찍힌 사진이 게재되었는데 인쇄 상태가 좋지 않아 얼굴을 알아보기는 힘들다.

김항락은 힘과 체격이 출중했으나 이미 30세를 바라보는 나이였다. 그 대신 모모타와 오가타의 눈길을 끈 것은 김항락의 막내 동생 김신락이었다. 아직 10대 중반이었던 그는 기골이 장대한 손위뻘 선수들을 줄줄이 쓰러뜨리고 3위를 차지했다.

모모타는 타고난 자질을 지닌 소년을 일본으로 데려가 니쇼노세키 도장에 입문시킬 생각이었다. 모모타의 제안에 천진난만한 소년 김신락은 당장 가겠다며 기대에 부풀었다고 한다.

땅 위에서 사라진 고향

　역도산의 가족이 살던 신풍리는 바다 가까이 있는 농촌으로 북한 지
역에 위치한다. 위도는 일본의 아키타현과 비슷하다. 그러나 대륙과
이어진 한반도는 같은 위도의 일본 지역보다도 한겨울 추위가 훨씬 매
섭다. 여담이지만 1921년에는 홍원군에 야생 호랑이가 출몰하여 주민
들이 두려움에 떨었다는 신문 기사도 있다.

씨름 선수들이 동아일보사 방문 시 찍은 기념사진. 역도산의 맏형 김항락은 뒷줄 왼쪽
에서 두 번째. 김항락은 9월 4일 경성에서 개최된 씨름 대회에서 3위를 차지했다.
(『동아일보』 1931.9.3.)

◇本社를 來訪한 씨름勇士들　向하야　左로부터(後列)
金潤根(咸興)、金恒洛(洪原)、朴興健(咸州)、李昌均(同)、李道
南(同)、李昇吉(咸興) ▲(前列) 崔東我(江邊)、朴陽(大會委員
長)、韓章元(咸興)

신풍리가 위치한 용원평야는 대표적인 벼농사 지역으로 역도산이 살던 초가집도 논으로 둘러싸여 있었다. 그러나 신풍리에서 김신락과 같은 소학교에 다녔던 진명근에 따르면, 과거의 평화로운 전원 풍경은 이제 흔적도 없이 사라졌다고 한다. 한국 전쟁 당시 엄청난 폭격으로 황폐해졌고 진명근의 부친 또한 그때 사망했다고 한다.

김신락의 아버지인 김석태의 직업 또는 김씨 일가의 생업에 대해서는 쌀가게, 지관, 농업, 잡화점 등 여러 설이 있다. 또 김석태는 한학자였으나 벌이가 없었고 아내가 시장에서 쌀을 팔아 생계를 유지했다는 이야기도 있다.

진명근은 김신락이 성미가 거칠고, 싸움만 했다고 기억한다. 김신락의 어머니는 그가 일본에서 씨름 선수가 되는 것을 허락하지 않았다. 알몸으로 사람들의 구경거리가 되어 돈벌이하는 것을 원하지 않았다는 말도 있고, 이미 고령으로 병석에 누워 있던 남편을 보살필 일손이 필요했다고도 전해진다.

또 맏형인 김항락도 김신락의 입문을 반대했다. 김항락은 씨름 선수로 각지를 돌았고, 둘째 형인 김공락은 경성에 있었다. 집안일을 도울 남자는 김신락밖에 없는 상황이었다.

모모타는 스카우트 이야기를 매듭짓지 못한 채 일본으로 귀국했다. 그 후에는 오가타가 회유를 위해 여러 노력을 했다. 당시는 일본 정부가 노동 인구의 수급 조정을 위해 도항증명서에 따라 조선인의 일본 유입을 제한하던 시대다. 김신락의 도일 수속도 쉽지 않았지만, 경찰관이라는 오가타의 신분이 힘을 발휘했던 모양이다. 오가타는 김신락에게 좋은 기회라는 생각이었을지 모르지만 아들을 떠나보내고 싶지 않았던 어머니에게 일본인 경찰관이 위협적으로 비쳤음은 쉽게 상상할 수 있다.

1939년에 김석태가 숨져 노부를 돌볼 필요는 없어졌다. 그러나 어머니는 새해가 밝은지 얼마 되지 않아 김신락을 고향에 머무르게 하기 위해 특단의 조치를 취한다. 바로 김신락을 이웃 마을의 신부와 결혼시킨 것이다.

오가타는 이 결혼에 관해서도 우시지마에게 말했다. 그 증언을 전하는 우시지마의 글은 김신락이 신부와 한 번도 동침하지 않았음을 강조하는 듯한 인상을 준다. 오가타는 '하룻밤이라도 신부와 자면 절대로 내지에는 갈 수 없다'고 몇 번이고 주의를 주었다고 회상한다. 김신락은 그 말에 따라 결혼식을 올린 후 곧바로 오가타의 집에서 기거했다고 한다.

김신락은 그리고 얼마 지나지 않아 해안선을 따라 달리는 함경선의 영무역에서 열차를 타고 고향을 떠났다. 이웃 마을 신부가 낳았다고 알려진 장녀 김영숙이 역도산의 전기에 등장하는 것은 오가타의 증언이 활자화되고 5년 정도 지났을 무렵의 일이다.

완벽해야만 했던 일본어

오가타는 일본으로 떠나는 김신락에게 작은 일장기를 건네주었다. 일본에서 마중 나오는 사람이 알아볼 수 있게 하기 위해서다. 김신락은 총 20시간 이상 열차를 타고 한겨울의 조선을 종단했고, 조선 남동단인 부산에서 배에 올라 겨우 시모노세키에 도착했다. 항구까지 마중 나온 것은 가게히라 도라마쓰. 니쇼노세키 도장의 사범인 다마노우미의 부친이다. 조선에서 온 체격 좋은 소년은 가게히라의 앞에서 일장기를 보이며 손을 흔들었다고 한다.

　김신락은 가게히라와 함께 도쿄로 향해 1940년 2월에 니쇼노세키 도장에 입문. 역도산이라는 호칭을 받고, 같은 해 5월 대회에서 처음으로 모래판을 밟았다.

　『평전 다마노우미 우메키치』(마쓰나가 후미코 지음)에는 '조선의 김씨 성으로는 인기를 얻을 수 없다고 판단하여 오무라 출신의 모모타라는 이름으로 스모계에 들어섰다.'라고 되어 있다. 창씨개명으로 김신락은 가네무라 미쓰히로가 되었으나, 동문 형제들에게는 성씨 '김'으로 불렸다고도 한다. 그러다가 스모계에 발을 들여놓으면서 나가사키현 오무라시 출신의 모모타 미쓰히로라는 새로운 프로필이 또다시 만들어졌다.

　일본 태생으로 출신이 바뀌었다 해도 이국땅에 바로 적응할 수 있었던 것은 아니다. 당초에는 일본어가 어눌해서 '여보 자식'이라고 집단 괴롭힘을 당했다는 증언이 있다. '여보'는 조선에서 '이봐', '저기'같이 말을 걸 때 일상적으로 쓰이는 말이지만, 일본에서는 조선인을 무시하는 뉘앙스로 사용되었다.

　무엇보다 그 당시를 아는 증언자들은, 사범 다마노우미가 역도산을 늘 데리고 다니며 귀여워했다고도 말한다. 식사 때에도 다마노우미는 자기 몫까지 역도산에게 주었다고 한다. 선대 사범인 다마니시키의 갑작스런 죽음으로 현역 선수 겸 사범이 된 다마노우미는, 전도유망한 직계 제자에게 각별한 관심을 가진 듯하다.

　역도산은 또한 아랫사람에게는 과격한 성질을 숨기지 않았다. 니쇼노세키 도장 시절부터 만년까지 함께했던 스모 선수 출신 레슬러인 다나카 요네타로에 의하면, 역도산은 툭하면 손이 올라갔고 앞뒤 없이 주먹을 휘둘렀던 터라 아랫사람들은 그의 시중을 드는 것을 꺼렸다고 한다. 반면에 씀씀이가 좋아서 아랫사람에게 고급 요리를 사 주거나 용돈을 아낌없이 주기도 했다고도 전한다.

후일 프로 레슬링 장내 아나운서가 된 고마쓰 도시오가 니쇼노세키 도장에 입문한 것은 1942년의 일이다. 고마쓰에 의하면 역도산이 조선에서 왔다는 것은 당시에도 알려져 있었고, 그의 일본어에는 아직 조선인의 억양이 남아있었다고 한다. 그러나 동시에 탁월한 실력과 사범의 총애로 눈에 띄는 존재감을 드러냈다고 한다.

이듬해인 1943년에는, 후에 레슬러로 전향한 요시노사토가 니쇼노세키 도장에 들어왔다. 그는 1년 선배인 고마쓰와는 달리 역도산이 조선 출신인 줄 몰랐다고 한다.

그 이후에 등장한 외국인 스모 선수의 일본어 억양이 다소 부자연스러운 것은 그 이상 노력하지 않아도 불편함이 없었기 때문이다. 원어민 수준에 이르기 위해서는 긴 시간과 노력이 필요하다. 도일 3년 만에 일본어 실력이 그 정도의 경지에 올랐다는 것만 보아도 훗날 프로 레슬링 선수로서 숨 가쁘게 살았던 역도산의 집념이 이미 느껴지는 듯하다.

몬쓰키하카마에 대한 동경

"만약 내가 일본인이라면 이미 그 자리에 올라 있었을 겁니다."
"나는 이미 요코즈나[6]가 되어 있었겠죠."
이 발언의 주인공은 1982년에 스모에 입문한 하와이 출신 선수, 고

---

6) 스모에서 순위가 가장 높은 장사.

니시키다. 1992년 4월 22일자 『뉴욕타임스』는 순회 경기 중이던 고니시키와 전화 취재를 한 후, 이 사모아계 미국인이 출신 때문에 요코즈나 승진이 가로막혔을 가능성에 대해 전했다. 기자는 그의 과도한 체중과 무릎 컨디션의 악화에 대해서도 덧붙였다. 고니시키는 발언을 부정했지만 일본 미디어는 맹렬하게 비판했다.

당시는 고니시키, 아케보노, 무사시마루라는 하와이 출신의 세 명의 선수가 중량감 있는 호쾌한 경기 스타일로 스모계를 석권한 시대였다. 하와이 세력에 맞선 일본 대표는 많은 인기 선수를 배출한 후타고야마 도장의 선수들이다. 그 간판스타로 '와카다카 형제'로 불리던 와카하나다와 다카하나다가 있었다. 그들의 부친은 전 오제키[7]로 후타고야마 도장의 사범이었다. 말하자면 형제는 뛰어난 혈통을 이어받은 셈이다. 이후 형제는 각각 와카노하나, 다카노하나라는 이름으로 각각 요코즈나에 등극했다. 당시에는 프로 레슬링과 같은 기믹 없이도 '하와이 대 일본'이라는 구도가 스모의 인기에 더욱 불을 지폈다.

후타고야마 도장의 창설자이며 와카다카 형제의 백부에 해당하는 사람이 전 요코즈나인 초대 와카노하나이다. 그리고 과거 1946년에 니쇼노세키 도장에 입문한 와카노하나의 연습 지도를 맡은 이가 바로 당시 마쿠우치로 승진했던 역도산이었다.

신제자 검사[8]를 통해 입문한 와카노하나가 혹독한 연습을 견디다 못해 역도산의 다리를 물어뜯었다는 일화도 있다. 와카노하나는 후에 역도산의 트레이드마크인 검은 타이츠는 그때의 상처를 감추기 위해서라

---

7) 스모에서 요코즈나 다음 순위.
8) 스모 입문의 첫 관문. 스모 선수를 지망하는 젊은이들을 대상으로 스모 협회에서 실시하는 신체검사.

고 본인에게 직접 들었다고 말했다. 와카노하나가 힘든 연습을 참다 못해 도장을 뛰쳐나갔을 때 다시 데려온 사람도 역도산이었다. 와카노 하나는 '그때 리키세키(역도산)가 와주지 않았다면, 나는 요코즈나가 되지 못했을 것'이라고 회상한다.

"남에게 말하고 싶지 않은 스모 선수 시절의 고생담을 남편의 입을 통해 듣는 일은 결국 없었습니다." 역도산의 전 부인, 다나카 게이코는 본인의 저서 『남편 역도산의 통곡(夫·力道山の慟哭)』에서 이렇게 회상했다.

사범에게 사랑받은 역도산이었지만, 동문 형제들로부터 받은 체벌이나 다름없는 '사랑' 또한 각별했다. 니쇼노세키 도장은 매우 거친 연습이 전통이었는데, 다마니시키도 상처가 끊이지 않아 '누더기 니시키'라 불릴 정도였다. "입문 후 마쿠우치[9]로 올라가기까지 얼마나 힘든 시련의 연속이었을지 충분히 짐작할 수 있습니다."(『남편 역도산의 통곡』 중). 동문 형제들의 뺨을 후려치는 역도산을, 스모 선수들은 '연습 상대를 해 준다기보다 진심으로 때려눕힐 기세'였다고 말한다. (마스다 도시야 저, 『기무라 마사히코는 왜 역도산을 죽이지 않았는가 木村正彦はなぜ力道山を殺さなかったのか』)

이 시기의 역도산은 사범인 다마노우미와 그 육친들에게는 순수하고 연습에 몰입하는 젊은이로 비쳤다. 호명부터 상대와 마주설 때까지 꼿꼿한 자세를 무너뜨리지 않았던 모래판 위에서의 자세도 많은 일본 인에게 호감을 주었다. 역도산은 또한 3단에게 허용되지 않는 몬쓰키

---

9) 스모계에는 6개의 등급 – 마쿠우치, 주료, 마쿠시타, 산단메, 조니단, 조노구치 – 이 있고, 마쿠우치가 최상의 등급이다. 마쿠우치에는 42명의 선수가 있는데, 마쿠우치 중에서도 최상 위권의 선수에게는 요코즈나, 오제키, 세키와케, 고무스비 순으로 특별한 지위가 부여된다.

하카마(스모 선수들의 예복)를 입고 몰래 요리점에 드나드는 등, 일본 문화에도 스스로 녹아들려 했다. 그러나 일본식 복장을 사랑했던 이 순수한 청년의 모습은 어느 날부터 볼 수 없게 된다.

도쿄 거리를 질주한 괴인

1943년, 일본군은 2만 명의 전사자(대다수는 아사 또는 병사)를 내고 과달카날 섬에서 철수했다. 같은 해 6월, 해군 대장 야마모토 이소로쿠의 장례 퍼레이드가 도쿄 미나토구의 시바에서 지요다구 히비야까지 이어졌다. 마쿠시타 21위였던 역도산은 연도에 늘어선 군중들과 함께 눈물을 닦으며 국민 영웅의 국장을 지켜보았다.

2년 후 8월, 역도산은 일본의 패전 소식을 듣는다.

니쇼노세키 도장은 1944년에 전화(戰禍)를 피해 간사이 지역으로 옮겼고 선수들은 근로 봉사에 동원되었다. 도쿄 료고쿠에 있는 도장은 1945년 3월의 도쿄 대공습 때 국기관[10]과 함께 불타버렸다.

"일본은 신국이다. 천황을 신이라 믿고 따르는 일본인이 되기 위해 공부해 왔다."고 말한 재일 시인 김시종은, 일본의 패전을 '선 채로 쑥 꺼진 땅 밑으로 떨어지는 듯한 충격'이었다고 했다. 한편, 재일 작가인 김달수는 자신의 연보에 '즉시 재일본조선인연맹의 결성에 참가한다. 의기충천하다.'라고 썼다. 패전 사실을 모르고 혹독한 노동에 시달리던 일본 각지의 조선인 탄광 인부들은 식량, 임금, 그리고 귀국을 요구하

---

10) 스모 대회가 열리는 시설로, 정식 명칭은 료고쿠 고쿠기칸(兩國技館).

며 노동을 거부하고 폭동을 일으켰다.

패전 당시 일본에 있던 조선인은 약 2백만 명 이상. 이듬해 3월까지 약 140만 명이 전쟁터에서 돌아온 인양선을 이용하여 조선으로 돌아갔다.

역도산은 그 배를 타고 고향으로 돌아갈 수도 있었다. 그러나 그는 이미 일본의 스모계에서 마쿠우치 승진을 눈앞에 두고 있었다. 그야말로 5년간의 피나는 노력 끝에 겨우 잡은 기회를 버리고 가난한 고향 마을로 돌아가 다시 처음부터 시작하는 일은 생각할 수도 없었을 것이다.

이후 얼마 지나지 않아 스기나미 일대를 비롯하여 도쿄 거리에 기괴한 행색의 남자가 출몰한다. 가죽 구두에 하와이안 셔츠, 혹은 정장이나 가죽점퍼를 입고 새빨간 대형 오토바이를 굉음을 내며 질주하는 상투머리의 거한. 후일 검정 타이츠 차림으로, 온 일본인을 열광시키는 별종의 영웅이 전쟁의 흔적이 남은 거리에서 그 탄생을 예고하고 있었다.

전승 국민 행동하기 시작하다

변한 것은 상투만 남기고 미국식 복장을 한 겉모습뿐만이 아니었다. 다마노우미, 전 스모 선수이자 스모 전문 기자였던 고지마 데이지, 역도산의 열렬한 팬이었던 스즈키 후쿠마쓰의 딸 기미에 등은, 패전 이후 역도산이 딴사람이 되었다고 입을 모은다. 연습에 매진하던 순수한 청년은 사범과 동문 형제들에게 대들고 고압적인 태도를 보였다. 니쇼노세키 도장이 임시 거처로 삼았던 스기나미에서 료고쿠의 대회장까지 오토바이를 타고 가기도 했다. 후배 선수들과의 연습에서도 답답한 무언가를 토해내듯 매우 난폭했다.

역도산은 또한 패전 직후 발족된 조선학생동맹이라는 조선인 학생 단체에 드나들며 GHQ의 특별 배급 식량, 물자를 손에 넣었다. 또한 일본계 미국인들과 알고 지내며 미국인 전용의 호텔 레스토랑에도 출입했다. 물론 당시는 일본인이 식량난에 허덕이던 시대다.

패전으로 고개를 숙인 일본인은 뒷전으로 한 채, 특권을 가진 전승 국민인 양 행동하는 조선인. 일본인 선배 선수나 사범들이 얼마나 반감을 가졌을지 상상할 수 있다. 그러나 역도산은 일본의 패전으로 촉발된, 마음속에서 뿜어져 나오는 무언가를 억누를 수가 없었다.

모래판에서는 순조롭게 연승을 거듭하며 패전의 이듬해에 마쿠우치가 된다. 1949년에는 세키와케[11]까지 승진했다. 그런데 세키와케로서의 첫 시합을 앞두고 당시는 난치병이었던 폐흡충증에 감염된다.

역도산은 홀쭉하게 체중이 줄어든 채로 5월 시합에 나섰지만, 3승 12패의 참패를 거두며 히라마쿠[12]로 전락하고 시합 종료 후 입원하여, 해외에서 들여온 고가의 약으로 치료를 받았다. 그러나 니쇼노세키 도장에서는 아무도 병문안을 오지 않았다고 한다.

역도산이 스스로 상투를 자르고 폐업을 선언한 것은, 다음해인 1950년 9월. 퇴원 후 맹렬한 노력 끝에 세키와케 자리를 만회하고 나서의 일이다. 그 이유에 대해서 역도산은 사범인 다마노우미와 스모 협회에 대한 불만 때문이었다고 살짝 언급했을 뿐 구체적으로는 이야기하지 않았다.

---

11) 마쿠우치 중에서도 최상위권의 선수에게는 요코즈나, 오제키, 세키와케, 고무스비 순으로 특별한 지위가 부여된다.

12) 요코즈나, 오제키, 세키와케, 고무스비에 들지 못한 마쿠우치 선수.

회복 불가능해진 스모계와의 마찰

"나는 조선인이라서 순위가 오르지 않아." 이순일의『또 한 명의 역도산(もう一人の力道山)』에는 나카무라 히데오가 역도산에게 이런 말을 들었다는 대목이 있다.

나카무라는 교토제국대학 졸업 후 가라테의 길로 나아가, 후에 가라테도권도회를 창설한 인물이다. 평양 출신으로 본명은 강창수이다. 재일본조선인총연합회(조총련)의 간부도 맡아 2013년에 99세의 나이로 숨진 후 유골은 북한의 애국열사릉에 안치됐다. 이 책에는 역도산이 일본 국적으로 귀화한 후 "형님 용서해 주세요."라며 자신에게 용서를 구했다는 나카무라의 증언도 실려 있다.

스모 선수의 승진과 강등은 밀실에서 협의되는 협회의 순위편성 회의에서 결정된다. 하와이 출신의 선수 고니시키뿐 아니라 그동안 수많은 선수들이 그 결정으로 쓰디쓴 경험을 했다.

니쇼노세키 도장의 동문 형제이자 일본인 선수인 가미카제도 그 중 한 사람이다. 그는 1950년 1월, 히라마쿠에서 두 명의 요코즈나를 꺾는 대활약을 보여주었다. 그러나 서열은 마에가시라 2위에서 1위로 올랐을 뿐이었다. 결국 그는 스모 협회에 실망하고 모래판을 떠났다. 그 후 배인 역도산도 다음 5월 시합에서 이긴 횟수가 진 횟수보다 많았지만 서열은 세키와케 그대로였다. 스모계에서 니쇼노세키 도장의 영향력이 미약했던 것이 원인이라는 증언도 여럿 있다.

한편 패전 이후 시작된 다마노우미와 역도산의 갈등은 돌이킬 수 없게 되었다. 두 사람 사이에 금전 문제가 있었다는 증언도 많다.

역도산은 폐협충증에 들어간 고액의 치료비 지원에 대해 사범이나 협회에 상의했지만 차갑게 거절당했다고 한다. 또한 역도산은 GHQ 주변 인맥을 통해 미제 중고차 수입 사업에 손을 댔으나 결국 실패하여 거액의 빚을 떠안게 되었다. 이 또한 사범에게 도움을 요청했지만 상대도 해주지 않았다고 한다. 혹은 역도산이 니쇼노세키 도장을 다시 일으키기 위해 소비한 돈을 되돌려 받으려 했다는 말도 있다.

역도산이 스모를 그만둔 것은 1950년 6월에 발발한 한국 전쟁이 영향을 미쳤을 것이라는 추측도 많다. 다만 역도산은 같은 해 9월에 상투를 자른 후 얼마 지나지 않아 협회에 복귀를 신청했다. 스모계 일부에서 동정의 목소리도 있었던 터라 역도산은 복귀를 준비하며 니쇼노세키 도장에 나와 훈련을 하기도 했다.

일본인 호적을 손에 넣기 위해 취적 신고를 한 것은 상투를 자르고 나서 2개월 후의 일이다. 취적신청서는 수리되었지만 한 번 상투를 자른 스모 선수의 복귀는 성사되지 않았다. 이렇게 하여 다음해 1951년 1월, 스모 선수 역도산의 폐업이 정식으로 결정된다.

귀화로 손에 넣은 미국행 티켓

1951년 9월, 재일 유엔군의 위문 프로 레슬링 대회를 위해 일본계 미국인 레슬러인 해롤드 사카타가 일본을 방문했다. 역도산은 마침 긴자의 카바레 '은마차'에서 만난 사카타와 싸움이 붙었는데, 보기 좋게 패배했다. 이를 계기로 역도산은 프로 레슬링 입문을 결심한다.

레슬러의 결투를 극적으로 연출하기 위해 링 내외에서 펼쳐지는 픽션을 앵글이라 부른다. 쇼와 시대의 온 일본 미디어가 마치 그 자리에

서 목격이라도 했다는 듯이 다루었던 소위 '은마차 사건'도, 지금에 와
서는 앵글이었던 것으로 알려졌다. 역도산은 사카타가 일본을 방문하
기 두 달 전, 신문 인터뷰에서 그 위문 대회의 시범 경기에 출전할 의욕
을 내비친 바 있다.

패전 후에 닛타건설을 일으킨 닛타 신사쿠는 전후 복구 수요를 통해
크게 성공한 야쿠자 출신의 사업가다. 닛타는 요코즈나 아즈마후지의
지지자였던 인연으로 역도산과도 면식이 있었고, 상투를 자른 후에 생
활을 지원하는 등 여러 가지로 신경을 써 주었다. 취적으로 일본 호적
을 얻는 방법도 닛타가 가르쳐준 듯하다. 닛타와 역도산은 귀화가 협회
를 설득하는 데에 도움이 될 것으로 기대했을 것이다.

결국 취적은 스모계 복귀에는 도움이 되지 못했지만, 곧 일본 국적
이 역도산에게 큰 도움으로 작용한다. 전후 시행된 신여권법에 따라
발급된 일본 정부의 여권으로 미국에서 프로 레슬링 경기가 가능해진
것이다.

미국에서는 1948년, 미 전역의 프로 레슬링 단체를 통합하는 형태로
NWA(전미레슬링연맹) 발족, 프로 레슬링은 대규모 흥행을 통해 새로운
절정기를 맞이하고 있었다. 역도산도 수차례의 시범 경기 출전을 거치
면서 이 미지의 세계에서 희망을 엿보았음에 틀림없다.

역도산 이전에 일찍이 미국으로 이주하여 레슬러가 된 일본인은 몇
몇 있었다. 역도산이 전쟁에 패한 이국땅 일본을 버리고 전승국 미국에
서 제2의 신천지를 맞이할 수도 있었을 것이다. 그러나 그는 일본에서
프로 레슬링의 왕자로 군림하는 길을 택했다. 이 전례 없는 야망을 향
해 역도산은 내면에 불타오르는 모든 것을 쏟아 부었다. 그리고 자연스
럽게 이끌리듯 힘의 소용돌이의 중심으로 빨려 들어갔다.

영웅의 자리로 이끄는 자력(磁力)

죽음의 계기가 된 칼부림 사건의 현장에 있던 사람 중에는 GHQ의 일본계 미국인 캐피 하라다가 있다. 미일 야구계의 가교 역할을 했고, 프로 야구팀 요미우리 자이언츠와도 인연이 깊었던 인물이다. 스모계와도 접점이 있던 하라다는 역도산을 스모 선수 시절부터 알고 있었으며 스모 선수를 그만둔 후에는 프로 레슬링으로 전향할 것을 권유했다.

그 하라다의 배후에 있던 인물이 민방 첫 TV 방송국(현 니혼테레비)을 설립한 쇼리키 마쓰타로이다. 쇼리키는 1913년부터 경찰 관료로서 공산당 탄압 등 각종 공안 사건을 다루었고, 이후 1945년까지 요미우리신문사 사장을 맡았다. A급 전범 용의자를 거쳐 후에 '원자력 발전의 아버지'로 불렸던 쇼리키가 사실은 CIA의 협력자였다는 사실도 미 정부의 공문서에서 명확히 드러났다.

일본에서 프로 레슬링의 최강자가 탄생하기를 꿈꾸었던 것은 역도산뿐만이 아니었다.

GHQ 관계자의 요청으로 위문 대회를 준비한 레슬러 겸 매치 메이커 보비 브런즈는, 일본을 새로운 프로 레슬링 시장으로 개척하고자 했다. 그러려면 우선 현지 사람들이 응원하는 로컬 챔피언이 필요하다. 대회의 실무진이었던 GHQ 변호사 프랭크 스콜리노스 역시 역도산에게 프로 레슬링 입성을 독려했다.

역도산은 프로 레슬링에 관심이 없는 닛타 대신, 요코즈나 지요노야마의 지지자였던 나가타 사다오에게 지원을 요청했다. 닛신프로모션의 사장인 나가타는 미소라 히바리를 키운 흥행계의 거물이다. 프로 레슬링 흥행에서 대박의 냄새를 맡은 나가타는 정재계 로비를 통해 역도산을 미국으로 레슬링 수업을 보낸다.

일본의 대형 미디어도 프로 레슬링의 상품 가치를 알아채기 시작했다. 당초 TV 프로 레슬링 중계에 적극적이었던 것은 다름 아닌 NHK였다. 미국에서는 1940년대 후반부터 '할리우드 레슬링' 등의 중계방송이 시작되었고 그 얼마 후 프로 레슬링은 황금기를 맞이했다. 패전 직후인 일본에서 NHK가 이러한 움직임을 간파하고 그 절대적인 인기에 눈독을 들인 것이다.

쇼리키 마쓰타로와 역도산

1952년 10월에 설립된 방송국 니혼테레비에서도 역시 프로 레슬링 중계와 관련된 논의가 있었다. 이듬해 8월 개국과 동시에 니혼테레비에 입사한 도마쓰 노부야스에 의하면 유도에 강한 애정을 가진 쇼리키는 그리 탐탁해하지 않았다. 또한 쇼리키는 이미 역도산의 출신을 알고 있으면서도 어째서인지 접촉을 피했다고 도마쓰는 회상한다.

"쇼리키 씨에게 처음 역도산에 대해 말했을 때, 그놈은 스모 선수 시절에 석탄 밀송선 일에 손을 댔다가 적발된 적이 있다며 툭 내뱉었다.", "어쨌든 쇼리키 씨는 역도산과의 접촉을 극도로 피했다."(사노 신이치 저, 『거괴전(巨怪傳)』)

논픽션 작가인 사노 신이치는 그 배경으로 관동대지진 때의 조선인 학살을 지적한다. "쇼리키는 관동대지진 당시, 조선인 폭동 소문을 부정하기는커녕 오히려 적극적으로 퍼뜨려 사회주의자들의 암살 리스트에 올라갈 정도였다. 역도산은 그 망각하고 싶은 과거를 떠올리게 하는 인물이었던 것이다."(『거괴전』)

한편『평전 다마노우미 우메키치』는 어떤 사건으로 역도산이 GHQ
에게 밉보였을 가능성을 지적하고 있다. 다마노우미는 전후, 전범 용
의자로 취조를 받았다. 이 책에서는 그 원인을 전시 중 역도산이 미군
포로를 구타한 데 있을 것으로 추측한다. 간사이 지역에 임시 거처를
마련한 니쇼노세키 도장의 선수들이 군수 관련 근로 봉사를 할 때, 역
도산이 현장에 있던 미군 포로에게 화가 나 머리를 때렸다고 한다. 쇼
리키의 정보망으로 역도산의 신상을 조사했다면 이 사건 또한 파악하
고도 남는다.

그러나 사노에 따르면 쇼리키는 도마쓰의 열성적인 설득에 꺾여 프
로 레슬링을 중계하기로 결정한다.

쇼리키가 후원했던 유도는 불세출의 유도 선수 기무라 마사히코를
간판스타로 1950년에 프로 대회 창설을 시도했으나 반년 만에 실패로
끝났다. 기무라 마사히코, 그리고 스모 경험이 있었던 유도 선수 야마
구치 도시오는 그 후, 미국 순회 대회에 가서 프로 레슬링을 배우고
귀국한다. 스모와 유도라는 일본의 격투기가 링 위에서 서구의 거구
악당을 때려눕힌다는 간단명료한 앵글의 복선이 서서히 형태를 갖추기
시작한 것이다.

엄청난 육체 개조

역도산의 첫 미국 프로 레슬링 수업은 1952년 2월 3일부터 1953년
3월 6일까지 이루어졌다. 장행회에서는 나가타 주선으로 쟁쟁한 인물

들이 배웅했다.

재계에서는 일본정공, 일본금속, 요시모토흥업 등의 각 사장, 정계에서는 후일 하토야마 내각에서 국가공안위원회 위원장을 맡은 오아사 다다오, 각료 출신 나라하시 와타루와 사카이 다다마사, 그리고 스모 계에서는 스모 협회 이사장인 쓰네노하나 간이치, 요코즈나인 아즈마 후지와 지요노야마 등이 참석했다. 그리고 귀국한 역도산은 기자회견에서, 1년의 체류 기간 동안 치른 300번의 시합 중에 패배는 세 번뿐이었다고 호언했다.

비열한 독일인과 일본인을 정의의 미국인이 때려눕히면 관객들은 환희의 갈채를 보낸다. 이것이 당시 미국의 링에서 흔히 볼 수 있었던 앵글이다. 후에 일본에 들여온 것은 이러한 대결 구도를 180도 반전시킨 복제품에 불과하다.

비열한 일본인 역을 맡은 레슬러의 대부분은, 해롤드 사카타, 그레이트 도고, 미스터 후지 등의 일본계 미국인이다. 처음 미국에 건너갔을 때 역도산은 토마호크 촙을 연발하는 기분 나쁜 인디언 역을 맡았다고도 한다. 악역인 힐을 맡았다면 승률도 그리 나쁘지 않았을 것이다. 힐은 비열한 수법으로 몇 번이고 승리를 빼앗아 관객을 잔뜩 화나게 한 다음, 베이비 페이스에게 일격에 깨지는 역할이기 때문이다.

무엇보다도 역도산은 한 해 동안 300번의 시합 중 3패라는 기믹을 연출하기 위해 일부러 미국에서 1년을 보낸 것은 아니었다. 역도산은 우선 하와이에서 일본계 미국인 2세인 전 레슬러, 오키 시키나로부터 특별훈련을 받았다. 웨이트 트레이닝을 통해 레슬러 체형으로 변신한 것도 이때의 일이다. 역도산은 배가 튀어나온 스모 선수 체형에서, 보디빌더와 같은 역삼각형의 체형으로 다시 태어났다. 불과 1년 동안 이루어진 어마어마한 육체 개조를 통해 그는 놀랍도록 강한 집념을 보여 준 것이다.

NWA 주최자와 인맥 만들기

또한 역도산은 미국 생활에서 프로 레슬링 비즈니스에 눈을 뜬다.

그는 흥행계의 대가인 나가타에게 몇 번이나 편지를 보내 자신이 출전한 시합의 관객 수, 등급별 티켓 요금, 레슬러 숫자와 개런티, 대회장 사용료, 게다가 흥행주가 지불하는 세금에 이르기까지 하나하나 상세하게 보고했다. 또한 틈틈이 스크랩한 하와이의 일본 신문이나 잡지 기사를 동봉하여, 신문사를 통해 자기와 함께 프로 레슬링을 선전하자고 부탁했다. 처음에는 같은 내용을 닛타에게도 의뢰했지만 수락해 주지 않아 상대를 나가타로 전환했다고 한다.

역도산은 또한 하와이 현지의 거물 프로모터, 알 카라식과의 인맥을 만들었다. 우크라이나 출신의 전 발레리노였던 카라식은 도미 후 아마추어 레슬링으로 전향. 1920년 프로 레슬링에 입문하여 '러시아 라이온'이라는 캐릭터로 활동했다. 1936년 은퇴 후에는 하와이를 중심으로 NWA의 대형 프로모터로서 흥행을 도맡아 했다.

역도산은 카라식의 소개로 조 마르세비츠와 알게 되어 1952년 6월에 미국 본토로 건너간다. 폴란드 이민 2세로 역시 레슬러 출신인 마르세비츠는 샌프란시스코에서 NWA 프로모터를 했던 업계의 유력자였다.

마르세비츠는 역도산보다 한발 앞서 미국에서 순회 시합을 하던 기무라와 야마구치의 흥행 성공을 매우 기뻐했다. 그래서 같은 일본에서 온 역도산에게도 좋은 카드가 될 만한 시합을 다수 주선해 주었다. 한 시합 당 대전료는 300달러로 일본 엔화로는 약 11만 엔. 당시 국가 공무원의 초임 급여가 6천~8천 엔 정도이던 시절이다.

그러나 먼저 미국의 링 위에 섰던 기무라의 대전료는 500달러. 기무라와 야마구치 또한 일본에서 프로 레슬링 흥행을 성사시키고자 이미 움직이고 있었다. 나가타 앞으로 부지런히 보낸 역도산의 편지에는 기무라와 야마구치에 대한 초조함도 엿보인다. 그러나 결국 역도산만이 프로 레슬링이라는 이민 국가 미국의 비즈니스를 일본 국내에서 체현해냈다.

일본 프로 레슬링 협회의 인선

세계 태그팀 챔피언인 미국의 샤프 형제를 초청하여 14번의 시합을 벌인 '월드 챔피언십 타이틀 매치 시리즈'는, 전후 일본의 대중문화사에서 가장 드라마틱한 이벤트 중 하나가 되었다. 1954년 2월 19일부터 3월 7일까지 개최되었는데 역도산이 스모와 인연을 끊고 불과 3년밖에 안 된 시점이었다.

조선 출신의 전 세키와케 역도산은 몰라볼 정도로 몸을 단련하고 프로 레슬러로서의 스킬을 익혔으며, 그리고 무엇보다도 자신의 첫 흥행을 역사에 남을 대성공으로 일궈낸 프로모터로 다시 태어났다. 과거에 후원자로서 의지했던 야쿠자 출신 사업가 닛타는 이미 안중에도 없었던 모양이다.

미국에서 귀국한 역도산은 나가타를 설득하여 프로 레슬링 흥행에 대한 출자 약속을 받아낸다. 동시에 스모계, 유도계에서 레슬러를 영입했고 닛타에게 빌린 창고를 도장으로 새롭게 단장했다.

그리고 정재계의 중요 인사들을 찾아가 프로 레슬링의 장래성을 역설한 끝에 1953년 7월 일본 프로 레슬링 협회를 창설하기에 이른다. 회장은 요코즈나 심의원회 위원장으로 각료 출신인 사카이 다다마사가 맡았다. 마스다 도시야는 저서 『기무라 마사히코는 왜 역도산을 죽이지 않았는가』에서 '이미 스모계에서 예비 레슬러를 뽑을 생각을 갖고 있었고 그 트러블 방지를 위해' 스모계에 영향력이 있는 사카이를 수장으로 세웠다고 분석했다. 그 외 협회 간부로는 이사장에 닛타, 상무이사에 나가타를 필두로 국철 전 총재, 덴쓰 사장, 일본정공 사장, 중의원 의원, 스모 협회 이사장 등 각계의 명사가 줄줄이 이름을 올렸다.

두목회가 주도한 흥행의 종언

한편 유도계에서는 야마구치가 프로 레슬링의 출범에 열의를 보였다. 간사이 지역을 거점으로 활동한 야마구치는 일본 프로 레슬링 협회 출범 17일 후, 오사카 부립 체육관에서 처음으로 본격적인 프로 레슬링 흥행을 개최했다. 게다가 샤프 형제와의 14번의 시합이 시작되기 2주 전에는 오사카에서 열린 '일본 대 주일 미군 대항 프로 레슬링 대회'를 처음으로 일본 국내에 중계했다.

그러나 여기까지가 야마구치의 한계였다. 야마구치는 1954년 4월에 프로 레슬링 협회를 발족시켰지만, 회장 이하의 간부는 모두 야쿠자의 두목회 멤버들이 차지하고 있었다. 전쟁 전부터 내려온 오랜 흥행계의 상식으로는 오히려 당연한 일이었을지 모른다. 이와 마찬가지로 기무라에게 힘을 실어준 것도 일본 각지의 야쿠자들이었다. 그러나 이러한 흥행계의 구도는 맹렬한 속도로 과거의 유물이 되어버렸다.

닛타 또한 그런 낡은 시대의 사업가였다. 닛타는 당시 한 노름꾼 두목과 홋카이도에서 역도산과 기무라의 프로 레슬링 흥행을 준비하고 있었다. 그러나 이 사실을 안 역도산은 지난날 자신을 후원해 주던 닛타를 향해 격노했다. 자신의 프로 레슬링 첫 번째 시합 무대는 도쿄, 그리고 상대는 NWA 세계 태그팀 챔피언인 샤프 형제여야 했기 때문이다.

닛타는 결국 나가타를 통해 홋카이도 흥행 계획 중단에 대해 사죄해야만 했다. 닛타는 후일 역도산이 미국에 가 있는 틈을 타 그의 추방을 획책한 적이 있는데 일부 레슬러들의 반발로 실패로 끝나고 말았다.

스스로 정한 샤프 형제 초빙

1953년 3월 첫 도미에서 귀국한 역도산은, 그해 10월에 다시 하와이를 경유하여 미국에 건너간다. 첫 번째 대전 상대로 정한 샤프 형제를 초청하기 위해서다.

형 벤 샤프와 동생 마이크 샤프 형제는 캐나다 온타리오주 출신. 제2차 세계대전 중에 캐나다 공군 병사로 영국에 주둔했을 때 프로 레슬링과 관계를 맺게 되었다. 전후에 미국 샌프란시스코로 건너가, 프로모터 마르세비츠를 만나 스타의 반열에 올랐다.

이 바쁜 형제를 일본으로 부르는 작업은 난항을 겪어 두 달 가까이 걸렸다. 그 기간 동안 나가타는 사재를 털어 전국의 대회장을 확보하고 신문사의 후원도 받아냈다. 나가타는 사재를 동원한 이 흥행의 적자 규모가 얼마나 될지 전전긍긍했다고 한다.

나가타는 또한 기무라와 야마구치를 일본 측 선수에 합류시키기 위해 분주히 움직였다. 둘 다 출전은 수락했지만 당연히 본인들이 주인공으로서 돋보이도록 대진표에 참견했다. 나가타는 미국에 있는 역도산에게 그러한 사정을 전했고, 역도산은 답답한 심정과 불만을 담은 답장을 바다 건너에서 보내왔다.

역도산은 대회를 일주일 앞두고 귀국했다. 귀국길에는 심판을 맡길 하와이의 오키, 그리고 또 한 명의 외국인 선수 보비 브라운을 동반했다. 공항에는 니혼테레비의 도마쓰가 마중 나와 TV 중계를 맡게 해달라고 부탁했다. 쇼리키는 미국에서 입수한 프로 레슬링 영상을 보고 중계를 결심했다고 한다. 미국에서 텔레비전의 위력을 실감했던 역도산은 기뻐했지만 나가타는 난색을 표했다. TV 중계를 하면 대회장을 찾는 관객이 줄어들 것이라고 생각했기 때문이다. 하지만 나가타는 방영권 판매 수입이 짭짤하다는 것을 알고는 태도를 바꿔 본인이 직접 NHK 측에 영업하여 계약을 성사시켰다.

링의 설치를 담당한 것은 미쓰노, 현재의 미즈노다. 완성된 링은 로프 밖의 가장자리 부분이 툇마루처럼 바깥쪽으로 튀어나와 있었는데 귀국한 역도산이 이를 보고 서둘러 수정을 요구했다는 것도 잘 알려진 사실이다. 미쓰노는 나름대로 신경 써서 만들었을 테지만, 프로 레슬링은 모름지기 선수가 링 밖으로 떨어져야 그 묘미가 있다. 역사적 흥행을 위한 준비는 이러한 시행착오를 거듭하며 빠른 속도로 진행되어 갔다.

지지자의 불신

"그래서 내가 몇 번이나 말했어요, 역도산 씨. 당신 그러다가 비명횡사할 거라고."(『기무라 마사히코는 왜 역도산을 죽이지 않았는가』). 이 발언의 주인공인 유세프 토르코는 전 레슬러다. 터키인 부모를 둔 유세프 토르코는 1930년 요코하마시에서 태어났다. 후에 명심판으로서 쇼와 시대의 프로 레슬링 인기에 한몫했고 2013년에 도치기현에서 사망했다.

일본이 전쟁에 패한 이후 태도가 돌변하여 자신을 아꼈던 은인 다마노우미에게까지 깊은 원망을 샀던 역도산. 레슬러로서 더 이상 바랄 게 없을 정도로 최고의 데뷔전을 치른 후, 그 오만함을 더욱 노골적으로 드러낸다.

'각 가두 TV 앞에는 시청 가능한 사람을 최대한 많이 모았고, 특히 지방에서는 소문을 듣고 기차나 버스, 자전거를 타고 가두 TV 설치 장소까지 와서 보는 사람도 많았다. 교통 정체로 경찰이 출동하여 교통 정리하는 모습도 보였다.'(니혼테레비 방송망 주식회사 저, 『대중과 함께 25년』). 이 니혼테레비 사사(社史) 기록에 의하면 샤프 형제와의 14번의 시합을 닷새 동안 총 천만 명이 시청했다고 한다. 흥행의 행방을 불안해하던 나가타는 8천만 엔의 흥행 순이익을 손에 넣었다. 니혼테레비가 1954년도에 기록한 흑자액이 1,300만 엔이었다고 하니 샤프 형제와의 시합이 얼마나 대단한 성공을 거두었는지 짐작할 수 있다.

역도산은 흥행 수입에서 400만 엔 가까이를 지불하고 저택을 세웠다. 기무라와 야마구치 이외의 레슬러들에 대한 수익 배분도 역도산이 도맡았는데, 문하의 일본인이 받은 금액은 새 발의 피 정도였다고 한다. 단, 미국인 레슬러에게 당시의 일본 엔화는 종잇조각에 불과했으므로 역도산이 암달러로 지불하기로 약속했을 가능성도 있다. 어찌됐든 나가타는 오랜 지지자였던 자신을 등한시하고 돈에 집착하는 역도산에게 불신을 품기 시작했다.

각본을 무시한 처참한 린치

미해결로 남아 있던 대진표는 하와이에서 심판으로 데려온 오키에게 모든 책임을 맡겼다. 격투가로서는 선배 격이었던 기무라는 철저하게 역도산을 돋보이게 하는 역할로 배정되었다.

참다못한 기무라는 1954년 11월 신문과의 인터뷰에서 프로 레슬링은 쇼라고 내비치면서 '진검승부라면 내가 이긴다.'고 역도산을 도발했다. 당시는 프로 레슬링에 각본이 있다는 사실이 거의 알려져 있지 않았던 시절이다. 이에 격분한 역도산은 기무라의 도발에 응해 쌍방의 관계자가 함께 자리하여 시합 조건을 둘러싼 논의가 이루어졌다.

기무라는 말 그대로 진검승부도 불사할 생각이었으나 후원자의 설득으로 프로 레슬링의 각본대로 임하기로 수락했다. 세 판 승부 중, 첫 번째는 역도산, 두 번째는 기무라, 세 번째는 무승부. 역도산은 이 결정에 대해서 기무라에게 각서를 쓰게 했지만 바로 그 자리에서는 쓰지 않았다고 한다.

구라마에 국기관에서 시합이 행해진 것은 같은 해 12월. 각본대로 시합에 임한 기무라에게 역도산은 갑자기 안면을 노린 사정없는 손찌검과 발차기를 가했다. 맹렬한 기습의 연타를 당한 기무라는 많은 피를 흘리고 실신하고 만다. 비겨야 했을 세 판 승부는 역도산의 KO승으로 끝났다.

사전의 결정을 무시한 것에 대해 기무라를 후원하던 야쿠자는 흥행계의 금기를 깬 역도산을 죽일 듯한 기세였지만 결국 아무 일도 일어나지 않았다. 기무라가 스스로 마무리를 짓겠다고 말해 그만두게 했다고도 한다.

기무라가 역도산에게 건넨 각서가 『내외타임스』에 특종 보도된 것은 시합 사흘 후였다. 승부 조작의 오명을 덮어씌워 기무라의 레슬러 생명을 말살한 역도산에게 더 이상 맞설 사람은 없었다.

가두 TV의 원류

일본의 대중은 기무라를 꺾은 역도산을 부동의 영웅으로 떠받들었다. '쇼와의 간류지마[13](昭和の巖流島)'라 불리는 이 시합은 NHK와 니혼테레비가 중계했다. 당시 TV 방송국은 이 두 군데뿐이었기 때문에 '시청률 100%'라는 말도 널리 회자되었다.

1954년 당시 가정용 텔레비전은 1만 7천 대 정도로 시청자의 상당수는 가두 TV로 시합을 지켜봤다. 가두 TV는 쇼리키가 창안했다고도 하지만 사실 그 시작은 미국이다.

미 정부는 1942년, 적국에 대한 정치 선전용 라디오 방송 'VOA'(Voice of America)를 개시한다. 전후에도 VOA는 공산권을 대상으로 자본주의 사회를 선전했다.

---

13) 간류지마는 전설의 무사 미야모토 무사시와 사사키 고지로의 유명한 결투를 말함.

1950년에는 미 정부 내에서 VOA의 텔레비전 버전이 구상되었고 거기에 가두 TV 계획이 포함되었다고 한다. 그리고 원래 미국에서는 전기제품 업체가 자사의 상품 선전을 위해 거리에 대형 TV 모니터를 설치하는 것은 흔한 일이었다.

쇼리키 마쓰타로는 CIA의 협력자였는데 이 사실이 와세다대학 교수 아리마 데쓰오의 조사로 밝혀진 것은 쇼리키의 사후 37년이 지난 2006년의 일이다. 아리마는 2005년에 미국 워싱턴 교외의 국립 제2 공문서관에서 474페이지에 달하는 'CIA 문서 쇼리키 마쓰타로 파일'을 발견하고 그 연구 결과를 주간지와 저서 등을 통해 발표했다.

미국은 전후 일본에 안정된 보수 정권을 수립하고 아시아에서 반공 정책을 추진하기 위한 거점으로 삼으려 했다. 당시는 아직 불안정했던 일본에서 공산주의 혁명이 일어나 동쪽 진영으로 돌아설 가능성이 진지하게 논의되던 시대다.

미국은 1952년 4월에 연합국군의 점령이 끝난 후, 일본에서 미디어를 총동원하여 친미 선전 선동을 펼친다. 그리고 일본 대중에게 과거의 적국에 대한 동경과 친밀감을 심어주는 역할을 했던 것이 쇼리키의 니혼테레비였다. 미 정부는 일본인의 친미화를 위해 오락 방송이 효과적이라고 생각했다. 〈용감한 린틴틴〉[14], 〈아빠가 제일 잘 안다〉[15], 〈킷 카슨의 모험〉[16]과 같은 미국 TV 프로그램이 니혼테레비에 저가에 공급된 것은 그 때문이다.

---

14) The Adventures of Rin Tin Tin이 〈名犬リンチンチン〉이라는 제목으로 방영되었다.

15) Father Knows Best가 〈パパは何でも知っている〉라는 제목으로 방영되었다.

16) The Adventures of Kit Carson이 〈西部の勇者キット・カースン〉이라는 제목으로 방영되었다.

친미 프로파간다와 고향

쇼리키는 1952년 10월에 니혼테레비를 개국하기 위해 자금 조달에 부심했다. 이 문제를 해결해 준 것이 일본의 산업계 부흥을 지탱한 한국 특수, 즉 한국 전쟁이다. 그리고 개국 반년 후에 실시한 역도산의 프로 레슬링 중계가 흑자 확대의 원동력이 되었다.

당시 프로 레슬링은 악당인 서양인 레슬러를 정의로운 일본인 레슬러가 때려눕히는 설정이었다. 쇼리키가 이러한 프로 레슬링 중계를 주저한 것은 괜히 반미 감정을 자극할 수 있다는 우려 때문이었을지도 모른다.

역도산은 두 번째로 도미한 1953년의 12월, 루 테즈에게 패배하고 귀국한다. '무사수행[17] 중인 역도산이 세계 챔피언에게 도전했으나 석패'. 이 앵글은 후에 최강자 테즈와의 거듭된 명승부라는 전개로 이어졌다.

프로 레슬링의 본고장 미국은 수많은 강자들을 보유한 최강의 나라. 이러한 친미적 구도의 복선은 니혼테레비가 중계를 결정할 즈음에 이미 갖춰져 있었던 셈이다.

쇼리키의 진의는 차치하더라도 레슬러 역도산은 데뷔와 동시에 그 미디어 전략의 일각에 편입되었다. 한편, 역도산이 일본 프로 레슬링 협회를 창설한 1953년 7월에 한국 전쟁의 휴전 협정이 맺어진다. 냉전의 최전선이 된 모국은 북위 38도를 군사 경계선으로 하여 남북으로 분단되었다. 그리고 그 북쪽에 위치한 고향, 함경남도 홍원군은 지구상

---

17) 무사수행: 무사가 무예를 닦기 위해 여러 곳을 돌아다님.

의 그 어디보다 먼 곳이 되고 만다.

자물쇠 걸린 방

재일한국인 2세이자 프로 야구 선수인 장훈(하리모토 이사오)이 역도산과 만난 것은 1960년의 일이다. 후원회에 소속된 재일한국인의 소개로 긴자의 야키니쿠 식당에서 만났다고 한다. 장훈은 역도산이 한반도 출신이라는 것을 후원회 회장에게 들어 알고 있었다. 역도산은 당시 19세였던 장훈을 꽤나 귀여워하여 종종 식사를 함께하거나 집으로 초대하곤 했다.

장훈이 역도산의 집을 방문했을 때의 일이다. 역도산은 장훈을 자기 방으로 데리고 들어가 가정부가 들어오지 못하게 문을 잠그고 라디오를 켰다. 흘러나오기 시작한 것은 한반도의 라디오국에서 방송하는 한국 노래였다. 그것을 들으며 어깨춤을 추는 역도산에게 하리모토는 이렇게 말했다. "형님 고향 노래니까 당당하게 들으면 되잖아요." 그러자 역도산은 갑자기 장훈을 후려쳤다. 장훈의 회상을 인용하자면 역도산은 이렇게 말했다고 한다. "네놈이 뭘 알아. 우리 때는 벌레 취급을 당했다고."(오구마 에이지 외 저, 『재일 2세의 기억』). 또 "팬들이 실망하니까 일본 사람인 걸로 하는 거야."라고도 말했다.

1951년 취적 절차를 통해 나가사키현 출신의 일본인 모모타 미쓰히로가 된 역도산. 그가 내면에서 조선 출신이라는 사실과 어떻게 마주했는지는 이러한 제3자의 회상으로밖에 전해지지 않았다.

야쿠자 조직 도세카이의 회장인 마치이 히사유키, 또 다른 이름 정건영은 역도산에게 한국 축구 대표팀에 기부를 요구한 적이 있다. 1954년 샤프 형제와의 경기를 위해 오사카를 방문했을 때의 이야기다. 역도산은 처음 만난 마치이에게 두말없이 두툼한 지폐 다발을 건넸고 이후 형제처럼 친분을 다졌다.

또한 『또 한 명의 역도산(もう一人の力道山)』에는 전쟁 전부터 팬이었던 지바현 야치마타의 스즈키 일가가 등장한다. 역도산과 동년배였던 스즈키의 딸은 그가 '아리랑'을 부르는 것을 들었다고 한다.

'아리랑'은 특정한 한 곡만 있는 것이 아니라 한반도 각지에 여러 아리랑이 전해진다. 『또 한 명의 역도산』에 따르면 그녀가 기억하는 아리랑은 한반도 중동부의 정선을 원류로 하여 19세기 말쯤부터 서울 주변에서 흔히 불린 곡이다. 후에 '어메이징 그레이스'와 비슷한 리듬으로 편곡된 근대풍 창가가 되어, 1926년 무성 영화 〈아리랑〉과 함께 한반도 전역에 퍼졌다.

역도산은 1942년부터 1945년 사이에 한두 번 정도 귀향한 것으로 전해진다. 전후에는 전술한 바와 같이 신주쿠의 조선인 단체인 조선학생동맹에 참가하곤 했다. 하지만 국적을 바꾸고 프로 레슬링으로 전향한 후, 그러한 행보에는 장훈이 목격한 것과 같이 '자물쇠'가 채워졌다.

북송선을 타고 온 승객

그 자물쇠 채워진 방 안쪽에 있던 인물 중 한 명이 1923년생인 천명근이다. 역도산과는 고향 친구로 같은 영무소학교에 다녔고, 역도산보다 1년 늦은 1941년에 일본에 건너갔다. 일본에서 역도산과 재회한 것은

1943년. 고향 친구가 스모 선수가 된 소식을 전해 듣고 대회장을 찾은 것이다. 역도산에게 조선학생동맹을 소개한 것도 천명근이다. 천명근은 주오대학을 다니다가 메이지대학으로 옮긴 후 한국 전쟁의 발발로 귀향을 단념했다. 직장 생활을 하다가 후일 고탄다에 야키니쿠 식당을 열었다.

역도산은 말년에 문하생들을 데리고 천명근의 가게를 자주 찾았다고 한다. 또한 이따금 가게가 문을 닫는 심야 2시 넘어 혼자 찾아가기도 했다. 역도산은 천명근과 고향 이야기로 꽃을 피웠고 술에 취하면 '아리랑'과 같은 조선의 노래를 불렀다고 한다.

그런데 역도산은 주변 사람에게 천명근을 하야시라는 이름으로 소개했다. 정작 천명근 자신은 일본 생활 내내 민족명으로 살았으며 '하야시'는 역도산이 멋대로 붙인 가짜 일본 이름이었다. 역도산의 출신을 아는 비서 요시무라 요시오, 역도산의 부인이었던 다나카 게이코도 이 야키니쿠 식당 주인 이름을 하야시로 기억하고 있었다.

역도산의 생애에 대해 말해 주는 새로운 증인이 된 천명근은 1983년의 스포츠 잡지『Number』제70호에서 고향의 추억 등을 이야기했다. 그는 또한 고향에 있는 형 김항락이 보낸 편지가 역도산 손에 도착했다는 이야기도 전했다. 당시 일본에서는 북한에서 오는 우편물을 받을 수 없었는데 이에 대해 천명근은 그 편지가 '뒷 경로로'(『Number』제70호) 또는 '분명 조총련 사람을 통해'(『또 한 명의 역도산』) 전해졌을 것이라고 했다. 천명근은 한글을 읽고 쓸 줄 모르는 역도산에게 편지를 읽어주고 대신 답장을 써주었다. 편지는 안부를 묻는 평범한 내용이었다고 한다.

『Number』제70호에서는 또 한 사람, 1960년부터 재일본대한민국 거류민단(민단) 본부장을 맡았던 조영주가 증언자로 등장한다. 경상북도 예천군에서 태어난 그는 교토제국대학 및 리쓰메이칸대학 출신이다. 전쟁 중에는 도조 히데키와 대립한 육군 중장 이시하라 간지에게 경도하여 동아연맹운동에 참가한 이력이 있다.

동아연맹운동의 모태가 된 동아연맹협회는 일본, 만주, 중국의 대동단결을 표방하는 우익적 국가사회주의 단체다. 조영주는 오야마 마스타쓰의 지도를 받은 가라테가(空手家)였으며, 동아연맹협회를 통해 기무라 마사히코의 스승인 우시지마 다쓰쿠마와도 접점이 있었다. 역도산과는 전쟁기부터 면식이 있었고 레슬러가 된 후에도 자주 만나곤 했다.

조영주는 『Number』에서 '역도산에게 직접 들은 이야기'라며 이렇게 전했다. 역도산은 죽기 몇 년 전, 니가타에서 형 김항락과 만났다는 것이다. 잡지 기사에 따르면 김항락은 북한의 '만경봉호'로 니가타항에 도착하여 상륙은 하지 않은 채 선상에서 동생과 대면했다고 한다. 역도산의 명성은 북한에도 자자했는데, 김항락은 "(북으로) 돌아오면 거국적으로 최고의 환영회를 해주겠다."고 말했다. 그러나 역도산은 "여러 사업으로 바빠서 바로는 갈 수 없다."며 거절했다고 한다.

'황군위문'으로 반도의 땅을 밟다

초대 만경봉호가 취항한 것은 1971년의 일이다. 조영주의 이야기가 사실이라면 재회가 이루어졌던 곳은 당시 북일을 오가던 북송선일 것이다. 재일조선인 북송 사업은 1959년 12월에 시작되었다. 1961년 한 해 동안만 2만 3천 명 가량이 북으로 돌아갔다. 사람들을 실어 나른 것은 소련 군함을 개조한 수송선 쿠리리온호와 토보르스크호였다. 당시 이미 노후화되어 배 안은 악취가 진동했다고 한다.

편도 티켓의 북송선을 타고 북한에서 일본으로 온 승객은 별로 없었다. 그러나 1961년 11월에 역도산의 형이 니가타에 왔을 때 몇 안 되는 승객 중 한 명이 더 있었다고 한다. 김신락과 이웃 마을의 신부 사이에서 태어났다는 딸, 김영숙이다.

역도산은 일본에서 네 명의 자녀를 두었다. 1944년생인 장녀, 1946년과 1948년에 태어난 두 아들, 이렇게 세 명은 역도산이 전쟁 중에 알게 된 교토의 여성이 모친이다. 그녀가 숨을 거두고 얼마 되지 않은 1964년 3월, 부인 다나카 게이코가 딸을 출산했다.

1983년, 한반도 문제 전문 월간지 『통일평론』 3월호에 '우리 아버지 역도산'이라는 김영숙의 수기가 게재되었다. 이 수기는 해금된 역도산의 출신을 둘러싼 특종으로서 미디어가 대대적으로 보도했다. 역도산의 장남이자 2000년에 타계한 전 레슬러 모모타 요시히로는 당시 '그런 사람은 전혀 모른다.', '이익을 얻고자 꾸며댄 이야기'라며 불쾌함을 드러냈다.

김영숙은 1943년 3월생. 그러니까 그녀의 어머니가 임신한 것은 1942년 6월 전후가 된다. 태평양 전쟁 통에 어떻게 역도산이 고향의 신부와 잠자리를 함께할 수 있었겠는가. 바로 이 점이 김영숙의 수기가 의심받는 이유다. 그러나 실은 이 시기에 역도산이 부산을 통해 한반도를 종단하여 중국에 간 사실이 있다.

전쟁터나 점령지의 일본군을 대상으로 하는 각양각색의 '황군위문' 공연 중, 특히 활발했던 것이 스모 대회였다. 1942년에도 만주에서 시합을 마친 일행이 7월부터 9월에 걸쳐 베이징, 톈진, 옌안 등지를 돌았다는 기록이 있다. 그리고 이순일은 『또 한 명의 역도산』에서 역도산이 스모 행사에 참가한 사실을 뒷받침하는 여러 증언을 제시했다. 전술한 『Number』 제70호에도 시기는 분명치 않지만 전쟁 중에 귀향한 역도산과 만났다는 한국인의 증언이 소개되었다.

이순일은 김영숙 본인, 또한 당시를 알고 있는 조총련의 몇몇 관계자로부터 니가타항의 선상에서 부녀가 만난 것을 확인했다. 1961년 11월 역도산은 직접 차를 몰고 니가타까지 달려갔다고 한다. 조영주의 회상과 달리 그를 기다리고 있던 것은 둘째 형인 김공락이었다. 그는 역도산이 어릴 적에 친척집에 의지해 경성으로 갔다. 그 후 일본 유학을 거쳐 다시 경성으로 돌아왔고 한국 전쟁이 발발하자 북으로 건너갔다고 한다. 북으로 돌아올 것을 요청하는 형에게 역도산이 "지금 바로는 갈 수 없다."고 답한 것은 조영주가 말한 내용과 같다.

박정희와 프로 레슬링

한국의 박정희 대통령이 생전에 프로 레슬링 팬이었다는 사실은 한국 미디어에서도 자주 언급되었다. 무엇보다 이는 국가의식의 발양과 인심 장악에 프로 레슬링을 이용한 박정희의 연출이었을 가능성도 부정할 수 없다. 박정희는 1917년생으로 경상북도 선산군(현 구미시) 출신이다. 해방 전에는 다카기 마사오와 오카모토 미노루라는 두 개의 일본 이름을 사용한 것으로 알려져 있다.

1954년에 화려한 데뷔전을 치른 역도산. 그러나 여타 순수한 스포츠와 마찬가지로 시합 결과를 전하던 주요 일간지와 NHK는 조금씩 프로 레슬링 보도에서 손을 뗀다. 프로 레슬링의 인기가 서서히 침체되던 와중에 1957년 루 테즈의 초청으로 그 부활의 발판을 마련한다.

이와 함께 결당한 지 얼마 되지 않은 자민당의 부총재, 오노 반보쿠가 일본 프로 레슬링 협회의 커미셔너에 취임했다. 역도산은 이 정계의 거물과 각별한 친분을 쌓았는데 서로 '아저씨', '리키'라 부를 정도였다고 한다. 당시는 또한 CIA와 가까웠던 보수 정치가인 기시 노부스케 등이 같은 친미 반공 국가로서 일본과 한국의 국교정상화를 모색하고 있던 시기다. 원래 조선인을 싫어하기로 알려진 오노도 주위에 등 떠밀리듯 한국과의 외교를 위해 움직이고 있었다.

한국에서는 일본의 국민 영웅인 역도산이 한반도 출신이라는 사실이 일찍이 알려져 있었다. 한국 프로 레슬링 협회가 1961년 출범 후 역도산에게 방한을 요청하여 거절당한 적도 있다.

북한의 국력이 아직 한국보다 우위였던 당시, 남북은 1964년의 도쿄 올림픽을 앞두고 스포츠에서 국위선양을 떨치고자 서로 치열한 신경전을 벌였다. 남북 중 어느 한쪽이 역도산을 포섭하여 그 조국으로서 이름을 올리면 상대에게 우위를 어필할 수 있다. 북한은 이미 고향의 가족을 통해 역도산과 접촉하여 김일성의 선전 영화를 보여 주는 등 끌어안기 작업에 들어갔다.

한국 측도 문교부 장관인 박일경, 안보 담당 특별보좌관인 박종주와 같은 요인들이 다양한 경로를 통해 접촉 기회를 엿보았다고 한다. 국교정상화에 박차를 가하던 한일 보수 정치가들 사이에서 역도산이라는 아이콘의 정치적 이용이 논의된 것은 당연한 흐름이었을 것이다.

오노는 1962년 12월에 방한하여 박 대통령과 회담했다. 그리고 다음 달인 1963년 1월 8일에 역도산이 서울의 김포공항에 발을 내딛었다.

대망의 역도산 방한 일정을 전하는 한국 신문의 보도는 서로 엇갈렸

역도산 방한 사흘 전, 관련 기사가 신문에 게재되었다. 제목은 '한국이 낳은 세기의 역사 역도산'. 지면의 왼쪽에는 일제 강점기에 정착한 척관법을 폐지하고 미터법으로 통일한다는 내용이 실렸다. (『경향신문』 1963.1.5.)

다. 직전까지 도착일이 몇 번이나 번복되었다. 또한 한국을 떠날 때도 갑작스럽게 방일한 외국인 선수와의 시합을 위해 일정을 앞당겨 돌아갔다고 보도했다. 마치 정확한 일정을 공개하는 것을 꺼리는 듯한 모양새였다.

역도산이 군사 경계선에 있는 판문점에서 웃통을 벗어던지고 '형!'을 부르며 절규한 일화도 알려져 있다. 그 순간 북측에서 카메라 플래시가 터지는 것이 남측에서 보였다고 한다.

역도산은 서울에서 한국 프로 레슬링에 대한 지원, 한국에서의 대회 개최와 수익의 기부 등을 공언했다. 그러나 그 약속은 지켜지지 않았다. 같은 해 12월, 역도산이 돌연 사망했기 때문이다. 계획이 틀어지자 박정희는 대역으로 그의 제자인 오키 긴타로를 한국 프로 레슬링의 스타로 삼았다.

오키 긴타로의 본명은 김태식으로 1929년 전라남도 고흥군에서 태어났다. 1948년의 여순사건 당시 처형될 뻔했던 이력을 갖고 있다. 1956년 경에 일본으로 밀항하여 우여곡절 끝에 역도산의 제자로 들어간다. 일본인 레슬러 오키 긴타로로 데뷔한 후 1965년에 김일이라는 이름으로 한국으로 금의환향하였다.

약혼자의 눈물

많은 외국인 레슬러를 초청해 펼친 1959년 월드리그전의 대성공으로 역도산은 다시 한 번 절정기를 맞는다. 역도산은 아파트, 골프장, 사우나, 스포츠센터 등의 사업에 막대한 빚을 내어 쏟아 부었다.

그러나 30대 중반을 넘어선 신체는 에너지가 점점 떨어져갔다. 또한 자세한 연유는 알 수 없지만 야쿠자의 살해 위협으로 사람 그림자만 보면 늘 겁을 먹었다고 한다. 과한 음주와 더불어 수면제와 흥분제를 번갈아 상용한다는 소문도 들렸다.

권력, 허구, 폭력, 야심, 배신. 도일 후 20여 년간 치열하게 달려온 그 괴물과도 같은 생애에서 유일한 안식은 아내 다나카 게이코가 회상하는 로맨스다.

다나카는 1941년생으로 가나가와현 출신이다. 부친인 가쓰고로는 지가사키 경찰서 서장이었다. 다나카가 일본항공 승무원이던 시절, 어쩌다 그녀의 맞선 사진을 본 역도산은 그녀에게 첫눈에 반했다고 한다.

다나카와 그 가족들 앞에서 역도산은 성실한 신사였다. 방한 전날인

1963년 1월 7일에 약혼을 발표했다. 그리고 한국에서 돌아와 다나카에게 자신의 출신을 고백했다.

"북한 출신이라는 것을 알고 있었나?" 역도산의 물음에 다나카는 이렇게 답했다. "당신이 직접 말해줘서 다행이에요." 다나카는 그 말을 들은 약혼자 역도산이 그녀 앞에서 눈물을 뚝뚝 흘렸다고 회상한다.

오노 반보쿠가 중매인 역할을 맡았다. 1963년 6월 5일에 호텔 오쿠라에서 열린 결혼 피로연은 3천 명이나 되는 하객들로 북적거렸다. 신혼여행은 약 한 달에 걸쳐 구미를 돌았는데 다나카의 마음속에는 그 모든 순간이 영화의 한 장면과 같은 아름다운 추억이었다.

"하루라도 더 함께하고 싶어"

다나카는 결혼과 동시에 역도산이 교토의 여성과의 사이에서 낳은 세 아이의 어머니가 되었다. 역도산은 아이들을 키워준 도쿄 니혼바시의 여성과 다나카를 서로 만나게 해 주었다. 니혼바시의 여성은 병에 걸려 몸져누웠고 아이들을 다나카에게 맡긴 후 얼마 지나지 않아 세상을 떠났다.

8월에 가족 다섯 명이서 하코네의 별장에 간 일을 다나카는 행복한 추억으로 기억하고 있다. 놀람의 연속이었던 결혼 생활을 통해 다나카는 한층 더 역도산에 대한 애정이 깊어졌다고 한다. 다나카는 2003년의 수기 『남편 역도산의 통곡』에서 이렇게 말한다. "한 번 더 결혼할 수 있다면 '역도산 당신과 하루라도 더 오래 함께하고 싶다'고 지금도 진심으로 생각합니다."

그 20년 전에는 다나카 요네타로가 비슷한 발언을 했었다. 스모 선수 시절부터 사망 전까지 가장 오래 교류했던 사람이다. "한 번 더 역도산과 함께할 수 있다면 나는 꼭 그러고 싶다네. 그 녀석이야 물론 난폭했지. 나보다 더 얻어맞은 사람도 없을걸? 그래도 말야, 그 녀석은 다정한 구석이 있단 말이지."(『Number』 제70호)

그들의 회상은 '인간으로서 본받을 점이 하나 없는 사람'이라는 평판과는 모순된다. 그러나 모두 거짓은 아닐 것이다. 본디 인간은 모순을 안고 살아가는 존재이고, 일견 괴물과도 같은 역도산 또한 그 모순 속에서 발버둥치는 한 인간이었을 뿐이다.

결혼한 지 얼마 되지 않아 다나카는 역도산의 아이를 갖게 된다. 임신 사실을 안 역도산은 아내를 얼싸안고 뛸 듯이 기뻐했다고 한다. 신혼 때는 수면제에 의존하는 일도 부쩍 줄었고 조금씩 안정되어 갔던 모양이다. 그러나 이 행복한 결혼 생활도 불과 193일 만에 막을 내린다.

죽음을 둘러싼 기믹과 진상

역도산의 죽음을 둘러싼 수수께끼는 후일에도 여러 억측을 불러일으켰다. 소장을 봉합한 후 바로 좋아하던 사이다를 마셨다거나 많은 양의 초밥을 먹어 치웠다는 소문도 있다. 마치 호걸의 모습을 어필한 기믹이 사후에도 망령과 같이 떠돌아다니는 듯하다. 그러나 실제로 역도산은 한시라도 빨리 상처를 치료하기 위해 의사의 지시를 고분고분 따랐다고 한다.

1963년 12월 8일. 역도산은 도쿄 아카사카의 나이트클럽에서 야쿠자 일원에게 칼로 오른쪽 복부를 찔린다. 원인은 발을 밟았느니 밟지 않았느니 하는 사소한 말싸움이었다. 소장 두 군데에 손상을 입었지만, 진단은 전치 2주. 수술 후의 경과도 양호하여 역도산은 순조롭게 회복하고 있었다. 그런데 12월 15일, 복막염 진단을 받고 이날 오후 2시 반부터 재수술에 들어갔다.

오후 4시에 의사는 수술이 성공적으로 끝났다고 전했고, 비서 요시무라 요시오와 젊은 레슬러들, 그리고 다나카 게이코는 일단 병원을 뒤로했다. 그러나 오후 9시경 그들은 병원의 호출 전화를 받았다. 그들이 병원에 도착하고 얼마 후 역도산은 숨을 거두었다. 향년은 출생일이 호적대로라면 39세, 천명근의 기억이 맞다면 41세다.

남북 두 진영을 오고 갔던 역도산의 죽음에 대해 암살설도 난무했다. 다만 후일 조사를 행한 마취과의 도히 슈지는 사인을 의료 과실로 결론지었다. 근육 이완제를 사용해 마취할 때 담당의가 역도산의 굵은 목 때문에 기관 내 삽관에 실패했다고 한다. 즉 역도산은 의식이 있었지만 근육이완제로 인해 꼼짝 못 한 채 호흡이 멈춘 것이다. 어떤 의미에서 그의 삶과도 닮은 처절한 죽음이었다.

역도산의 사후, 다나카에게 수많은 채권자가 몰려들었다. 다나카는 역도산의 뜻을 이루고자 사업을 이어가기 위해 애썼으나 결국 모든 것을 내려놓을 수밖에 없었다. 그가 형식상 대표를 맡았던 일본 프로 레슬링 협회는 방만한 경영과 내분으로 1973년에 해체되었다. 다나카는 역도산이 일궈낸 단체를 지키지 못한 것을 지금도 자책하고 있다.

다치하라 마사아키

소설가, 1926~1980
경상북도 안동군(현 안동시) 출생 / 재일 1세

승부에 집착한 마작

전후 쇼와 문단에서 일세를 풍미했던 다치하라 마사아키(立原正秋)는 '순문학과 대중문학의 멀티플레이어'로 불렸다. 순문학을 추구하면서도 대중의 즐거움을 배제하지 않았는데 그 스스로도 두 가지 모두를 지향할 것을 선언했다. 순문학을 추구한 작품에서는 주로 일상적인 미를 추구하는 사람들을 그렸다. 절친한 사이였던 작가 다카이 유이치는 그 묘사가 "때로 이 세상의 것이 아닌 듯한 분위기를 자아내면서도 그것이 황당무계한 세계로 빠지지 않는 것은, 미를 추구하는 작가 자신의 마음이 그만큼 절실했기 때문일 것이다."라고 평했다.

한편, 편집자로서 총애를 받던 스즈키 사요코는, 다치하라가 무서운 이야기로 사람들을 소스라치게 하는 것을 즐겼다고 회상한다. 또한 친분이 깊었던 영문학자 다케다 가쓰히코는 "서비스 정신이 왕성한 다

치하라는 체험담을 재미있고 우스꽝스럽게 각색해서 들려주기를 좋아
했다. 두 자매와 동시에 불륜을 했다며 익살스럽게 이야기할 때도 내가
거짓을 눈치 챈 낌새를 보이자 다치하라는 아차 하는 표정을 지었다.”
고 했다.

과장된 무용담도 많았다. 다치하라가 길 가던 무뢰한에게 겁 없이
달려든 일이 있었는데, 이 사실을 남에게는 다분히 각색된 내용으로
들려주었던 모양이다. 무명 시절에 사기 마작으로 돈벌이를 했다고도
알려진 바 있다. 다카이가 나중에 남동생에게 들은 바로는 다치하라는
마작을 할 때 지나치게 승부에 집착해서 차마 옆에서 ‘보고 있을 수 없
을 정도였다’고 한다.

자필 연보에 숨은 덫

작가는 종종 자필 연보나 자서전에 허구를 담는 경우가 있다. 1969년
에 고단샤에서 출판된 『현대장편문학전집 49 다치하라 마사아키』의 권
말에 수록된 에세이 풍 자필 연보나 그가 인터뷰 등에서 이야기한 에피
소드에도 다양한 창작이 엿보인다.

소년 시절의 자상(刺傷) 사건이 그 전형이다. 자필 연보에 따르면 그
는 1939년 봄, 가나가와현립 요코스카중학교의 입시에 합격한다. 그러
나 자신을 비웃는 소년의 가슴을 단도로 찔러 입학이 취소되었고 그해
6월에 상업학교에 편입했다고 한다.

그런데 만년에 노사카 아키유키와의 대담에서는, “네놈의 아버지는
조센진이지?”라고 모욕한 체육 교사를 찔러 7개월간 감화원(현재의 소년

원)에 들어가 있었다고 말했다. 또한 스즈키는 '비열한 교사'의 손을 찌르고 감화원에 들어가, 그곳에서 목공 기술을 습득했다는 이야기도 들었다. 날카로운 감성의 작가 다치하라가 찌른 상대나 그 위치, 복역 기간에 무심했던 것은, 그때마다 즉흥적인 이야기를 즐겨서였을까?

다치하라가 누군가를 찌르고 감화원에 들어갔다는 기록은 없다. 다케다는 다치하라가 동급생들과 같은 1939년 4월에 요코스카 상업학교에 입학한 사실을 확인했다.

다치하라가 요코스카중학교를 지원했던 것은 사실이지만 시험은 치르지 않았다. 이 명문 중학교에서는 학업 성적뿐 아니라 가문이나 가정환경도 선발 기준으로 삼았다. 부모가 술집을 운영하거나 편친(偏親)이어도 들어갈 수 없었다. 조선인의 자식으로 태어난 다치하라도 당연히 불합격될 가능성이 높았다. 그래서 소학교 담임의 지도에 따라 할 수 없이 상업학교에 진학한 것이다. 칼부림의 무용담은 창작이었어도 그 부풀려진 줄거리에 담긴 분노는 진실이었을 것이다.

존재하지 않는 절

다카이는 1991년에 발표한 『다치하라 마사아키』에서 다치하라의 실상을 낱낱이 전했다. 그리고 사반세기 가까이 흐른 뒤에 '재일한국인인 다치하라가 사후, 다카이에 의해 출신의 거짓을 폭로 당했다'는 스캔들에 가까운 보도가 있었으나 이는 그리 정확한 사실이 아니다.

다케다는 1969년 방한 시, 다치하라가 어린 시절을 보냈다는 절을 찾은 적이 있다. 다치하라는 그 두 달 전에 발표한 자필 연보에서, 이

절을 한국의 '안동시 외곽에 있는 아버지의 절 봉선사'라고 썼다. 그러나 봉선사는 찾을 수 없었고, 다케다는 귀국 후 그러한 이름을 가진 절이 존재하지 않음을 알게 된다. 다케다가 묻자 다치하라는 태연하게 '창작'이라 답했다.

1974년부터 간행된 『다치하라 마사아키 선집』 시리즈의 최종권에는 다케다가 정리한 다치하라의 새로운 연보가 게재되어 있다. 절에 대한 거짓을 밝혀낸 다케다에게 그 집필을 의뢰한 것은 다름 아닌 다치하라 그 자신이었다.

그러나 다치하라는 이후에도 다케다에게 알 수 없는 태도를 취했다. 다케다가 양친의 출신 이야기부터 자세히 들어보려 해도 다치하라는 애매하고 소극적인 반응을 보일 뿐이었다. 다치하라의 자필 연보에는 아버지 '경문'은 이씨 집안에서 양자로 보내져 가나이 요시후미가 되었다고 적혀 있었다. 이에 대해 다케다는 아버지의 성씨가 이가 아닌 '김'이었다는 것을 밝혀냈고 다치하라도 이름의 한자 표기가 '慶文'이 아니라 '敬文'이라고 알려 주었다. 그런데 다치하라는 연보에 아버지의 진짜 이름인 '김경문(金敬文)'의 게재를 허락하지 않았다고 한다. 이러한 연유로 다케다가 새롭게 집필한 연보는 다치하라의 자필 연보를 조금 수정한 정도에 그쳤다.

타계 1년 전에 밝힌 또 하나의 이름

재미난 사실은 다치하라가 그 후 연보가 게재될 때마다 다케다에게 집필을 부탁했다는 점이다. 역시 다치하라는 다케다가 알아낸 모든 사실의 기재를 허락하지는 않았지만 조금씩 수정을 허용하게 되었다.

다케다는 다치하라가 사망하기 1년 전, 그가 태어났을 때의 이름을 알게 된다. 다치하라는 이듬해에 첫 영역판 출판이 예정되어 있었고 다케다는 서문 집필을 포함해 제작에 관여하고 있었다.

다케다는 이번 기회에 그간의 의문에 마무리를 짓고자 결심했다. 조선에서 태어난 다치하라는 어떤 집안 출신이었는지, 어떤 언어를 모국어로 했는지. 이는 한 사람의 작가로서뿐만 아니라 문학 그 자체의 연구에서도 중요한 의미를 가진다. 또한, 영어로 출판되는 최초의 프로필에 오류가 있으면 해외에서의 평가나 연구도 두고두고 혼란스러울 것이다.

다치하라가 집필에 전념했던 제국호텔 방에서 다케다는 그러한 사정을 자세히 설명하고 이해를 구했다. 잠자코 듣고 있던 다치하라는 원고지에 커다란 글씨로 똑똑히 '김윤규(金胤奎)'라고 썼다. 다케다는 그 이름을 사이에 두고 잠시 아무 말 없이 다치하라와 마주 보고 있었다고 한다.

정체성의 동요

'다치하라 마사아키(立原正秋)'라는 아름다운 필명은 그가 숨지기 두 달 전인 1980년 6월에 호적상 본명이 되었다. 그 전의 본명은 요네모토 마사아키. 요네모토는 다치하라의 아내, 다치하라 미쓰요의 성씨다.

다치하라와 미쓰요가 부부로서 신혼생활을 시작한 것은 1947년 4월. 이윽고 1948년 7월에 장남 출생을 계기로 부부는 혼인신고와 출생신고를 동시에 마쳤다.

당시의 다치하라는 가나이 마사아키라고 불렸다. 1940년의 창씨개명으로 얻은 이름이다. 일본의 패전 이후 그의 조국인 조선은 아직 미군정하에 있었다. 그리고 장남이 태어난 다음 달에 남북에 정부가 각각 수립되었다. 다치하라는 이런 특수한 정세로 인해 아내의 호적에 입적하여, 일본인 '요네모토 마사아키'가 된다.

다치하라의 소설이 활자화된 것은 1951년의 '늦여름 혹은 이별곡'이 최초라고 알려져 있었다. 그러나 2008년, 이 또한 사실이 아님이 판명된다. 그는 1946년에 가나이 마사아키라는 이름으로 소설 두 편, 1948~49년에 다치하라 마사아키라는 이름으로 시 두 편, 그리고 1949년에는 김윤규라는 이름으로 소설 한 편을 발표했다. 해방을 거쳐 한반도에 남북 양 정부가 수립된 이 시기, 다치하라는 아직 정체성을 정하지 못했던 것이 아닐까.

일본 작가로서 대성한 후에도 이른바 재일 작가라는 점을 마음에 두고 있었다. 이회성[18]이 『또 다른 길』로 각광을 받았을 때 다치하라는 그에게 연락하여 집으로 초대했다. 이회성은 후일 다치하라의 생애에 대하여 "의심할 여지도 없는 '재일'의 생태이며, 그 엄숙함을 지닌다."고 말했다.

아버지의 죽음

다치하라는 1926년 1월 6일 한국 중동부의 시골 마을에서 태어났다.

---

18) 재일 작가, 1935년생. 1969년 『또 다른 길』로 등단. 1972년에 『다듬이질하는 여인』으로 아쿠타가와상을 수상했다.

출생지로 알려진 안동시(당시는 안동군) 서후면 태장리는 시내 중심부에서 10km 정도 떨어진 산간 지역이었다. 같은 태장리에 있는 선종 봉정사가 다치하라가 어린 시절을 보낸 절이다. 1891년에 유서 깊은 집안의 넷째 아들로 태어난 아버지 김경문도 같은 서후면에서 태어났다. 김경문은 봉정사의 종무장으로 일했고 절의 재정 관리에 부심했다. 승려였다는 말도 있는데 가정을 꾸린 점을 이유로 부정하는 이들도 있다.

자전적 작품『겨울의 유산』에는 '무량사'라는 이름의 절이 등장한다. 한국 중서부에 위치한 백제의 고도 부여군에도 '무량사'가 있다. 또한 작중에 그려진 무량사의 정경은 한국 남동부의 통도사의 정경을 차용했다. 다치하라는 전술한 바와 같이 자필 연보에서 봉정사를 봉선사로 바꾸어 쓰기도 했고 봉정사로 표기한 적도 있었다.

그의 부친 김경문은 1931년 7월, 다치하라가 다섯 살 때 타계했다. 『겨울의 유산』의 내용과 같이 사인은 자살이라고 알려져 있었다. 그러나 이것은 사실이 아니다.

1980년 봄, 와병 중이던 다치하라는 아버지에 대해 자세히 알고 싶다는 말을 꺼낸다. 다케다의 의뢰로 국문학자인 에쓰구 도모코가 조사를 시작하여 다치하라가 숨지기 한 달 전에 결과가 도착했다. 김경문과 친분이 있었던 봉정사의 승려 신봉선의 증언에 의하면, 김경문은 병사였다고 한다.

후에 안동에 가서 직접 신봉선을 만난 다케다는, 아버지의 죽음까지 창작이었다는 사실에 대한 놀라움을 글로 표현한 바 있다. 그러나 다카이는 에쓰구의 보고가 있기 전까지 다치하라는 아버지가 자살했다고 믿고 있었다는 사실을 시사했다.

꼭 닮은 조카

다치하라는 생사를 알지 못하는 배다른 형에 대해 다케다에게 이야
기한 적이 있다. 김경문이 다치하라의 어머니와 결혼하기 전, 다른 여
성과의 사이에서 낳은 아들이다. 만년에는 형의 이름이 '마사하루'라고
알려 주었다. 다케다는 이것도 창작이 아닐까 의심스러웠지만 다치하
라의 말투에서 적어도 형의 존재 자체는 사실이라고 확신했다.

나중에 형의 이름은 김규태로 밝혀진다. 마사하루라는 일본 이름도
사실이었다. 1923년 4월생으로 호적에는 다치하라의 친형으로 기록되
어 있는데, 다카이가 안동에서 김규태의 셋째 아들 김진호를 만나 이복
형이라는 사실을 확인했다. 다카이는 김진호를 처음 보고 다치하라와
꼭 닮은 모습에 놀라 숨을 멈추었다고 한다. 김진호는 부모님에게 일본
으로 건너간 삼촌이 있다는 이야기만 들었을 뿐 다치하라에 대해서 아
는 것이 없다고 했다.

김규태가 어떠한 삶을 살았는지는 모른다. 아마도 다른 집에 맡겨져
자랐을지도 모른다. 그는 고향 땅에 머무르며 5남 2녀를 두고 1972년
에 폐병으로 사망했다.

이듬해인 1973년 초여름, 다치하라는 29년 만에 고국 땅을 밟았다.
그러나 10일간의 여정 중 어째선지 안동에는 들르지 않았다. 다케다는
태어난 고향을 찾지 않은 이유를 물어보려 했으나 대답을 피하는 다치
하라의 태도에서 초조함이 느껴졌다고 한다.

헤픈 여자

다치하라의 모친 권음전은 1903년 양조장 넷째 딸로 태어났다. 출생지인 풍산면은 서후면의 서쪽에 인접한 마을로 현재의 풍산읍이다. 산골 마을인 태장리에 비해 사람들의 왕래가 많은 곳이었고 유복했던 권씨 일가는 자녀들을 남쪽으로 약 100km 떨어진 대구의 학교에 보냈다. 개중에는 가톨릭으로 개종한 사람도 있었다고 하니 개방적인 가풍을 엿볼 수 있다.

권음전과 김경문 사이의 첫 번째 아이, 다치하라의 누나는 1924년에 태어나 10개월 후에 죽었다. 이후 다치하라와 그의 남동생인 김완규(가나이 마사토쿠)가 태어난다. 권음전은 남편 김경문이 숨진 다음 해에 안동으로 옮겨와 다른 남성의 아이를 낳았다. 이후 미국으로 건너갔다고 알려진 이복 여동생 요시코다. 『겨울의 유산』에서는 자살한 아버지가 미화되는 반면 어머니는 '헤픈 여자'로 그려진다. 아직 어렸던 다치하라가 다른 남자의 아기를 품에 안은 어머니에게서 맡았던 어른 세계의 냄새가 작품에 투영된 것은 아닐까.

권음전은 안동에서 지내던 3년 동안 혼자서 아이들을 키웠다. 그러나 생활은 힘들었고, 1935년 3월에 언니의 시집 일가를 의지해 가나가와현 요코스카시로 옮긴다. 이때 김완규와 요시코, 이렇게 둘을 데리고 갔다. 다치하라는 구미에 있는 권음전의 남동생 권태성에게 맡겨졌다. 생활이 궁핍했던 그녀는 세 아이를 돌볼 여유가 없었고, 그나마 제일 형인 다치하라는 나중에 일본으로 부를 생각이었던 모양이다. 개업의였던 권태성은 부유했지만 독신으로 늘 바빠서 구미에서 지낸 다치하라의 일상은 고독했다.

권태성은 이후 한국 전쟁 중에 월북했다. 권음전의 생전에는 가끔 편지를 주고받았고, 1970년경에는 개성병원의 원장이 되었다며 사진을 보내온 적도 있다. 그러나 외삼촌으로부터의 소식은 그 후 머지않아 두절되었다.

가난한 어머니에게 반발했던 나날

아쿠타가와상을 두 번 놓친 후, 1966년에 『하얀 앵속』으로 제55회 나오키상[19]을 수상. 순문학을 지향했던 다치하라는 수상을 고사할까도 생각했었다. 그러나 이후 자신의 실력을 시험하듯, 순문학과 대중문학의 두 마리 토끼를 잡기에 도전했다.

이윽고 유명 작가로 성공한 다치하라는 일류 미식가이자 일본 전통 문화에 조예가 깊은 풍류 문학자라는 명성을 손에 넣었다. 제국호텔을 집필 장소로 삼아, 손님을 고급 요정으로 초대했고 요리에 대한 깊은 조예에 사람들은 감복했다. 그러나 그와 가까운 지인들에게는 종종 무리한 허세로 보이기도 했다. 다카이는 다기 전문가인 하야시야 세이조가 "다치하라 씨에게는 문화가 없었으니 힘들었겠지요."라고 평하는 것을 들었다고 한다. 차의 산지로 유명한 '우지'에서 태어나 대대로 다도에 익숙한 집안에서 자란 하야시야의 눈에는, 애써 일류가 되려고 하는 남자의 모습이 훤히 비쳐보였을 것이다.

다만 하야시야의 진의는 차치하더라도, 문화가 없었다는 말은 어떤

---

19) 아쿠타가와상과 더불어 일본에서 가장 권위 있는 문학상. 아쿠타가와상이 순문학에 수여되는 반면, 나오키상은 주로 대중문학에 수여된다.

면에서 정곡을 찌른다. 일본 문화에 대한 다치하라의 독특한 묘사가 독자에게 감명을 준 것은 이방인으로서의 관점이 반영되었기 때문이다. 단정한 일본어 표현도 다른 언어를 모국어로 하는 작가로서 고심한 결과였을지 모른다.

그리고 다치하라는 태어나면서부터 세련된 생활 방식을 몸에 익힐 기회를 갖지 못했다.

다치하라 홀로 조선에 남겨두고 요코스카에 건너간 모친 권음전은 의지하던 언니 부부와 사이가 좋지 않았다고 한다. 그래서 음전은 메리야스 공장 등의 일자리를 찾아, 교토, 오사카를 전전했다. 그리고 요코스카로 돌아가, 파쇠 회수업을 하는 네 살 연하의 왕명윤(노무라 다쓰조)과 재혼했다. 장사 재주가 없던 노무라도 가난하기는 마찬가지였지만 일단은 안정적인 거처가 생겼기에 1937년 봄에 다치하라를 요코스카로 불러들인다.

권음전은 포장마차나 건어물상을 하며 노무라를 대신하여 가계를 지탱했다. 그러나 남동생 김완규에 의하면 다치하라는 그런 어머니에게 반항했고, 바늘로 꿰맨 헌 옷을 입는 것도 싫어했다고 한다.

소년 노무라의 추억

아내 미쓰요는 일본으로 막 건너왔을 무렵의 다치하라를 기억하고 있다.

다치하라는 1938년 1월, 요코스카의 심상고등소학교 심상과 5학년으로 전입했다. 미쓰요는 그보다 한 학년 아래였다. 그녀는 『추상: 남편 다치하라 마사아키(追想 夫立原正秋)』에서 이렇게 적고 있다. "그 포플러 나무 기둥에 하얀 얼굴의 키 큰 남학생이 기대어 있는 것을 종종 보곤 했어요. 그 광경만 지금도 선명하게 기억에 남아있는 것이 신기합니다."

다치하라는 소학교 전입 시, 노무라 신타로라는 이름을 썼다. 1940년의 창씨개명 이전부터 '내선일체'의 동화정책에 의해 일본식 이름의 사용이 일반화되었기 때문이다. 물론 주위 사람들은 노무라 신타로가 조선에서 왔다는 것을 알고 있었다. 유일한 친구였던 일본인 동급생은 노무라 신타로의 어머니는 일본어가 서툴렀다는 것을 기억하고 있었다.

가난 속에서 가족을 부양했던 권음전은 교육의 중요성을 잘 알고 있었다. 그녀는 장남인 다치하라뿐만 아니라, '소학교를 졸업하면 돈을 벌겠다'던 김완규도 대학에 보냈다. 미쓰요는 시어머니 권음전에 대해서 이렇게 말한다. "꼼꼼하고 사리분별에 엄격하고 완고한 분이셨어요. 그런 점이 남편과 닮았어요."

상업학교에 진학한 다치하라는 검도에 매진했으나 곧 문학에 심취했다. 이것은 국어와 한문을 담당했던 박학다식한 교사의 영향이 컸던 것 같다. 방이 두 칸밖에 없던 집에, 한 칸이 다치하라의 서재로 쓰였다. 그리고 그 방은 이내 문학서로 가득 채워졌다.

미쓰요와의 결혼

1941년 남동생 김완규도 다치하라와 같은 요코스카 상업학교에 진학한다. 김완규의 친구였던 요네모토 가즈아키는 미쓰요의 남동생이다. 이를 인연으로 요네모토 일가와 친분을 쌓게 되어 미쓰요는 다치하라를

'오빠'라 부르며 따랐다.

1943년 12월, 다치하라는 전시 특례 조치로 요코스카 상업학교를 세 달 앞당겨 졸업한다. 자필 연보에는 경성제국대학 예과에 일시 재적했다고 적혀 있지만 이 또한 창작이다. 1944년 3~6월에 조선으로 돌아간 것은 사실이나 미쓰요에 따르면 이복 여동생의 호적 문제를 해결하기 위해서였다.

다치하라는 1945년 4월, 와세다대학 전문부 법과에 입학한다. 문학에 경도했던 그가 법과에 진학한 것은 가족의 권유가 있었기 때문이라고 한다. 그러나 이듬해 1946년에 문학부 국문과에 청강생으로 수강했고 그다음 해에 법과에서 제적 통지를 받았다.

수의사였던 미쓰요의 아버지는 그녀가 소학교 3학년이었을 때 사망했다. 이후 미쓰요의 어머니는 조산부 일을 하며 자녀들을 키웠다. 미쓰요의 어머니는 다치하라에게 호의를 가지고 있었으나 딸과의 결혼에 대해서는 '된다고도 안 된다고도 답하지 않았다'고 한다. 그러나 친척들이 하나같이 반대하자 미쓰요의 어머니는 딸의 편이 되기로 결심한다. 미쓰요는 어머니의 사망 직전, 결혼에 반대한 친척들이 절연하겠다고 말했던 사실을 알게 되었다. 또한 다치하라의 사후, 여학교의 동급생들도 미쓰요의 결혼에 불만을 갖고 있었음을 알았다.

죽음의 문턱에 걸린 이름표

다치하라의 타계 당시, 암은 환자에게 알려주지 않는 것이 일반적이었다. 1980년 2월의 정밀 검사에서 발견하지 못한 식도암은, 그 후 2개월 만에 유동식조차 먹지 못할 정도로 진전되었다. 같은 해 4월에 입원한 세이로카병원에서 이미 식도에서 기관까지 손상된 사실을 알았다.

다치하라는 같은 달, 전년도 가을부터 신문에 연재한 『그해 겨울』을 1부까지만 쓰고 잠시 중단하겠다고 밝혔다. 병을 이유로 작가가 연재를 내던지는 듯한 인상을 주지 않기 위해서다. 요양 후에 다시 2부를 시작할 생각이었으나 이 계획은 이루어지지 못했다.

5월에는 다치하라와 친분이 두터웠던 일본경제신문사 사장, 엔조지 지로의 권유로 국립암센터로 옮겼다. 병원 직원은 늘 하던 대로 호적상의 이름을 병실 이름표에 적었고, 다치하라는 거기에 적힌 '요네모토 마사아키'라는 표기를 보고 격노했다. 그는 줄곧 공적, 사적으로 다치하라 마사아키로 살아왔기 때문이다. 다치하라의 심중을 헤아린 다케다는 병문안에서 돌아가는 길에 우연히 발견한 법률사무소에 들어갔다. 사정을 이해한 변호사의 노력으로, 6월 11일에 다치하라로 개명 허가가 떨어졌다.

다치하라와의 생활

미쓰요는 후에 "남편 다치하라와의 생활은 참을 인(忍)의 세월 그 자체였다."라고 회상한다. 한편으로는 "오히려 남편보다 내가 더 강했다."고도 말했다. 다치하라는 신혼 때부터 그 격정적인 성질을 미쓰요에게 퍼부었고 강한 질투심으로 아내를 속박했다. 무명 시절에는 여러 직업을 전전하며 집안은 거의 돌보지 않았고, 작가로 데뷔한 후에는 애인과 빌린 집에 '다치하라'라는 문패를 걸어두기도 했다. 미쓰요는 다치하라가 내연녀와 동거하던 집에서 돌아올 때마다 현관에서 속옷만 남겨두고 모두 벗게 했다. 다치하라는 미쓰요가 시키는 대로 얌전히 따랐다고 한다.

다치하라는 아들과 딸에게 아낌없는 애정을 쏟아부었고 아이들도 제멋대로인 아버지를 따랐다. 미쓰요는 "외로운 사람이었습니다. 가족 이외에 마음을 털어놓을 상대가 없었던 거겠죠."라고도 말했다.

죽기 며칠 전, 다치하라는 병상에서 미쓰요에게 돌연 "미안했다."고 말했다. 미쓰요는 순간 숨이 멎는 듯했다. 그리고 "당신과 함께해서 나도 행복했어요."라고 대답했다.

미쓰요는 다치하라가 암센터로 옮긴 후, 1주일에 하룻밤만 귀가하고 쭉 병실에서 다치하라의 옆을 지켰다. 그러나 위의 대화를 나누고 귀가한 미쓰요는 몸을 움직일 수 없어 이틀간 집 밖을 나오지 못했다. 사흘째 되는 날 아침, 가까스로 병원에 도착했다. 다치하라는 미쓰요가 오기를 기다리고 있었다는 듯 그날 오후에 숨을 거두었다.

장훈

프로 야구 선수, 1940 ~
히로시마현 히로시마시 출생 / 재일 2세

고향을 떠나 해협을 건넌 부부

1911년 공포된 토지 수용령과 이듬해부터 시작된 토지 조사 사업 등 총독부의 시책은 전근대적인 토지 소유 개념을 갖고 있던 조선의 농민들에게 큰 영향을 미쳤다. 명문화된 소유권을 주장할 수 없거나 세금이나 공과금을 부담할 수 없는 이들은 하나둘 고향을 떠나 잡역에 종사하는 노동자가 되었다. 그들은 일자리를 찾아 해협을 건넜고, 일본의 토목 현장 또는 도시의 저변에서 일하게 되었다.

1939년에도 조선에 큰 가뭄이 발생하여 대량의 이농자가 발생했다. 경상남도 창녕군에서 농업에 종사하던 장상정, 박순분 부부가 히로시마현에서 생활하기 시작한 것은, 그해 봄의 일이다.

부부는 당시 슬하에 장남 세열, 장녀 점자, 차녀 정자를 두고 있었다. 그리고 이듬해인 1940년 6월 19일, 히로시마시 오즈(현 미나미구)에서 태어난 막내가 장훈(하리모토 이사오)이다. 이후 딸 옥자가 태어났지만 장훈이 두 살 때 홍수로 잃고 만다.

히로시마현에는 그 수년 전부터 고물상점을 운영하는 장상정의 남동생 장응도가 살고 있었다. 장상정은 먼저 단신으로 도일하여 동생의 일을 도왔고, 그럭저럭 살아갈 수 있겠다 싶었을 때 가족들을 불렀다고 한다.

이 시기에 장상정과 장응도가 주고받은 편지가 있다. 장훈에 의하면 그의 부친은 상당한 달필이었다고 한다. 장훈은 그의 부친이 오즈에서 서예 학원을 열었다고도 말했다. 반면 장응도는 장상정이 도박을 좋아했고, 술버릇과 여성 편력이 심해 툭하면 형수에게 손찌검을 했다고 했다. 하지만 장훈에게는 그런 직접적인 기억은 없다.

장상정은 일본에 정착할 기반이 마련되었을 무렵, 혼자서 조선으로 향했다. 이주의 최종 단계로 고향의 재산을 처분하고 친척들에게 인사하는 것이 목적이었던 듯하다. 그런데 장상정은 귀향 중에 먹은 갈치의 가시가 목에 박혀 몇 달 동안 고생하다가 끝내 숨을 거두고 만다. 부친 장상정이 타계한 것은 전쟁이 끝난 직후, 장훈이 다섯 살이었을 때다.

숙부의 분한 눈물

일본에 남겨진 장훈의 가족에게도 큰 사건이 이어졌다. 1944년 겨울, 네 살이던 장훈은 큰 화상을 입는다. 둑에서 모닥불을 피우고 고구마를 굽던 중, 후진하던 삼륜 트럭에 치여 불 속에 던져진 것이다.

운전사는 장훈을 집까지 데려다주고는 자취를 감췄다. 반쯤 정신이

나간 모친이 서둘러 장훈을 업고 병원에 갔지만 변변한 치료도 받지 못했다. 그 사고로 장훈의 오른손은 약지와 새끼손가락이 3분의 1 정도의 길이로 타들어 서로 붙어버렸고, 엄지와 검지는 안쪽으로 휘어졌다.

숙부인 장응도는 치료비라도 청구하고자 사라진 운전자를 찾아달라고 경찰에 간청했다. 그러나 "뭐야 네놈들 조센진이냐?"라며 상대해 주지도 않았다. 장응도는 차분하고 조용한 성격이었지만 중학생이 된 장훈에게 이 이야기를 들려줄 때는 울분을 참지 못하고 목소리를 떨며 눈물을 흘렸다고 한다. 그 얼마 후 장응도는 물건 매입을 위해 규슈에 갔다가 열차에 치여 세상을 떠났다.

사망자 명단의 누나 이름

'10만 명이 넘는 일본인 남녀와 아이들, 몇천 명이나 되는 조선인, 그리고 12명의 미국인 포로'. 2016년 5월에 버락 오바마 미국 대통령이 히로시마 평화기념공원에서 한 연설에 담긴 원폭 희생자의 숫자이다.

원자폭탄 투하 당시 히로시마현의 조선인 인구는 약 9만 명, 히로시마시에만 약 5만 명이 있었다고 추정된다. 시내의 인구와 사망자 수의 비율을 따져볼 때 조선인 희생자는 수만 명 규모로 추정되나 실태는 파악할 수 없다.

히로시마시의 원폭 희생자 명단에 오른 조선인은 2017년 8월 기준으로 2,734명. 그 중 하나가 쓰루미마치(현 나카구)에서 피폭으로 죽은 12세의 소녀, 장점자였다. 6년 전 봄에 조선에서 함께 건너온 장씨 일가의 장녀, 장훈의 누나다.

원자폭탄이 투하되었을 때, 다섯 살이었던 장훈은 동네 아이들과 놀기 위해 공동 가옥의 문을 열고 있었다. 그 후 정신을 차렸을 때는 어머니가 유리 파편에 피를 흘리며 몸으로 자신을 뒤덮어 감싸고 있었다고 한다. 둘째 누나 정자도 함께였다. 그리고는 조선어로 "도망쳐! 빨리!"라는 어머니의 고함을 들었다.

당시에 살았던 단바라신마치(현 미나미구)는 폭심지에서 2, 3km 떨어진 거리였고 히지야마라는 산을 사이에 두고 있었다. 그래서 가족은 공동 가옥의 붕괴만으로 난을 면했다.

형 세열은 중학교에 등교했고 누나 점자는 근로 봉사에 동원되어 집에 없었다. 어머니는 장훈과 정자를 밭으로 피신시킨 후 두 사람을 찾으러 달려갔고, 얼마 후 세열과 함께 돌아왔다. 세열은 등굣길에 히로시마역의 열차에서 내동댕이쳐졌지만 왼손에 화상을 입는 데 그쳤다고 한다.

그날 밤의 광경은 다섯 살 장훈의 뇌리에 강하게 박혔는데, 특히나 사람의 살 타는 냄새가 진동했던 것은 잊히지 않았다. 장훈은 형 세열과 어머니가 점자를 들것에 싣고 데려온 것을 다음 날 또는 그 다음 날의 일로 기억하고 있다. 큰 키에 뽀얀 피부를 지녔던 미소녀는 전신이 원폭 열선에 노출되어, 옷에 꿰매 넣은 이름표가 없었더라면 누군지 알아볼 수 없을 정도였다.

점자는 이틀 내내 '뜨거워, 괴로워'라며 신음하다가 결국 숨을 거두었다. 모친은 처절한 절규 후, 유품은커녕 점자가 존재했던 흔적을 모조리 치워버렸다. 형제가 지니고 있던 작은 사진도 빼앗아서 버렸다. 후일 점자의 사망 당시에 대해 물어봤을 때도 모친은 대답을 회피했다고 한다.

원폭 희생자 명단은 유족들의 신청으로 이름이 기재된다. 장훈은

2011년까지 명단에 누나의 이름이 있다는 사실을 알지 못했다. 아마도 형 세열이 모친 모르게 신청했을 것이다. 세열은 명단에 대해서 아무 말도 남기지 않은 채 1996년에 64세의 나이로 세상을 떠났다.

치마저고리 차림의 어머니

모자는 해방 후 얼마 되지 않아 장상정의 부고를 듣게 된다. 일본어가 서툴러 글도 읽을 수 없었던 장훈의 모친 박순분은 아이들과 함께 고향으로 돌아갈 생각도 있었던 것 같다. 그러나 히로시마시의 엔코강에서 조선으로 향하는 불법 선박이 침몰한 사고 이후 단념한 듯 하다.

박순분은 엔코강의 둑 밑에 다다미방 한 칸에 작은 부엌이 딸린 집을 빌려 곱창구이집을 연다. 귤 상자를 테이블로 썼고, 고기 부속물을 파는 암시장까지 편도 한 시간 거리를 걸어 다녔다. 손님은 주로 인근 노동자들이었다. 그녀는 요리 솜씨가 꽤 좋아서, 집을 겸한 식당에 늘 손님이 북적였던 광경을 장훈은 기억하고 있다.

장훈이 도에이 플라이어즈에 입단하여 퍼시픽리그의 신인왕을 거머쥐었던 1959년의 일이다. 그가 "이 오른손을 좀 더 잘 쓸 수 있다면……."이라고 푸념하자 박순분은 목 놓아 울었다.

장훈은 소학교 4학년 때, 유착된 약지와 새끼손가락의 분리 수술을 받았다. 그때 장훈의 허벅지 근육의 일부가 오른손에 이식되었다. 순분은 이때 "내 살을 써 달라."며 몇 번이고 의사에게 간청했다고 한다.

변변한 치료도 받지 못하고 경찰도 상대해 주지 않아 삼촌 장응도가 분노의 눈물을 흘렸던 그의 상처. 모친이 안고 있었던 죄책감의 크기는 장훈조차도 헤아릴 수 없는 것이었다.

장훈은 20세 때, 모친에게 고향 방문이라는 선물을 주었다. 밤에 도착한 박순분은 마중 나온 여동생과 둘이서 서로의 이름을 부르며 밤새 울었다고 한다.

일본에 정착했어도 박순분의 조선식 생활 방식은 그리 바뀌지 않았던 모양이다. 1976년에 야구팀 히로시마 도요카프의 팬이 장훈의 출신을 들먹이며 야유를 퍼붓는 소동이 일어났을 때는 조선어와 히로시마 사투리가 뒤섞인 말로 분개하는 박순분의 코멘트가 주간지에 게재되었다. 장훈도 2008년에 한국 KBS와의 인터뷰에서 어머니로부터 듣고 배운 모국어로 원폭이 투하됐던 8월 6일의 체험을 이야기한 바 있다.

모친은 장훈이 양장을 권해도 안 어울린다며 거절하고 줄곧 치마저고리 차림으로 지냈다. 홈런으로 3천 번째 안타를 장식한 1980년 5월 28일, 팬들의 커다란 환호성에 휩싸인 장훈의 옆에는 치마저고리 차림의 노모가 있었다. 박순분은 그로부터 4년 후, 83세의 나이로 생애를 마쳤다.

삶을 버티게 해 준 형의 생활비

장훈이 야구를 시작한 것은 소학교 5학년 때의 일이다. 소년 시절의 장훈은 엄청난 부조리에 저항이라도 하듯 매우 거칠었다. 싸움 상대가 사경을 헤맬 정도로 중상을 입힌 적도 있다고 한다. 큰 키에 위협적인 표정, 성격이 거칠고 폭력적인 장훈의 면전에서 그의 출신을 비아냥거리는 사람은 거의 없었다. 당시 함께 폭주했던 친구들 중에는 나중에 폭력단의 두목이 된 사람도 있다.

그런 장훈을 양지의 세계로 이끈 것은 택시 운전사 일을 하며 가계를 지탱하던 10살 위의 형 세열이었다. 중학교를 졸업한 장훈은 고시엔[20] 출전을 목표로 했으나 집에서 통학 가능한 범위 내에 위치한 야구 강호 고교 중, 꼬리표 붙은 불량소년을 받아들이는 곳은 없었다. 그러나 야구로 성공하겠다는 목표가 사라지면 동생이 길을 잘못 들게 될 것은 불을 보듯 뻔했다. 세열은 장훈을 오사카의 강호인 나니와상업고등학교에 입학시키고 월 1만 8천 엔의 벌이 중 1만 엔을 생활비로 보내주었다.

그러나 장훈은 야구부 내에서 일어난 폭행 사건으로 고시엔 출전 멤버에서 제외되었다. 그의 말로는 조선인을 싫어하던 부장이 그에게 누명을 씌웠다고 한다. 장훈이 빠진 나니와상고는 1958년 여름, 1회전에서 탈락하는 수모를 맛보았다.

일본 프로 야구 협약 개정

그 대신 장훈은 재일한국인 고교생 선발팀의 일원으로 방한하여 한국 각지의 청소년 야구 선수들과 시합을 했다. 조국에서 출전한 이 대회가 그에게는 고시엔이었던 셈이다. 남자는 군대에 끌려간다며 방한을 반대한 모친을 설득하는 데 애를 먹었다고 한다.

한일 국교정상화 전이었지만 재일한국인들의 공식적인 왕래는 가능했다. 한국 전쟁의 휴전 협정 3개월 후인 1953년 10월에 한국에서 개최

---

20) 甲子園: 매년 8월에 열리는 전국 고교 야구 선수권 대회. 대회가 열리는 한신 고시엔구장은 고교 야구의 성지로 불린다.

된 제34회 전국체전에도 재일한국인 선수가 참가했다.

장훈이 출전한 대회는 한국일보사 주최로 1956년부터 열린 '재일교포 학생 야구단 모국 방문 경기'이다. 고시엔에 출전하지 않은 재일한국인 고교생 선수가 30명 가까이 선발되어, 8~9월에 한국 각지의 고교와 대전했다. 신문사의 선전 효과 덕분인지 가는 곳마다 큰 환대를 받았고 구장에는 만 명 이상이 몰렸다고 한다.

단, 실력 차는 확연하여 대회 개시 때부터 재일팀의 압승이 이어졌다. 당시 한국의 신문 보도에 의하면 1958년 전적은 재일팀이 12승 1무 1패였다.

한국 원정에서 돌아온 후, 장훈은 10개의 프로 구단으로부터 스카우트 제의를 받는다. 그런데 입단을 희망했던 도에이 플라이어즈 내부에서 그의 국적 문제가 제기되었다. 한국 국적인 장훈이 입단하면 일본 프로 야구 협약이 규정한 외국인 선수 인원 제한을 초과하기 때문이었다. 다행히 이를 계기로 협약이 개정되어 1945년 이전에 일본에서 태어난 선수는 예외로 간주되었다.

1959년에 신인왕, 1961년에 첫 수위 타자, 그리고 1962년에는 퍼시픽리그의 최우수 선수상을 차지했다. 1981년 은퇴할 때까지 수위 타자 7회, 통산 3,085개의 안타로 일본 프로 야구 공식 역대 최고의 기록을 남겼다. 퇴장당한 적은 한 번도 없으나 타자 박스에서 보여준 위협적인 모습을 세간에서는 '싸움 야구'라 평하기도 했다. 그 모습은 플래시 세례를 받은 어머니의 치마저고리와 함께 쇼와 일본의 기억에 깊이 새겨져 있다.

한창우

주식회사 마루한 회장, 1930~
경상남도 사천군 삼천포면(현 사천시) 출생 / 재일 1세

86세의 기업가

2017년 7월, 캄보디아의 프놈펜에서 금융 기관의 본사 건물 기공식이 거행되었다. 캄보디아 국토관리도시계획건설부 장관 등과 나란히 한 자리에서 인사말을 한 사람은 일본에서 온 한 명의 노인, 이미 86세를 맞은 재일한국인 1세 한창우였다.

"올해 60주년을 맞이한 마루한처럼, 캄보디아라는 나라와 이곳에 사는 국민들도 수많은 역경을 헝그리 정신과 도전 정신으로 극복하여 성장할 수 있으리라 믿습니다." 한창우의 인사말에 대해 건설부 장관은 "캄보디아 정부는 마루한과 같은 파트너와 우호를 맺고 서로 협력할 수 있게 된 것을 매우 감사히 생각한다."고 답했다.

마루한은 일본 최대 파친코 회사로 총 321개 점포, 연매출 1조 6,788억 엔, 종업원 수 1만 2,505명(2017년 3월 기준)을 보유한다. 이 회사의

회장인 한창우가 캄보디아를 찾은 이유는 현지에서 새로운 은행 사업을
시작했기 때문이다.

그 시작은 10년 전인 2007년으로 거슬러 올라간다. 한창우는 프놈
펜의 총리 관저에서 훈 센 총리와 회담하고, 사업 투자에 대한 의욕을
어필했다. 훈 센 총리도 캄보디아 정부로서 지원을 약속했다. 캄보디
아 측에서는 바이오 연료의 재배를 제안했으나 한창우는 금융 사업에
뜻을 두고 있었다. 현지 시찰을 한 한창우는 가난하지만 향상심 넘치는
사람들의 모습을 보았다. 하지만 향상심이 있어도 일거리가 없으면 전
진할 수 없다. 그 일거리를 만드는 것이 자금을 대출해 주는 은행이었
던 것이다.

캄보디아에서 소액 금융에 도전하다

한창우는 캄보디아 당국에 신설 은행 설립을 신청했다. 그러나 정부
의 반응은 뜨뜻미지근했다. 그래서 2008년에 현지의 투자 은행을 3억
엔에 인수하여 상업 은행으로 전환. 캄보디아 최초의 일본계 은행 '마
루한재팬은행'으로 개칭했다.

그러나 인수한 은행은 '알고 보니 쓰레기'(『주간 도요케자이』 2016년 11월
19일 발행호)였다. 게다가 마루한에게 은행 경영은 미지의 영역인 데에다
환경도 일본과 크게 다른 터라 일본 은행의 노하우가 통하지 않았다.
2011년에는 캄보디아에서 처음으로 증권거래소가 개설되었으나 2017
년 12월을 기준으로 상장 기업은 5개사에 불과했다.

이에 한창우는 가난한 사람을 대상으로 융자와 예금 사업을 하는 소

액 금융 서비스에 착안했다. 2006년에 노벨 평화상을 수상한 방글라데시의 그라민은행이 대표적인 예다. 빈곤층의 자립을 돕고 경제 발전을 촉진할 것으로 기대를 모으고 있다.

한창우는 그러한 소액 금융사 중 하나인 사타파나은행을 파트너로 선택했다. 비정부단체(NGO)를 전신으로 하는 이 은행을 급성장시킨 경영자 분 모니의 수완을 높이 샀기 때문이다.

마루한재팬은행은 2012년에 사타파나은행의 대주주가 되어 산하에 두었고 2016년에 마루한재팬은행과 통합했다. 통합 후 회사명은 '마루한'을 뺀 '사타파나은행(SATHAPANA Bank Plc.)'으로 정했다. 한창우는 회장에 취임했으나 초대 최고 경영자(CEO)는 분 모니에게 맡겼다.

은행업에 불태우는 집념의 원천

한창우가 26세에 일으켜 매출 2조 엔 규모로 키운 거대 기업은 이미 창업 60주년을 맞이한 상태였고 그는 1999년에 훈삼등서보장(勳三等瑞寶章)에 서훈되었다. 이듬해 그 축하 파티가 열렸을 때 그는 70세가 되면 한가로이 여생을 보내겠노라 생각했다. 그런데 미수를 눈앞에 둔 나이에 미지의 영역에 도전한 것은 은행업에 대한 집념이 다시금 불타올랐기 때문이다.

재일한국인 대출에 소극적이었던 일본의 금융 기관은 여러 유흥업 중에서도 유독 파친코업을 푸대접했다. 오사카시립대 교수 박일이 '기업을 키우면서 가장 고생한 점'에 대해 물었을 때 그는 망설임 없이 '일본의 은행에서 돈을 빌리는 것'이라고 답했다. 2조 엔 기업의 회장이 된 후 출판한 책에서도 당시의 분노가 바로 어제 일처럼 생생하게 그려졌다.

그는 은행 설립을 두고 뼈아픈 좌절을 겪은 경험이 있었다. 버블 경제 붕괴 후 금융 위기로 도산한 재일 민족계 금융 기관인 도쿄상은, 간사이흥은, 교토상은, 후쿠오카상은을 인수할 새로운 은행의 설립을 모색하던 시기의 일이다.

한창우는 2001년, 주일 한국 대사의 의뢰로 그 출자금 조달을 위해 뛰어다녔다. 그의 회상에 따르면, 한국 대사는 일본 국내에서 일정액이 모이면 한국 정부가 100억 엔을 보태겠다고 약속했다. 새 은행의 명칭은 한국 대사의 이름의 한 글자를 따서 '드래곤은행'으로 정했다. 한창우는 불과 열흘 만에 쟁쟁한 재일 재계인으로부터 약 200억 엔의 출자금을 확보하여 은행 설립에 필요한 절차를 진행했다.

그러나 제1회 발기인회가 열리고 9일 후, 간사이의 민족계 금융 기관인 긴키상업신용조합이 간사이흥은과 교토상은의 인수자로 나섰다. 긴키산업신용조합의 회장은 MK택시 창업자인 아오키 사다오, 한국명 유봉식이다. 일본 금융청은 경쟁 입찰을 통해 인수자를 정하기로 했고 여기에서 한창우는 패배하고 만다.

한국 대사가 약속한 한국 정부의 지원도 없던 일로 되었다. 그는 격노하여 한국 정부를 고소하겠다고 선언했으나 본국과의 싸움은 재일교포 사회에 도움이 되지 않는다는 주위의 설득으로 단념했다.

자신에게 닥쳐오는 이러한 부조리에 한창우는 남다른 투지와 행동력으로 맞서왔다. 80세가 훨씬 넘은 나이에도 식을 줄 모르는 은행업에 대한 의욕은 그러한 인생 그 자체다.

가난한 소작농의 아이로 태어나다

한창우는 1930년, 한반도 남단에 위치한 경상남도 사천군 삼천포면에서 다섯 형제 중 셋째로 태어났다. 호적상으로는 1931년생인데 당시는 출생연도가 대충 기록되는 일이 흔했다.

아버지 한정수와 어머니 양건이는 1911년에 부부가 되었다. 성질이 급하고 술을 좋아하는 아버지는 곧잘 짜증을 냈고 아이들에게도 손찌검을 했다. 한창우의 눈에 고전적이고 조심스러운 어머니는 아버지보다 훨씬 사려 깊은 사람으로 비쳤다.

바다에 접한 삼천포는 일찍이 해운과 어업의 거점이었다. 풍광이 아름다워 현재는 관광지로도 알려져 있다. 그러나 한창우가 태어난 당시에는 주민 대부분이 가난에 허덕이고 있었다. 자주 수해나 가뭄이 발생했고 한창우가 태어난 이듬해에는 '적빈자' 대상의 의료가 실시되었다. 가난한 소작농 생활로 생계를 이어가던 집안 형편 탓에 그는 낡은 초가집에서 소년 시절을 보냈다. 매 끼니는 주로 수수와 조로 지은 밥이었고 흰쌀밥이 식탁에 오르는 일은 거의 없었다.

'황국신민서사'가 제정된 1937년, 한창우는 보통학교에 입학한다. '황국신민서사'는 일본 제국의 신민으로서 천황에게 충의를 맹세하는, 세 개 조로 구성된 선언문이다. 각각 어른용과 어린이용이 있었는데 '천황폐하께 충의를 다할 것'을 학교에서 암송했다.

일본 통치하의 조선의 초등 교육은 당초 조선인은 보통학교, 일본인은 소학교를 다니게끔 되어 있었다. 그러나 1938년 보통학교는 소학교로 통합된다. 한창우도 일본인과 같은 학교에 다니게 되었는데 조선인과 일본인의 수업은 따로 진행되었다.

창씨개명으로 '니시하라 쇼스케'라는 일본 이름을 쓰게 된 것은 그 이듬해의 일이다. 그리고 1941년부터는 소학교가 국민학교로 바뀌어 황민화 교육 강화의 일환으로 교과목에서 조선어 수업이 사라지게 된다.

한창우는 1943년, 국민학교를 졸업한다. 전교 1~2위로 성적이 우수 했던 그는 독지가의 후원으로 중학교에 진학한다. 그리고 3학년으로 진급한 해에 고향에서 일본의 패전을 맞이한다.

반공 단체의 협박

규슈의 벽돌 공장에 징용공으로 징발되었던 열 살 위의 형 한창호가 고향으로 돌아온 것은 1944년의 일이다. 전쟁이 끝나자 형은 한창우에 게 함께 일본으로 건너가자고 제안했다. 그는 형의 말에 따라 1947년 10월에 밀항선에 오른다.

일본 통치에서 해방된 한반도는 환희의 함성이 들끓었으나 그리 오 래가지는 않았다.

1945년 9월에 남한을 점령하고 미군정청을 둔 미국은, 여운형 등 민 족주의 좌파가 수립한 '조선인민공화국'을 공산주의 세력이라며 부인. 미국은 조선총독부의 고위직에 있던 친일파 보수계의 조선인들을 기용 하여 군정의 실무를 보게 했다. 그리고 같은 해 가을, 망명 중이던 독립 운동가 이승만과 김구가 각각 미국과 중국에서 귀국한다. 반공주의자 였던 두 사람은 여운형 등에 대적할 세력을 결집하고자 했던 미국의 의도와 맞물려, 보수계 정치 세력으로서 대두했다.

같은 해 12월, 조선이 미영중소의 신탁 통치하에 놓인다는 뉴스가 한반도 전역에 전해진다. 즉각적인 독립을 요구하는 조선인들은 반대했으나, 조선 공산당은 1946년 1월에 독립으로 향하는 과도기적 해결책으로써 지지를 표명했다. 그러나 한시적인 신탁 통치를 재식민지화라고 여긴 이들은 즉각적인 독립을 어필하는 보수 세력의 반공 활동에 흡수되었다. 이리하여 조선은 좌파 세력=찬탁, 보수 세력=반탁으로 나뉘어 서로 격렬하게 대립하게 된다. 이윽고 서로에 대한 무장 테러가 이어져 다수의 사상자가 발생하는 등 혼란에 빠지게 되었다.

이 시기에 이승만을 초대 총재로 하는 대한독립촉성국민회, 제주도 4·3사건에서도 맹위를 떨친 서북청년회 등의 반공 단체가 등장하여 좌파 세력으로 지목된 사람들에 대한 공격과 테러가 거듭되었다.

삼천포에서 그 표적이 된 한 사람이 한창우이다. 그는 심정적으로 좌파를 지지하긴 했는데, 그가 1947년 2월에 중학교 교직원과 학생들의 반미 파업을 주도했다는 소문이 돌게 되었다. 표적이 된 한창우는 반공 단체의 협박을 받고 테러의 위험에 노출되었다.

밤거리를 가르는 나막신 소리

또한 이 시기에 조선에서는 식량난과 인플레가 심각했다. 미군정청은 해방 이전의 통제 경제를 폐지하고 자유 경제를 도입했는데, 이는 급격한 인플레, 부유층의 투기적 매점 행위 등의 혼란을 초래했다. 그래서 1946년부터 통제 경제로 전환을 꾀하지만 이번에는 부정이 횡행했다. 민중들의 불만과 미군정에 대한 불신은 더욱 높아졌다.

일본에서 귀국자가 대량으로 유입된 것도 식량난의 큰 요인이었다.

해방 후 1946년 3월까지 일본에서 한반도로 돌아온 조선인은 약 140만 명. 식량난과 인플레에 허덕이던 민중들은 갑작스레 몰려든 귀국자들을 골칫거리 취급했다.

이러한 상황에서 인구가 일본으로 다시 역류하는 현상이 일어났다. GHQ가 파악한 바에 따르면 일본으로 밀항한 사람은 1946년에 약 2만 2천 명. 이듬해의 외국인등록령으로 잠시 감소했다가 1949년에 또다시 1만 명 가까이 증가한 것은 제주도 4·3사건의 영향일 것이다.

"네가 여기 있어도 대학 갈 처지가 못 된다. 아마 취직도 못 하겠지. 앞으로 아무런 희망도 없으니 같이 일본에 가자."(한창우 저, 『16세 표류 난민에서 시작된 2조 엔 기업』) 이렇게 한창우에게 밀항을 권유한 형은 1947년 가을, 아내와 함께 먼저 일본으로 건너간다. 형은 이바라키현의 조선인 부락에서 만날 계획을 했고 밀항선에 동승한 남자에게 한창우를 자신이 있는 곳까지 데려와 달라고 부탁했다.

당시는 밀항선의 사기 행각도 횡행했다. 한반도 연안을 빙빙 돌면서 시간을 때운 후 일본에 도착한 것처럼 속여 인적 드문 해안가에 내려주고 사라지는 것이다.

그러나 다행히 한창우는 심한 뱃멀미 끝에 시모노세키까지 도착했다. 시모노세키의 항구를 비추던 하현달, 그리고 고향의 마을과는 전혀 다른 이질적인 밤거리를 가르던 여자들의 나막신 소리. 이 두 기억은 반세기를 넘어서까지 그의 머릿속에 계속 남아있었다고 한다.

'재일'로서 걷기 시작하다

일본에 도착해서 이바라키까지 안내해 주기로 했던 남자는 모습을 감추었다. 한창우는 하는 수 없이 형으로부터 얘기 들었던 시모노세키의 여관에 몸을 맡긴다. 그러자 일찍이 삼천포에 살고 있었던 김광이라는 남자가 한창우를 찾아왔다. 그가 한창우를 데리고 간 곳은 시모노세키의 관공서. 한창우는 그곳에서 그해 5월부터 시행되던 외국인 등록의 절차를 밟았다.

2차 세계대전의 전후 처리를 위해 미영중이 발표한 1943년의 카이로 선언에는 '조선의 독립'이 명시되어 있었다. 이에 따라 일본의 항복후 조선인은 '해방 국민'이 되었다. 하지만 GHQ는 일본에 머무르던 조선인을, 공산당과 깊은 연관이 있어 점령 질서를 어지럽히는 불온한 집단으로 간주했다.

GHQ는 1946년 12월, 일본에 사는 조선인을 일본의 사법권 아래 두기로 결정한다. 한편 일본 정부는 구식민지 출신자의 참정권을 무효화하는 개정법을 제정했다. 뒤이어 1947년 5월의 외국인등록령에 따라, 재류외국인의 등록과 위반자의 강제 퇴거가 제도화된다. 이렇게 해서 과거 일본 국민이었던 재일조선인은 해방 국민을 거쳐 일본 정부의 관리를 받는 외국인이 되었다.

외국인등록령의 시행을 알고 있던 형은 한창우가 강제 송환되지 않도록 그 절차를 김광이라는 남자에게 부탁했을 것이다. 한창우는 김광에게 소지품을 팔아 수중의 현금을 늘려 혼자서 기차를 타고 이바라키로 향했다. 16세의 나이에 홀로 바다를 건넌 한창우는 이렇게 재일 1세로서의 첫발을 내딛게 된다.

파친코와의 만남

고향에서 한창우의 중학교 입학을 도와주었던 독지가는, 정미소로
재산을 모은 삼천포의 유력자였다. 그런데 한국 전쟁 때 한반도 남단까
지 밀고 내려온 인민군에게 끌려가, 북에서 생을 마감했다고 한다. 한
창우는 그가 베풀어 준 은혜를 잊지 않고, 자신도 많은 유학생을 지원
해 왔다.

한창우가 입학했던 구제 중학교는 5년의 과정을 마치면 대학 입시
자격이 주어진다. 밀항하느라 졸업은 못했지만 이후 조선장학회의 검정
고시를 통해 대학 입학 자격을 손에 넣는다. 조선장학회는 1900년에
시작된 한국 공사관의 유학생 감독 업무에 뿌리를 두었고, 전후에는
재일코리안이 주체가 된 재단 법인이다. 그리하여 한창우는 1948년 4월,
호세이대학 전문부 정치경제학과에 입학한다.

일본에서 학비와 생활비를 돌봐 준 것은 형, 그리고 누나 한순이의
남편인 매형이었다. 대학에서는 마르크스, 레닌, 마오쩌둥의 저작을
탐독했는데 후일 그는 "더욱 세상에 도움이 되는 학문에 에너지를 쏟았
으면 좋았을 텐데, 하고 후회할 때가 있다."라고 회고한다.

한반도에서 전개되던 좌파 세력과 보수 세력의 대립은 일본에서도
재현되고 있었다. 그것은 바로 공산당과 함께 활동하던 재일본조선인
연맹(조련)과, 재일본대한민국민단의 전신인 재일본조선거류민단(민단)
이다. 두 단체는 1945년 말부터 일본 각지에서 충돌을 거듭했다.

남북한에 각각 정부가 수립된 것은 그가 호세이대학에 입학한 1948년
8월과 9월의 일. 그러나 그는 새로운 정부 탄생에는 그다지 관심이 없었
고 정치 활동에도 뜻이 없었다. 대학에서 좌익사상을 접하긴 했으나

조련이 접근해 오는 일은 없었다고 한다. 당시는 일류 대학을 나와도 취직이 어려웠고 조선인은 더더욱 힘들었다. 한창우는 대학 졸업 후 한국으로 돌아가 정치가가 되어 사회를 위해 일하고 싶다는 생각을 갖고 있었다.

그러나 호세이대학 전문부 3학년인 19세 때 한국 전쟁이 발발한다. 그는 귀국을 단념하고 해외 유학에 눈길을 돌렸다. 비용은 가족들에게 빌릴 생각으로 교토 후추군 미네야마초(현 교탄고시)로 향했다. 밀항 당시에는 이바라키에 있던 매형이 미네야마초로 옮겨 사업을 하고 있었기 때문이다.

그러나 유학 비용을 빌리려는 시도는 보기 좋게 거절당하고 만다. 갈 곳도 없던 한창우는 하는 수 없이 매형의 가게에서 일하기 시작하는데 여기서 파친코와 만나게 된다.

데다마(出玉)와 매출의 상관관계를 독자적으로 연구

한창우가 미네야마초에 찾아온 것은 1953년, 22세 때였다. 당초 1년 정도 일하고 도쿄로 돌아갈 생각이었다. 그러나 실제로 그가 미네야마초를 떠난 것은 그로부터 27년 후인 1980년. 1973년의 오일 쇼크로 '천문학적인 채무'(오쿠노 노리미치 저, 『마루한은 어떻게 톱 기업이 되었는가? マルハンはなぜトップ企業になったか?』)를 안았던 그가 겨우 사업을 다시 일으켜 급성장하기 직전의 일이다.

1949년에 약 5천 개였던 파친코점은 1953년에 약 4만 3천 점포로 급증한다. 1953년은 구슬을 하나씩 손으로 구멍에 넣던 기존의 수타식

대신, 한 손으로 연달아 칠 수 있는 연발식이 등장한 해이다. 그러나 연발식은 사행심을 너무 부추긴다는 이유로 1954에 당국에 의해 금지된다. 이로 인해 미네야마초에 있던 20점포 남짓의 파친코점은 매형의 가게를 포함해 4~5점포로 감소했다. 게다가 경쟁 점포에 손님까지 빼앗긴 매형은 한창우에게 가게를 넘기고 미네야마초를 떠났다.

파친코 경영의 기본은 데다마(획득한 구슬)이다. 사람들은 구슬이 많이 나왔던 가게를 다시 찾지만 너무 많이 나오면 가게는 손해를 본다. 한창우는 매출과의 상관관계를 독자적으로 연구하면서 데다마를 조정하여 경쟁 점포의 손님을 다시 빼앗았다. 그리고 1957년에는 미네야마초에 명곡 찻집 '루체'를 개업한다. 루체(luce)는 라틴어로 '빛'을 의미하는데 한창우는 자신의 미래를 비추는 희망이라는 의미를 담았다고 한다.

고향의 참상을 원동력으로 삼다

명곡 찻집은 클래식 애호가였던 그의 취미에서 비롯된 것이었지만 비즈니스적인 목적도 있었다. 미네야마초에는 당시의 교토에서 손꼽히는 유흥가가 있었는데 유흥을 즐긴 손님들이 잠시 쉬어갈 만한 찻집은 없었다. 그래서 한창우는 유흥가 가까이에 있는 댄스홀 맞은편의 재목 창고를 빌려 찻집으로 꾸몄다. 우동 한 그릇이 20엔이었던 당시, 커피 한 잔에 60엔을 받았다. 그의 회상에 따르면 당시의 미네야마초는 단고치리멘[21]으로 호황을 누리고 있었다. 예상대로 루체는 크게 번창

---

21) 교토 단고 지역에서 생산되는 고급 견직물.

해 종업원을 15명까지 늘리게 되었다.

루체를 개업한 해, 한창우는 네 시간 걸려 하네다공항에서 서울 김포공항까지 날아갔다. 민단이 파견하는 청년대표단의 일원으로 선발되어, 특별히 마련된 프로펠러기로 파견된 것이다. 이때 서울의 호텔에서 한국에 있던 부모님과 10년 만에 재회했다고 한다.

오랜만에 찾은 한국 땅에서 한창우가 본 것은 한국 전쟁으로 피폐해진 조국의 참상이었다. '이보다 비참할 수는 없을 것 같은 한국인들의 생활상'이 뇌리에 깊이 새겨졌다. 그리고 '이에 비해 나는 복 받은 환경에서 살고 있으니 더 노력해야 한다.'는 결심을 새롭게 한다. 조국의 모습이 일본에서의 역경에 맞서는 원동력이 된 것이다.

일본인 여성과 결혼

1958년, 매형에게 넘겨받은 파친코점을 확장 이전한다. 60대의 파친코 기계를 보유하던 경쟁 점포에 대항하여 90대의 기계를 들였다. '미네야마 카지노'라 이름 붙인 이 가게가, 후일 2조 엔 기업이 된 마루한의 제1호점이다.

한창우는 당시 니시하라 쇼스케라는 이름을 사용했다. 그런 그는 미네야마 카지노를 오픈한 해에 일본인 여성 스즈키 쇼코와 결혼한다.

같은 해에 효고현 고베시에서 본 그녀에게 한눈에 반해 교제를 시작했다. 자신이 한국 국적이라고 고백한 것은 교제하고 두 달 정도 지났을 무렵이다. 쇼코는 후일 한창우에게 '그때는 절벽 아래 골짜기로 밀려 떨어지는 것 같은 기분'이었다고 말했다고 한다.

다만 그것은 한창우에 대한 마음이 흔들려서가 아니라 부모님이 결코 결혼을 허락하지 않을 것이라는 절망감 때문이었다. 쇼코의 예상대로 부모님은 물론 형제, 친척들까지 한창우와의 결혼을 강하게 반대했다. 그러나 당사자들의 의지와 한창우의 성품에 뜻을 굽혀 그해 11월, 두 사람은 오사카에서 식을 올렸다. 황태자 약혼이 일본 내에서 큰 화제가 된 것은 그로부터 2주 후의 일이다.

한창우 부부는 슬하에 5남 2녀를 두었다. 그러나 후계자로 생각했던 장남 철은 1978년에 홈스테이를 하던 미국에서 16세의 짧은 생애를 마쳤다. 캘리포니아주의 요세미티 국립공원을 견학하던 중 강가에서 발을 헛디뎌 그만 급류에 휩쓸린 것이다. 사랑하는 아들을 잃은 한창우는 망연자실하여 사업 의욕조차 잃고 출근도 하지 않는 날들이 이어졌다.

일본 제일의 볼링왕을 꿈꾸다

요절한 철은 초등학교 3학년 때에 썼던 작문에 '아버지는 항상 혼자서 공부하신다.'고 썼다. 어린 장남의 눈에는 공부하는 것으로 보였을 테지만 사실은 자금 마련을 위해 계산에 몰두하는 모습이었다.

철이 태어난 것은 1962년. 루체, 미네야마 카지노의 성공으로 승승장구하던 한창우는 그로부터 2년 후, 미네야마초에 지상 3층, 지하 1층의 레스토랑 건물 '루체'를 세운다. 당시는 흔치 않던 에어컨, 자동문을 설치하여 찾는 이들을 놀라게 했다. 점포 내 청소부터 왁스칠, 종업원들의 몸가짐까지, 철저히 깔끔한 응대를 추구하기 시작한 것도 이때부터다. 당시 미네야마초에서는 유일한 양식 레스토랑이었기 때문에 태어나서 처음으로 루체에서 나이프와 포크로 식사했다는 이들도 적지 않다.

좁은 미네야마초에서 한창우는 이미 유명인이었으나 한국인의 성공을 달가워하지 않는 이들도 당연히 있었다. 1966년에 미네야마초에서 처음으로 청년회의소가 발족했을 때 그는 출신을 이유로 입회를 거절당했다고 한다.

일본에 보급되기 시작한 볼링과 만난 것은 이 무렵이었다. 새로운 레저 시장의 가능성을 간파한 그는 1967년, 이미 파친코점을 두고 있던 도요오카시에 '도요오카 프렌드볼'라는 볼링장을 연다. 개장식에는 도요오카시장을 비롯한 시의원들이 출석하는 등 지역의 빅 이벤트가 되었다.

그는 이어서 미네야마초, 가시와라초에 볼링장을 오픈하고 '일본 제일의 볼링왕'을 꿈꾸게 된다. 미네야마초의 청년회의소에서 거부당한 분노가 그 원동력이 되었던 것은 말할 것도 없다. 그런 그에게 파친코는 이미 관심 밖으로 밀려났다.

한순간에 꺼져버린 거품

2007년 한국의 『중앙일보』는 파친코 업계의 90% 가까이가 재일교포에 의해 운영된다고 보도했다. 그러나 이와 같은 시기에 한창우는 파친코의 경영자의 60% 정도가 재일교포라고 말한 바 있다.

과거 파친코 사업이 음지의 비즈니스로 취급받던 시기, 재일교포 경영자의 대다수는 자신의 세대까지만 경영하려고 생각했다. 자녀들이 좋은 직장에 취직하기만 하면 세간의 부정적인 시선을 받는 사업은 그만둘 생각이었던 것이다.

60년대 후반에 볼링이 인기를 얻기 시작하자 많은 파친코 경영자들이 이 새로운 레저 사업으로 진출을 꾀했다. 비즈니스로서는 물론이고 파친코보다 더 건전하고 이미지도 좋다는 이유에서였다. 재일교포를 냉대하던 금융 기관도 당시 대유행이던 볼링장 신축을 위한 대출에는 적극적이었다. 볼링장 건축 거품이 점점 부풀어 오르고 있었기 때문이다.

70년대 초에는 볼링 인구가 2천만 명이나 되었고 TV에서는 프로 볼링 선수가 아이돌 스타처럼 주목을 받았다. 볼링은 마치 야구와 같이 국민 스포츠로서 정착할 것처럼 보였다.

그러나 거품은 순식간에 꺼지고 말았다.

한창우는 1972년 12월, 니시하라산업주식회사를 설립. 같은 달, 시즈오카현 시즈오카시에 120레인을 보유한 거대 볼링장 '세세 프렌드 볼'을 개업한다. 교토가 아닌 시즈오카에 오픈한 것은 일본 전국의 프로 선수들이 한자리에 모이는 전국 대회 개최를 목표에 삼았고, 그러려면 시즈오카가 지리적으로 유리하다고 판단했기 때문이다.

그런데 다음 해인 1973년 1월을 정점으로 서서히 손님의 발길이 끊기기 시작하더니 5월경부터는 손님의 모습이 드문드문 보일 정도였다. 그리고 10월에 제1차 오일 쇼크가 발생. 원유 가격이 4배로 뛰어올랐고 일본은 물가가 20% 가까이 치솟는 '광란의 물가'와 마주해야 했다. 호황을 누리던 경기가 단번에 위축되어 많은 기업이 과잉 투자의 부담을 견디지 못하고 하나둘 쓰러져갔다.

거액을 투자한 시즈오카의 볼링장도 결국 부실 채권이 되어 60억 엔 가까이 빚을 떠안게 되었다. 한창우는 그때를 돌이켜보며 "지금의 돈으로 환산하면 체감적으로 1천억 정도"라고 말한다.

교외형 파친코점의 시작

당시 한창우는 '매일 욕조에 몸을 담그며 자살할 생각만 했다.'(『마루한은 어떻게 톱 기업이 되었는가?』)고 한다. 부도를 내고 파산 신청을 하라는 목소리도 있었다. 그러나 자신이 도망가 버리면 거액의 자금을 빌려준 재일동포와 일본인 친구들에게 큰 피해가 간다.

그는 일본 국내의 상사, 금융 기관 등 대규모 융자처와 사업 재건에 대해 상의했다. 그의 수완과 각오를 눈여겨본 담당자들은 까다롭게 재촉하면서도 상환 계획이나 신규 융자 면에서 편의를 봐주었다. 부족한 자금은 연이율 36%의 사채를 쓰는 등 필사적으로 자금을 계속 돌렸다. 아내에게도 채무 액수를 알리지 않은 채 혼자 매달 수천만 엔 단위의 돈을 마련하느라 동분서주했다. 아내에게 '결혼반지를 팔자'는 말을 할 뻔한 적도 있었다고 한다.

허물어진 볼링왕의 꿈을 뒤로 하고 그는 다시 파친코로 돌아왔다. 겨우 자금을 마련한 그는 1973년 3월, 이젠 아무도 찾지 않는 볼링장의 주차장에 파친코 업장을 지었다. 고육지책이었지만 이것이 후에 마루한의 주류로 대표되는 교외형 파친코점의 시초가 되었다. 서서히 교외점의 가능성을 확신한 한창우는 1975년, 고베시와 히메지시의 간선 도로변, 요즘 말로 '로드 사이드 점포'를 개업한다. 그리고 예상을 뛰어넘는 히트를 기록한다. 자금 조달의 불안한 줄타기는 여전했으나 새로운 형태의 파친코는 그를 깊은 늪에서 조금씩 구해 주었다.

사랑하는 자식을 잃은 후 1980년 10월, '세세 프렌드볼'을 '볼 아피아'로 재개장하면서 영업을 일부 재개했다. 파친코 업계에 큰 전환점이 찾아온 것은, 그로부터 얼마 후였다.

80년대 이전의 파친코는 승부사와 같은 솜씨를 뽐내는 마니아들이
기술로 승부를 가르는 경쟁적인 세계였다. 그러나 1980년 12월에 IC제
어의 열풍, 다음해 2월에 날개옷이라 불리는 '제로 타이거'의 등장. 이
둘은 솜씨가 아닌 운에 따라 대박을 노릴 수 있다는 점에서 직장인,
학생, 그리고 여성들까지 손님으로 끌어들였다.

이렇듯 1981년 이후 파친코를 즐기는 인구는 급증한다. 동시에 거대
화된 파친코 산업은, 과거의 그늘에서 양지의 건전한 산업으로 향하게
된다.

궁중 만찬회의 치마저고리

1986년 3월, 볼링 사업의 실패로 인한 빚을 모두 갚는다. 1988년에
는 회사명을 니시하라산업에서 마루한코퍼레이션으로 바꾸고 교토에
본사 건물을 세운다. 1993년에는 재일한국상공회의소 회장으로서 일
본에서의 김영삼 대통령의 후원회 회장에 취임. 1994년 김영삼 대통령
의 방일 시에는 부부가 함께 궁중 만찬회에 초대를 받았다.

어린 시절에 황국신민으로서 '충의를 다하겠습니다.'라고 제창한 쇼
와 천황의 혈통을 이어받고, 한창우의 결혼 2주 후 그 약혼을 전 일본
국민들이 축하했던 인물. 천황에 대한 특별한 감정은 없었으나 초대를
받고 황궁으로 향하는 다리를 건널 때는 묘한 고양감을 느꼈다고 한다.
그의 아내는 무엇을 입고 갈까 고민하다, 의상에 대해 상의했던 중의원
의원의 제안으로 치마저고리를 골랐다.

후일 마루한의 사장이 되는 차남, 유가 입사한 것은 매출 1천억 엔을

달성한 1991년의 일. 이듬해에는 그 셋째 아들 준도 입사했다. 고시엔 야구 대회에 출전 경험을 가진 유는 1981년에 처음으로 스코어보드에 본명을 내건 재일 선수 중 한 명이다. 두 형제는 일선에서 건전화와 접객 매너 향상에 더욱 힘을 쏟았고, 이윽고 마루한은 취업을 앞둔 대학생들이 회사 설명회에 몰려드는 우량 기업으로 변모한다. 물론 이는 마루한 한 회사뿐 아니라 업계 전체에도 커다란 영향을 미쳤다.

유와 준을 비롯한 6명의 자녀들은 1985년에 일본 국적을 취득했다. 다만 한창우 자신은 일본 국적으로 바꾸는 일이 '가난한 부모를 버리고 부잣집에 입양 가는 듯 찜찜한 느낌'이었다고 한다. 그가 한국어 발음 그대로인 '한창우'라는 이름으로 일본 국적을 취득한 것은 2000년의 일이다. 아내의 성씨 또한 스즈키에서 '한'이 되었다.

도일 70년, 그의 도전은 현재진행형

한창우은 국적만 일본으로 바뀌었을 뿐 "정신적으로 바뀐 것은 하나도 없다."고 말한다. 예를 들어 다민족 국가인 미국에서는 미국 국적을 취득해도 민족의 정체성이 유지되는 것이 보통이다. 이와 마찬가지로 재일한국인은 일본 국적을 취득하더라도 한국계 일본인으로서 참정권을 행사해야 한다고 그는 말한다.

한창우는 『일본 국적을 취득하시겠습니까?(日本国籍を取りますか?)』(시라이 미유키 엮음)에서 다음과 같이 말했다.

"전 세계에 7백만 명의 한국 동포가 살고 있습니다만, 유일하게 재일 코리안만이 거주국의 국적을 거부하고 한국 국적을 유지하고 있습니다.

일본 국적을 취득하면 매국노, 한국 국적을 유지하면 애국자라고 생각
합니다. 이런 생각을 하는 것은 재일코리안뿐입니다." 물론 이것은 국적
에 대한 다양한 생각 중 하나이며 의견을 달리하는 사람도 많다.

한창우는 일찍이 민단 활동에도 참여하여 38세에는 교토지방 본부
의 부단장을 맡았다. 그러나 국적에 대한 그의 생각은 한국 국적을 중
시하는 민단과는 맞지 않는다. 그는 오히려 민단이 '재일한국인뿐 아니
라 조총련계의 사람, 이미 일본 국적을 취득한 한국계 일본인, 한국에
서 건너온 뉴커머도 코리안의 한인회로 모이는' 조직이 되어야 한다고
주장한다.

1999년에 일본 정부로부터 훈삼등서보장에 서훈되었고 2016년에는
감수포장(紺綬褒章)[22]을 받았다. 한국 정부로부터도 1987년에 '청룡장'
(훈1등), 1995년에 '무궁화장'(훈1등)에 서훈되었다. 요절한 아들의 이름
을 딴 한창우·철 문화재단을 통한 지원 사업, 또한 회사 차원의 지역
공헌 등, 적극적인 사회봉사 활동으로도 유명하다. 2005년에는 파친
코 업계 최초로 매출 1조 엔, 2009년에는 2조 엔을 달성했다.

이미 모든 것을 손에 넣었다고 할 만한 성공을 이루었으나 80대 후반
에 이르러서도 그 도전은 계속되고 있다. 파친코 인구의 감소로 마루한
의 매출은 2조 엔 밑으로 떨어져 그가 세운 5조 엔의 목표 달성은 크게
멀어졌다. 염원하던 주식 상장도 실현되지 않았다. 그리고 캄보디아에
서는 소액 금융이라는 전례 없는 도전이 시작되었다. 도일 후 70년 이상
쉬지 않고 달려온 인생. 그의 도전은 지금도 현재 진행형이다.

---

22) 공익을 위해 사재를 기부한 사람에게 일본 정부가 주는 감색 리본의 기장.

진창현

바이올린 장인, 1929~2012
경상북도 김천군(현 김천시) 출생 / 재일 1세

도쿄에서 음악을 배운 '애국가'의 작곡가

　서울 시내에는 독립문이라는 서양식 건축물이 있다. 이는 조선이 청나라의 간섭을 받지 않는 자주독립국임을 선언하고자 1897년에 세워진 것이다. 다만 1908년에 일본이 그 바로 옆에 경성감옥(서대문 형무소)을 지어 정치범들을 수용했던 탓에, 이 독립문도 일본 통치에 대한 부정적인 감정과 맞물려 회자되는 경향이 있다.

　이 독립문의 기공식에서 낭독된 시가 바로 '애국가'의 가사이다. 작사가는 독립문을 세운 독립협회의 회장 윤치호 회장이라고 알려져 있으나 확실하지는 않다.

　'애국가'의 선율은 작곡가 안익태가 1936년에 빈에서 작곡한 것이다. 1948년 8월 15일의 한국 정부 수립과 함께 이 시와 선율이 국가로 제정되었다.

중국과 일본 이외에 나라에 대해서는 쇄국 정책을 고수, 서양으로부터 '은자의 왕국'이라 불리던 조선. 19세기 말부터 본격화된 서양 문명의 급격한 유입은 왕조의 붕괴에 따른 자연스러운 흐름이었다. 서양 음악도 당초에는 서구의 기독교 교회를 통해 전해졌고 1910년 한일 강제 병합 이후에는 일본이 그 매개 역할을 했다. '애국가'를 작곡한 안익태도 교회의 찬송가를 통해 음악에 눈을 떴으나 공부한 것은 일본이다.

안익태는 1906년에 평양에서 태어났다. 소년 시절에는 미국인 목사인 교사가 이끄는 악단의 일원이었고 1919년의 3·1 독립운동에 참가했다고도 전해진다. 1921년에 일본의 세이소쿠중학교, 1926년에 도쿄고등음악학원(현 구니타치음악대학)에 진학하여 첼로를 배웠다.

재학 중 부친의 죽음으로 생활고에 빠졌으나 학우와 교사의 도움으로 1930년에 졸업. 같은 해에 교회의 지원을 받아 미국에 유학한 후에는 첼리스트로서 신시내티 교향악단에 입단한다. 이윽고 지휘자로 전향하여 1936년부터 유럽에서 활동했다. 1940년부터는 베를린필하모니 관현악단을 지휘했다. 전후에는 스페인으로 거점을 옮겨 1965년에 숨지기까지 한국과 일본을 자주 방문했고 도쿄예술대학 등의 초청으로 수차례 일본의 교향악단을 지휘하기도 했다.

도쿄고등음악학원의 '삼총사'

안익태와 동시대의 저명한 조선인 음악가 중에는 1898년생의 작곡가이자 바이올리니스트인 홍난파가 있다. 그가 1920년에 작곡한 '애수'는 후에 창가 '봉선화'로서 일본 통치하의 조선인에게 널리 애창되었다. 그러나 통치 시대의 말기에는 '금지곡'으로 지정되었다.

홍난파도 1918년에 도일하여 도쿄음악학교(현 도쿄예술대학 음악학부)에 입학, 1926년에 안익태와 같은 도쿄고등음악학원에 편입했다. 동시에 일본의 오케스트라에서 바이올리니스트로 활동했다. 그 후 미국 유학을 거쳐 조선으로 귀국했으나 1941년에 늑막염으로 유명을 달리했다.

안익태와 홍난파가 수학한 도쿄고등음악학원은 그들이 입학한 1926년에 개교했다. 그러니까 두 사람은 학교 1기생인 셈이다. 그리고 이들과 함께 도쿄고등음악학원에서 공부한 동기생 중에는 1902년생인 시노자키 히로쓰구가 있다. 시노자키는 연주가뿐 아니라 지도자로서 명성이 높은 바이올리니스트이다. 그가 1940년대에 저술한 『시노자키 바이올린 교본』은 지금도 교본의 정석으로 알려져 있다.

안익태, 홍난파 그리고 시노자키 세 사람은 도쿄고등음악학원의 '삼총사'라 불릴 정도로 친분이 깊었다고 한다. 그리고 전후에 또 한 명의 한반도 출신자가 운명에 이끌리듯 등장한다. 후일 일류 바이올린 장인으로 활약한 진창현이다.

진창현의 손을 거쳐 제작된 비올라와 첼로는 1976년의 미국 바이올린협회(VSA)의 경합에서 6부문 중 5부문에서 금상을 수상했다. 동시에 VSA가 인정한 최초의 아시아계 제작자 중 한 사람이 되었다. 또한 VSA의 'Hors Concours', 이른바 명예의 전당에 오르는 영예를 안았다. NHK 교향악단의 수석 바이올린 연주자였던 기마타 도시유키와 도쿠나가 쓰기오, 한국의 정경화 등이 진창현의 바이올린을 애용하는 음악가로 알려져 있다. 또한 폴란드 출신의 헨릭 쉐링, 우크라이나 출신의 아이작 스턴도 그의 바이올린을 사용했다.

안익태와 홍난파도 물론 살면서 생활고를 겪긴 했으나 당시로서는 축복받은 교육 환경에 있었다. 그러나 14세 때 일본으로 건너간 진창현이 바이올린 제작자로서 성공하기까지는, 많은 재일한국인 1세가 그러하듯 시련의 연속이었다. 그리고 마침내 그의 삶은 후일 여러 매체를 통해 수많은 일본인에게 감명을 전해 주었다.

어머니를 통해 본 조선의 모순

진창현은 1929년 10월 25일, 경상북도 김천군(현 김천시)에서 태어났다. 감천을 따라 펼쳐진 이천이라는 작은 마을에 생가가 있었다.

아버지 진재기의 집안은 대대로 자작농이었는데 쌀을 수업료 대신으로 하여 자녀들을 서당에 보낼 정도의 여유는 있었다. 그 덕에 친조부는 1912년에 조선총독부가 토지조사령을 시행했을 때 소유하던 농지를 공식으로 등록할 수 있었다고 한다. 그러나 글을 읽지 못하는 자작농이나 자소작농 다수는 농지 등록을 하지 못해 소작농으로 전락하고 말았다.

2002년에 발간된 구술 자서전 『해협을 건너는 바이올린(海峽を渡るバイオリン)』[23]에는 이천에서 살았던 유소년기의 기억이 기술되어 있다. 거기에 등장하는 부친 진재기는 괴팍하고 애정이 결여된 사람이었다. 가업은 모두 아내에게 맡기고 하루가 멀다 하고 폭음을 했다. 190cm에 가까운 거구에 성질이 사나워 마을에서는 거스르는 사람이 없었다고 한다.

---

23) 국문 번역서는 『천상의 바이올린』(이정환 옮김, 에이지21, 2007).

어린 진창현은 그의 아내, 즉 어머니인 천대선을 통해 조선 여인네들의 비애를 엿보았다.

유교 윤리 중 한 가지에 '칠거지악'이 있다. 이것은 결혼한 여자가 소박을 당해도 할 말이 없는 일곱 가지 허물을 말한다. 음탕함, 질투, 도둑질 등과 더불어 아이를 낳지 못하는 것도 포함된다. 특히 부계의 핏줄이 끊이지 않는 것이 인륜의 기본이었던 조선에서, 아들을 낳지 못하는 여성은 한층 더 학대받았다.

서당을 하던 친정이 가난하여, 천대선은 젊은 시절에 도요하시의 방적 공장에 다닌 적도 있었다. 낮은 임금과 대우로 가혹한 노동을 강요당한 '여공애사(女工哀史)'의 세계다. 그리하여 모은 푼돈을 지참금 삼아 진재기와 결혼을 한다.

천대선은 재기의 두 번째 처다. 전처는 셋째 아들을 낳자마자 죽었다. 후처인 천대선에게는 좀처럼 아이가 생기지 않고 재기는 또 한 명의 처를 둔다. 이 세 번째 처는 아들 둘과 딸 하나를 낳았다. 아들을 낳은 두 처 사이에서 천대선이 얼마나 심하게 푸대접을 받았을지는 짐작되고도 남는다.

이후 천대선은 겨우 아들 창현과 딸 정주를 낳게 된다. 그런데 진창현이 태어나고 얼마 지나지 않아 젖이 멈춰 버렸다. 진창현은 미음을 쑤어 먹여도 바로 설사를 했고, 부친 진재기는 깡마른 그 모습을 보고 오래 살지 못할 거라 포기해 버렸다.

하지만 천대선이 인근 마을을 뛰어다니며 젖동냥을 한 덕분에 아이의 목숨을 부지할 수 있었다. 그녀가 필사적으로 뛰어다닌 것은 아들을 살리기 위해서뿐만 아니라 학대받아온 자신이 살아남기 위해서였을 것이다.

이러한 모친의 비장한 애정은 비단 천대선에게 국한된 것이 아니라, 조선의 전통적 가치관에서는 오히려 보편적이라고 할 수 있다. 일본인의 눈에 다소 과하게 비치는 드라마나 영화 속의 모자간 애정도 이러한 전통과 무관하지 않다. 천대선 또한 가혹한 삶을 살아가면서 진창현을 위해 자신을 아낌없이 희생했다.

일본인 교사에게 바이올린의 기초를 배우다

진창현과 바이올린의 첫 만남은 그의 나이 여섯 살 때. 수상한 연고를 파는 약장수가 사람들을 모으기 위해 켠 바이올린 선율이 어린 그의 마음을 흔들었다.

소학교 4학년 때 드디어 실제 바이올린을 손에 쥐어볼 기회가 찾아온다. 그의 집에 하숙하게 된 젊은 일본인 신임 교사가 취미로 즐기던 바이올린을 갖고 있었던 것이다. 일본인 교사가 그의 집에서 하숙을 한 것은 돈벌이를 위해 도요하시에서 일했던 어머니 천대선이 일본어를 조금 할 줄 알았기 때문이었다.

교사의 이름은 아이카와. 외지에서 교사로 일하면 징병이 면제된다는 이유로 그의 부친이 조선으로 보낸 것이다. 그는 진창현을 귀여워하여 기꺼이 바이올린을 빌려주며 기초를 가르쳐 주었다. 아이카와의 지도로 연습에 열중한 진창현은 '황성의 달'과 '사쿠라 사쿠라'를 연주할 수 있게 되었다.

아이카와는 가난한 집의 아이들에게 공책을 사주는 등, 자상하고 열성적인 교사였다. 그러나 결국 징병의 범위가 확대되어 아이카와는 1년

반 동안의 하숙 생활을 뒤로 하고 중국으로 출정한다. 이리하여 진창현과 바이올린의 인연은 전쟁으로 인해 잠시 끊기게 된다.

같은 시기에 세상을 등진 아버지와 젊은 교사

진창현은 아이카와의 영향으로 교사라는 직업을 꿈꾸게 된다. 그러나 부친 진재기는 교사가 되고 싶다는 창현을 두들겨 패며 경찰이 되라고 했다.

일본의 통치는 당연히 그의 가족이 살았던 작은 산골 마을 이천까지도 미쳤다. 다만 하루하루의 생활에서 그 권력이 가시화되는 일은 드물었다.

그 예외가 경찰이다. 반일 분자, 불령선인까지 단속했던 그들은 횡포를 부리며 주민들을 위압했다. 주임 직책의 일본인 경찰뿐 아니라 그 부하인 조선인 경관들도 마찬가지였다.

마을에서 힘 좀 썼던 진재기도 경관의 말은 거역할 수 없었다. 단, 횡포를 부리는 경관은 일본 지배의 상징인 동시에 진재기 스스로가 되고 싶은 이상이기도 했다. 그래서 진창현을 비롯한 아들들이 경관이 되기를 바랐을 것이다.

진재기가 태어난 조선 말기, 중앙집권형 권력 구조는 부패가 극에 달했다. 각지의 지방 관리나 유력자들은 농민들의 수탈을 일삼았고 농촌 지역은 날로 피폐해 갔다. 진재기의 눈에는 당시의 지방 관리도 조선총독부 경찰의 경관도 크게 다르지 않았을 것이다.

그러나 진재기는 아들이 경관이 된 모습을 보지 못한 채 병으로 세상을 떠났다. 아직 생활에 여유가 있었던 일가가 창현을 중학교에 입학시켰을 무렵의 일이다.

그리고 전쟁터에 간 아이카와도 이 시기를 전후로 하여 전사하고 만다. 진창현이 그 사실을 안 것은 전후 20년 정도 지나고 나서다. 그는 일본에서의 생활이 점차 안정되기 시작할 무렵, 몇 안 되는 단서에 의지해 사이타마현에 있는 아이카와의 생가를 방문했다. 진창현에게 은사의 죽음을 알려준 것은 아들을 살리기 위해 조선으로 보냈던 그 노부였다.

군국 소년, 동경의 땅 일본으로 향하다

진창현의 탐구심과 장인 기질을 엿볼 수 있는 에피소드로 목제 모형 비행기 만들기가 있다. 어린 진창현은 거듭된 개량과 고안으로 동네에서 가장 멀리까지 나는 모형 비행기를 만들어냈다.

그 모형 비행기를 통해 그는 일본군 전투기에 대한 동경을 품게 된다.

태평양 전쟁이 시작된 것은 진창현이 열두 살이 되던 해. 수십 년에 걸친 일본 통치하에서 그도 극히 평범한 군국 소년으로 성장했다. 내선일체의 동화정책으로 조선의 아이들에게도 황국신민임을 주입시켰기 때문이다.

부친의 죽음을 계기로 집의 살림살이는 힘들어졌다. 교사가 되기 위해 학업을 계속하고 싶었던 진창현은 일본에서 일하며 야간 중학교에 다니는 길을 선택한다.

당시 나이 차이가 많이 나는 이복형 세 명은 이미 일본으로 건너가 트럭 운전수로 일하고 있었다. 진창현은 1943년, 후쿠오카현 하카타시에 사는 이복형을 의지해 홀로 현해탄을 건넌다.

그는 자서전에서 어머니와의 슬픈 이별에 많은 지면을 할애했다. 그러나 한편으로 기대도 있었다. 존경하는 교사 아이카와의 고향에 간다는 기대, 그리고 경찰에 대한 반감은 있었지만 진창현을 비롯한 김천의 아이들에게 일본은 역시 동경의 땅이었다.

진창현이 다니던 김천의 중학교에는 도쿄의 대학에서 공부한 조선인 교사가 몇 명 있었다. 어린 그의 눈에 그 교사들은 모두 지적이고 세련되어 보였고 자연스럽게 도쿄 유학에 대한 어렴풋한 꿈을 키웠다. 특히 동경한 사람은 유학 중 알게 된 일본인 여성과 결혼한 미술 교사였다. 대도시를 무대로 한 두 사람의 로맨스는 어린 그의 마음을 뜨겁게 했다.

"조선인은 예과련에 들어갈 수 없다"

일본 땅을 밟은 진창현은 교복을 입고 통학하는 밝은 여학생들의 모습에 놀란다. 그는 『해협을 건너는 바이올린』에서 이렇게 회상하고 있다. "여성이 자유롭게 행동할 수 있는 나라, 그것만으로도 당시의 내게는 별천지였다."

그러나 어려운 생활은 어린 마음에 품었던 동경과는 거리가 먼 것이었다. 진창현은 항공기 공장 등에서 일을 하며 이복형의 도움으로 중학교의 야간부에 편입한다. 새카맣게 더러워진 학생복으로 등교한 학교에서는 그 자체로도 아이들에게서 '조선인'이라고 놀림 받기 충분했다. 주위의 가난한 조선인들은 분뇨 처리나 항만에서의 가혹한 하역 작업 등 일본인이 기피하는 밑바닥 노동으로 생활을 이어가고 있었다. 그들

은 자신과 같은 굴욕을 맛보게 하지 않으려고 자식들을 중학교에 보내
려 했다.

중학교 야간부는 학급의 5분의 1 정도가 조선인이었고 일본인 학생도
부모를 전쟁으로 잃는 등 가난에 허덕이는 가정의 아이들이 많았다.
그런 와중에 진창현은 항공기 조종사를 양성하는 해군 비행 예과 연습
생, 소위 '예과련'을 지망한다. 당시의 일본의 중학생이라면 흔히 가질
수 있는 지극히 자연스러운 생각이었다. 언젠가 특공기의 조종사로 죽
겠다는 막연한 생각이 있었다고 그는 회상한다.

그런 진창현에게 교사가 전한 말은 "조선인은 예과련에 들어갈 수
없다."였다. 진창현은 그래도 포기하지 않고 오이타현의 육군 소년 비
행 학교에는 들어갈 수 있다는 사실을 알고 원서를 낸다. 하지만 지망
학교에 입학하기도 전에 일본은 패전을 맞이했다.

타향에서 들은 '치고이네르바이젠'

진창현을 바이올린 제작과 만나게 한 것은 이토가와 히데오다. 이토
가와는 후일 일본의 로켓 개발의 아버지라 불리는 항공 우주 공학의
개척자이며, 동시에 진창현을 사지로 내몰았을지도 모를 군용기의 설
계자이기도 하다.

이복형들은 패전과 함께 한반도로 돌아갔으나 열여섯의 진창현은
도쿄의 대학에 들어간다는 꿈을 이루기 위해 일본에 남았다. 대학 졸업
후 고향으로 돌아가 교사가 될 생각이었다. 그러나 1950년에 시작된
한국 전쟁과 그 이후의 혼란으로 도저히 귀국할 만한 상황이 아니었다.

그러한 상황에서 진창현이 메이지대학 영문과 야간 학부에 입학한 것은 1951년의 일이다. 무일푼에 의탁할 곳 없던 열여섯 살의 조선인이 거기에 이르기까지는 험난한 고생의 연속이었다. 오다와라에서는 건설 작업원, 요코하마에서는 자전거 택시[24] 등에 종사했고 특기였던 영어 실력으로 진주군 상대로 교섭하는 역할도 맡았다고 한다.

미군을 상대로 영업한 자전거 택시업이 어느 정도 궤도에 오르자 음악과의 연결고리를 되찾기 시작했다. 중고 바이올린을 샀고 요코하마의 클래식 다방에도 다녔다. 거기서 그의 마음을 빼앗은 것은 19세기의 바이올린 독주곡 '치고이네르바이젠' 스페인의 바이올리니스트, 사라사테가 작곡한 곡이다.

'치고이네르바이젠'은 '집시의 선율'이라는 의미의 독일어로, 진창현은 후일 재일 지식인들이 창간한 동인지 『계간 마당』에 이런 글을 실었다.

'사라사테가 작곡한 치고이네르바이젠을 들으며 어둑어둑한 찻집의 한구석에서 식은 커피잔을 앞에 두고, 나는 자주 눈물을 흘렸다. 이 곡에 등장하는 유랑민 집시들과 과거 망국지민으로 세상에 태어나, 일본이라는 이국땅에서 홀로 십자가를 짊어지고 방황하는 자신의 모습이 심정적으로도 처한 상황도 닮았다고 느꼈다. 그 멜로디는 결코 평온하지 않던 파란만장한 조국의 역사, 조상의 눈물의 역사처럼 들렸고, 그 음색은 스산한 타향 땅에서 동포의 마음과 마주한 듯한 온기를 느끼게 했다.'

---

24) 린타쿠: 자전거의 뒤나 옆에 손님이 탈 수 있는 자리를 만든 탈것.

탐구심에 불을 붙인 '불가능'이라는 말

"조선인은 교원이 될 수 없다."

일본에 머무르며 교사의 꿈을 키우던 진창현은 교직 과정을 이수했다. 그러나 담당 교원으로부터 일본 국적이 아닌 사람은 교원이 될 수 없다는 말을 듣는다. 교원 면허를 취득해도 외국인인 진창현에게는 그저 장식에 불과했던 셈이다. 바이올린 연주자의 길도 생각하며 레슨을 받긴 했으나 스무 살을 넘긴 나이로는 이룰 수 없는 꿈이었다.

장래가 막혀버린 진창현은 어떻게든 울분을 풀어보고자 파친코 가게의 아르바이트에 매진한다. 거기서 장사에 몰두하는 동포들과도 교류했지만 장사에서 자신의 미래를 찾을 수는 없었다.

실의의 구렁텅이에 빠져 있던 이 시기, 진창현은 바이올린 만드는 일을 생각해 낸다.

대학교 2학년이던 1954년의 가을, 메이지대학의 강당에 부착된 한 장의 포스터에 가던 길을 멈춰 섰다. 도쿄대학 생산기술연구소장인 이토가와 히데오가 바이올린에 대한 강연을 한다는 것이다.

1912년생인 이토가와는 군용기 제작사인 나카지마 비행기와 도쿄제국대학에서 전투기 설계에 종사해 왔다. 패전 이후 항공기 연구가 금지되자 전공을 음향 공학으로 바꾸어 바이올린을 연구한다. 유명한 연필 크기의 로켓(pencil rocket)에서 우주 공학의 길을 개척한 것은 그 이후의 일이다.

이토가와는 어릴 적부터 바이올린을 배워 음악에 대한 조예가 깊었다. 음향 공학에 기초하여 명기라 불리는 바이올린의 비밀에 대해 연구했고, 그 내용을 메이지대학에서 강연한 것이다.

진창현은 사실 강연 그 자체보다는 행사의 일부로 진행되는 바이올린 연주를 듣고자 강연장으로 향했다. 그리고 그 자리에서 들은 이토가와의 한마디가 신의 계시처럼 다가왔다.

"명기 스트라디바리우스의 비밀을 파헤쳐 현대에 재현시키는 것은 불가능하다."

이토가와에게 '불가능'이란 말을 하게 만든 바이올린의 신비. 그 누구도 해명할 수 없다는 명기 스트라디바리우스의 수수께끼를 자신의 손으로 풀어내고 싶었다. '불가능'이라는 말은 진창현이 타고난 손재주로 물건을 만들었던 탐구심에 불을 붙였다. 그것은 또한 어릴 적 만들었던 모형 비행기와 바이올린이 긴 시간을 돌고 돌아 하나로 연결된 순간이었다.

스승을 찾아 기소후쿠시마로

바이올린 제작자로 가는 여정에서는 불가능이란 벽이 계속해서 그의 앞을 가로막았다. 그러나 겨우 희미하게나마 미래를 찾아낸 진창현에게 이미 다른 선택지는 없었다.

그는 간다의 악기점에서 바이올린 제작의 대가라는 장인을 소개받아 자택을 방문하여 제자 입문을 요청한다. 여든을 넘긴 노공은 마침 후계자를 찾던 중이라며 그의 방문을 기뻐했다. 그러나 조선인이라는 것을 밝힌 순간 크게 낙담하며 거친 어조로 제자로 받아들일 수 없다고 말했다. "자네가 일본인이라면 얼마나 좋았을까." 절망한 노공이 눈물까지 흘리며 한 말은 그의 귓가에 오래오래 남았다.

하지만 그러한 취급에는 이미 익숙했고 특히 나이 든 일본인이라면 더욱 예상 가능한 범위였다. 진창현은 자신이 조선인이라는 것을 숨긴 채 악기점을 수소문하며 도쿄의 장인을 계속해서 찾아다녔다. 그러나 그를 받아주는 곳은 없었고 어느 하나 정해지지 않은 채 4년간의 대학 생활을 마쳤다. 그리고 그는 1년 유급 후 1956년에 메이지대학을 졸업한다.

5월이 되자 진창현은 아르바이트를 그만두고 도쿄를 떠났다. 나가노현 나카노시에 스트라디바리우스 형지를 가진 바이올린 장인이 있다는 사실을 신문을 통해 알았기 때문이다. 그러나 농사를 지으면서 바이올린을 만드는 그 장인은 겨울 농한기가 되면 그때 다시 오라며 그를 돌려보냈다. 장인은 애초에 제자를 받을 생각이 없었던 터라 그렇게 말하면 단념하고 돌아갈 줄 알았던 모양이다.

하지만 진창현은 나카노시에 머물며 수레를 끌고 폐품 회수를 하면서 겨울이 오기를 기다렸다. 그리고 장인을 다시 찾아갔을 때 비로소 그에게 제자를 받을 마음이 없다는 사실을 알게 된다. 난처해진 진창현은 배움의 기회를 찾아 마쓰모토시, 그리고 기소후쿠시마(현 기소마치)에 가기로 결심한다.

기소후쿠시마에는 당시 기소스즈키 바이올린의 공장이 있었다. 이곳은 일찍이 안익태와 홍난파 등이 연주한 첼로와 바이올린을 제작한 노포 '스즈키 바이올린'의 명맥을 잇는 악기 제조사이다.

1957년 여름, 진창현은 기소스즈키 바이올린의 문을 두드린다. 그러나 이곳의 문도 역시 굳게 닫혀 있었다. 외국인을 들이는 것에 반대하는 사람이 있다는 것이 이유였다. 또한 기소스즈키 바이올린은 해외 수출도 하고 있었는데 기술을 배운 창현이 귀국하면 경쟁자가 될 것이라는 우려도 있었다고 한다.

실의에 빠진 채 노숙하던 그를 현지의 경찰이 보다 못해 임도를 설치하는 공사 인부 일을 소개해 주었다. 진창현은 그 후 4년이 넘는 기간을 기소후쿠시마에서 보내게 된다.

손수 만든 공방에서 실력을 연마하다

하청을 받아 임도 설치 공사를 하던 건설 회사는 재일한국인이 경영하는 나카지마건설이라는 곳이다. 토목 작업원으로서 노무자 합숙소에 지내던 진창현은 공사 때 벌채된 목재 중에서 바이올린에 적합한 재료를 모으기 시작한다. 장인에게 사사하는 일에는 마음을 접고 혼자서 기술을 연마하기로 결정한 것이다.

암중모색하던 진창현은 무언가 도움이 될 만한 이야기를 듣고자 기소스즈키 바이올린 공장에 자주 얼굴을 비쳤다. 퇴근길의 직공에게 작은 선물을 건네고 안면을 터가면서 기술적인 가르침을 청했다. 열심인 그를 안쓰럽게 생각하던 직공들 덕분에 배움의 길이 서서히 열리기 시작했다. 기소스즈키 바이올린의 사장은 대학 후배인 진창현에게 신경을 써 주었는데 그가 벌채소에서 가져오는 바이올린용 목재를 사들이기도 했다.

공사 현장에서는 성실한 태도와 메이지대학 졸업생이라는 점을 인정받아 출근부 관리를 맡게 되었다. 거친 노동자들의 출근 관리는 부담도 컸으나 조금씩 생활의 여유도 생겼다.

그러던 중 진창현은 회사의 허락을 받아 회사 부지 모퉁이에 자신의 공방을 짓는다. 현장의 가설 식당을 만들었던 경험을 살려, 댐 공사로 흘러내려온 폐자재 등을 이용하여 지었다. 손수 만든 오두막이었지만 작은 2층 공간도 있어서, 사진을 통해 보건대 아마추어의 솜씨라고 하기엔 도저히 믿기지 않을 정도다.

이리하여 진창현은 기소후쿠시마에 도착한 이듬해, 자신의 공방에서 바이올린 제작에 몰두하기 시작한다. 벌채소에서 좋은 목재를 많이 구할 수 있었고 인근 목공소에서 중고 공구도 구할 수 있었다. 또한 기소스즈키 바이올린이 운영하는 바이올린 교실에 다니며 자신이 만든 바이올린에 대한 반응도 살펴보았다. 바이올린 강사도 창현의 정열에 공감하고는 흔쾌히 상담에 응하고 조언해 주었다고 한다. 이렇게 세월을 보내는 동안 드디어 인생의 전환점이 되는 만남이 연이어 찾아온다.

커다란 기로가 된 만남

진창현이 인생의 반려자 이남이를 알게 된 것은 이 무렵의 일이다.

재일한국인 2세인 이남이는 진창현이 공구를 구하기 위해 드나들었던 골동품상의 딸이었다. 그녀의 부친은 처음에 결혼에 반대했으나 진창현의 성품을 눈여겨 본 나카지마건설의 사장이 함께 설득해 주었다. 그 덕분에 진창현과 이남이는 1961년 3월, 기소후쿠시마에서 작은 결혼식을 올린다. 식에는 바이올린 교실의 강사와 학생들이 와서 두 사람의 새 출발을 합주로 축하해 주었다.

부부는 손수 만든 공방에서 지내며 영림서(營林署)의 일을 보거나 자갈 채취 등을 하며 생계를 이어갔다. 진창현은 바이올린 제작에 쉼 없이 전념했고 어느덧 완성된 바이올린은 모두 40대 정도 되었다.

그는 그중에서 특히 잘 만들어진 바이올린 10대를 골라 도쿄로 향한다. 아내의 권유로 테스트 삼아 악기점에 납품 여부를 알아보기로 한 것이다. 그러나 악기점을 구석구석 찾아가 보았지만 그의 바이올린을 사려는 곳은 어디에도 없었다. 애초에 큰 기대를 했던 것은 아니지만 바이올린을 짊어진 창현의 어깨를 허탈함이 무겁게 짓눌렀다.

그러나 모교 메이지대학에서 가까운 스루가다이의 악기점에서 기회가 찾아온다. 한 중개업자가 창현의 바이올린이 마음에 든다며 조언을 해준 것이다. 그는 "무턱대고 악기점에 뛰어들기보다는 교육자를 통해 팔아보면 어떻겠느냐."고 말하며 시노자키 히로쓰구를 소개해 준다. 일찍이 안익태, 홍난파 등과 함께 수학한 저명한 바이올린 연주가였다. 시노자키는 전쟁 전부터 바이올린의 조기 교육에 전념했고 당시에는 도호가쿠엔대학에서 후학을 지도하고 있었다.

중개업자와 함께 자신의 집을 방문한 진창현의 바이올린을 시노자키는 꼼꼼하게 체크했다. 그리고 진창현은 믿기지 않는 한마디를 듣게 된다. "한 대 3천 엔 정도라면 전부 사주겠다." 게다가 시노자키는 어린이용 바이올린을 만들 것을 권하며 만들어오면 모두 사주겠노라고 약속한다.

빈손으로 집에 돌아온 진창현의 모습을 보고, 아내 이남이는 바이올린을 도둑맞은 줄 알고 깜짝 놀랐다고 한다. 마침내 부부는 진창현이 천직으로 마음먹은 바이올린 제작으로 생계를 꾸려가게 되었다.

스페인과 한일을 오간 지휘자

1961년 10월, 진창현 부부는 시노자키의 부름으로 도쿄로 이주한다. 마치다시의 헛간을 빌려 공방 겸 주거 공간으로 삼았다. 바이올린으로 수입이 생긴다고 해도 만들기까지는 긴 시간이 걸린다. 거기서 집세와 재료비를 빼면 실제 부부 손에는 거의 남지 않는다. 그런 사정을 안 시노자키는 항상 그 자리에서 돈을 지불했을 뿐 아니라 선불까지 해서 창현을 도와주었다.

마치다시로 옮긴 이듬해, 장남이 태어난다. 같은 해 일가는 도호가쿠엔대학이 있는 조후시로 이사한다. 시노자키가 동료 교사들을 고객으로서 소개하면서 조금이라도 대학과 가까이 있는 편이 좋지 않겠냐고 권했기 때문이다.

그리고 진창현은 시노자키로부터 또 한 명의 음악가를 소개받는다. 일찍이 시노자키와 함께 대학에서 수학하고 후일 '애국가'를 작곡한 안익태다.

한일의 국교가 단절되었던 당시는 한일 간의 자유로운 왕래가 어려웠다. 그리고 안익태는 1946년에 활동 거점인 스페인의 국적을 취득한 상태였다. 때문에 50년대부터 종종 한국이나 일본을 방문하여 지휘자로서 자유롭게 활동할 수 있었다. 안익태는 만년인 1964년 10월에도 히비야 야외음악당에서 도쿄교향악단을 지휘한 바 있다.

시노자키의 자택에서 진창현을 만난 안익태는 스페인에서 가져온 16세기 바이올린의 수리를 의뢰했다. 기대에 부응하여 안익태를 만족시킨 진창현은, 이 세계적인 음악가에게 한 가지 부탁을 한다. 고향에 돌아가지 못하는 자신을 대신하여 수리 대금을 어머니에게 전달해 달라고 말이다.

어머니에게 손을 내민 신사

고향 김천은 한국 전쟁으로 그야말로 아수라장이 되었다. 북한군의 침공으로 전선이 남하하기 시작했고 진창현과 같이 학교에 다니던 친구들은 한국군에게 살해당했다. 그들은 국민보도연맹 사건의 희생자가 된 것이다.

초대 대통령 이승만은 1949년, 남쪽의 반정부 분자를 몰아내기 위해 국가보안법을 제정, 밀고 등을 근거로 공산주의자로 의심되는 사람을 국민보도연맹이라는 교정 기관에 등록했다. 중학교에 다니던 진창현의 동급생은 지역의 지식인층이라는 이유만으로 빨갱이라는 낙인이 찍힌 듯하다. 그리고 북한의 맹공이 시작되자, 한국군은 보도연맹의 명단에 이름이 있던 자들을 학살하면서 남쪽으로 후퇴했다. 공산주의자가 북한군과 합세하여 자신들을 공격할 것을 두려워했기 때문이다.

곧 김천을 세력하에 둔 북한군은 마을의 반동분자를 숙청. 뒤이어 한국군이 다시 김천을 탈환하자 이번에는 북에 협력한 자가 처형되었다. 전선이 남북으로 이동하면서 한반도 각지에서 벌어진 비극이다.

여동생 진정주도 북한군에 협력한 혐의를 받아 하마터면 처형될 뻔했다. 그러나 한국군 중대장이었던 육군 중위와 결혼하는 것으로 죽음을 면할 수 있었다. 어머니 천대선과 진정주는 육군 중위를 따라 격전지였던 인제군으로 갔고 그곳에서 휴전을 맞이한다. 진정주의 남편은 군을 제대한 후 노름에 빠져 모녀가 대신 생계를 짊어져야 했다. 과거

진창현의 부친과 마찬가지로 그 또한 오래된 조선의 가치관을 벗어나
지 못한 남자였다.

남편은 모녀에게 돈을 받아 챙겨 서울에 가서 실컷 놀다가 돈이 떨
어지면 다시 돌아왔다. 천대선과 진정주는 전처의 아들들에게 집을 빼
앗겨 김천에 돌아가도 기거할 곳이 없었다. 할 수 없이 일자리를 찾아
부산으로 옮겨가기로 한다. 진정주가 여관의 더부살이로 일하면서 근
근이 생활을 이어갔다.

모친과 주고받은 편지로 진창현도 대략적인 소식은 알고 있었다. 그
러나 모친은 이국땅에 있는 아들이 걱정할까 봐 상세한 내용까지는 전하
지 않았다고 한다. 나중이 되어서야 여동생의 편지로 실정을 알게 된다.

수리비를 대신 맡은 안익태는 이후 방한할 때마다 천대선과 직접 만
나 도움의 손길을 내밀었다. 진창현이 안익태의 그러한 배려를 알게
된 것은 첫 귀국 시 모친과 재회하고 나서다.

"외국으로부터 온 멋진 신사분이 어미한테 거금을 건네주었단다."

세계를 누비며 바쁘게 생활하는 음악가가 어째서 진창현을 위해 일
부러 시간을 내서 그렇게까지 한 것일까. 진창현은 당시를 돌이켜보며
'같이 이국땅에서 모진 고생을 겪은 처지'였기 때문이었을 것이라고 말
한다. 그런 안익태는 진창현과 알게 되고 얼마 지나지 않아 1965년 9월
에 스페인의 마요르카섬에서 숨을 거둔다.

사반세기 만의 귀향

한일 조약이 비준되어 국교가 정상화된 것은 안익태의 사망 3개월

후인 1965년 12월의 일. 조후시 센가와에 있는 진창현 부부 사이에 셋째가 태어난 직후였다.

그다음 해에는 든든한 지원군이었던 시노자키 히로쓰구가 타계한다. 한때 대금의 회수가 어려워 고생하기도 했지만 수입은 점차 안정되어 갔다. 겨우 소박하게나마 남들만큼 생활할 수 있게 된 그는 조금씩 저축을 늘려가며 바이올린 제작에 몰두했다. 일에 전념하는 가운데 어느덧 세월이 흘러, 어려움을 호소하는 여동생의 편지를 받아보았을 때는 벌써 1967년이 되어 있었다.

안익태는 1963년 6월 6일, 도쿄의 후생연금회관에서 열린 후생성 후원 자선 음악회에서 지휘봉을 들었다. 기사는 '불우 아동을 돕는다는 취지에 동참한 안익태가 한일 친선에 기여할 것'이라고 보도했다. (『경향신문』, 1963.6.6.)

진창현은 값나가는 물건을 전당포에 팔아 최대한 돈을 마련하여 김천의 모친과 여동생에게 보냈다. 그리고 다음 해인 1968년 5월, 가족을 데리고 한반도 땅을 밟는다. 1943년에 고향을 떠난 이래 25년 만의 귀향이었다.

그러나 극적인 재회의 여운을 느낄 새도 없이, 처형된 친구들과 같은 운명에 놓일 뻔한 경험을 한다. 이복형의 아들이 진창현을 북한의 간첩이라고 밀고한 것이다.

한국 전쟁 휴전 후, 이승만 정권은 현상금을 걸고 북한 간첩의 밀고를 유도했다. 남성용 양복 한 벌 가격이 3~4만 환이었던 1958년 당시, 현상금의 액수는 무려 30만 환이었다. 이와 같은 방침은 박정희 정권에도 이어져, 진창현이 귀국하기 3개월 전에는 현상금이 백만 원으로 올라갔다. 1966년 기준으로 사무직의 연봉이 11만 5천 원이던 시절이다.

특히 재일한국인은 일본 국내에서 조총련과 접촉 가능성이 있다는 이유로 의심받기 쉬웠다. 박정희 정권이 1968년 7월부터 실시한 '간첩 수색 운동'에서는 친척 중에 재일교포가 있는 가정이 수사 대상에 올라갔다. 그러한 상황에서 재일한국인은 현상금을 노리고 팔아치우기 딱 좋은 사냥감이었다.

진창현의 회상에 따르면 친척을 찾아 한국을 방문한 많은 재일한국인들이 밀고의 희생이 되었다. 고문으로 목숨을 잃은 자들도 많았다고 한다. 그가 구사일생으로 위기를 모면한 것은 이복형의 가족이 도쿄에서 민단의 간부를 맡고 있었기 때문일지도 모른다. 진창현을 조사한 중앙정보부 직원들은 혐의가 풀리자 그를 고급 요정으로 데리고 갔다. 그곳에서 여자의 시중까지 받으며 실컷 먹고 마시고는 결국 그에게 계산서를 내밀고 사라졌다고 한다.

진창현과 아내 이남이는 2009년 『신동아』와의 인터뷰에서 41년 전의 이 체험에 대해 질문을 받았다. 그가 고문을 당했던 일에 대해 담담하게 입을 열자, 이남이는 그의 말을 가로막고 이렇게 말했다. "생각하고 싶지 않아요. 풀려난 후 일본행 비행기에 탄 후에도 무서워서 제정신이 아니었어요. 둘이서 손을 꼭 잡고 '어서 빨리 이륙해라'라며 필사적으로 기도했죠."

경합에서 따낸 메달을 땅에 묻다

그의 어머니 천대선은 1976년 1월, 77세의 나이로 세상을 떠났다.

진창현은 첫 귀향에서 죽음의 위기에 처할 뻔했지만 그 후에도 종종 모친을 만나기 위해 한국을 방문했다. 또한 이 시기에 그가 만든 바이올린의 명성도 점점 높아지고 있었다.

1968년과 1970년에는 일본 현악기제작자협회의 후원으로 자작전을 개최했다. 당시의 그러한 전시에서는 바이올린 한 대에 50만 엔을 호가하기도 했다. 그의 명성은 한국에도 거의 실시간으로 전해졌다. 한국 일간지들은 한때 간첩 누명을 썼던 그를 해외교포 영웅이라고 칭송하며 독자들의 애국심을 고취했다.

생활에 여유가 생긴 진창현은 1970년, 조후시의 자택 근처에 공방을 차린다. 또한 서울 구경을 해본 적도 없는 노모를 모시고 한국 각지의 명승지를 돌았고 1970년과 1972년에는 일본으로 모시기도 했다.

중앙정보부의 고문으로 생사의 갈림길에서 헤맸던 그는, 이전보다 더 바이올린의 개량에 열과 성을 쏟았다. 모친의 부고를 접한 것은 니스 개량에 몰두하던 때다.

그리고 같은 해 12월, 진창현은 미국 필라델피아에서 열린 제2회 미국 바이올린협회(VSA)의 경합에 참가한다. 한국 신문 보도에 따르면 진창현은 1972년에 제6회 비에니아프스키 국제 바이올린 콩쿠르에도 출품했지만 입상을 놓쳤다고 한다. 이후 더욱 기량을 연마하여 임한 VSA 경합에서, 마침내 비올라와 첼로가 6개 부문 중 5개 부문에서 금상을 수상했다. 일류 바이올린 제작자로서의 명성을 더욱 확고히 한 것이다.

미국에서 돌아오는 길에 진창현은 김포국제공항을 경유하는 항공편을 이용하여 잠시 한국에 들른다. 당시 부산에 있던 모친의 무덤 앞에서 수상 소식을 전하기 위해서이다. 바이올린의 음색도 들려주고 싶었으나 이미 고가가 되어버린 그의 악기는 세관 반입이 허락되지 않았다. 여동생과 함께 묘소를 찾은 진창현은 5개의 금메달 중 2개를 어머님 옆에 묻고 다시 조국을 뒤로했다.

아들과 연주한 사모곡

진창현은 시노자키 생전에 또 한 사람의 조선인 음악가에 대해 들은 적이 있다. 시노자키, 안익태와 함께 공부한 작곡가이자 바이올리니스트인 홍난파이다. 홍난파는 창가 '봉선화'로 조선의 국민 작곡가로 칭송받았으나 14세에 도일했던 진창현은 그의 존재를 알지 못했다.

시노자키는 진창현에게 홍난파와의 추억을 들려주었다. 시노자키와 홍난파는 하숙을 함께할 정도로 막역한 사이였다. 시노자키는 아르바이트 삼아 홍난파가 쓴 악보를 들고 아사쿠사에서 바이올린을 연주했다고 한다. 그러한 홍난파는 조국의 해방을 보지 못하고 1941년에 44세의 젊은 나이로 숨졌다.

'봉선화'의 선율은 홍난파가 첫 일본 유학에서 귀국한 1920년에 쓴 '애수'가 원곡이다. 여기에 홍난파와 친분이 깊었던 성악가 김형준이 시를 붙여 '봉선화'가 탄생한다. 1942년에 데뷔한 소프라노 김천애의 목소리로 녹음된 곡이 한반도 전역에 퍼졌으나, 조선총독부에 의해 금지곡이 되고 만다. 동화정책에 반하여 조선의 민족의식을 선동한다는 이유에서다. 진창현은 '봉선화'에 대해 '이민의 설움과 망향의 한'이 담긴, 민족의 혼 그 자체라고 말한다.

모친의 무덤 앞에 메달을 묻고 사반세기가 지난 후, 진창현은 묘소를 부산에서 고향인 김천으로 이장했다. 전망이 좋은 산 중턱에 시신을 이장하고 근사한 비석도 세웠다.

새로운 묘소로 이장을 마친 후 진창현은 그 앞에서 성장한 아들과 함께 바이올린으로 '봉선화'를 연주했다.

울밑에 선 봉선화야 네 모양이 처량하다
기나긴 날 여름철에 아름답게 꽃필 적에
어여쁘신 아가씨들 너를 반겨 놀았도다

어언간에 여름 가고 가을바람 솔솔 불어
아름다운 꽃송이를 모질게도 침노하니
낙화로다 늙어졌다 네 모양이 처량하다

북풍한설 찬바람에 네 형체가 없어져도
평화로운 꿈을 꾸는 너의 혼은 예 있으니
화창스런 봄바람에 회생키를 바라노라

가사처럼 애절한 정서가 담긴 선율이 과거 조선이라 불리던 땅의 산야에 울려 퍼졌다.

고향의 흙을 주워 모은 이유

한국의 SBS 방송이 2005년에 방영한 다큐멘터리에는 고향에 흐르는 감천 변에서 흙을 줍는 진창현과 이남이의 모습이 나온다. 1968년의 첫 귀국 때부터 고향을 방문할 때마다 조금씩 흙을 담아 일본에 갖고 돌아간다고 한다.

"어차피 나는 이국땅 일본에서 삶을 마치겠지요. 내가 죽으면 어린 시절 밟고 자란 고향의 흙을 시신에 뿌려주었으면 합니다. 그것이 나의 유언입니다."

진창현은 VSA 수상 후 알 만한 사람은 아는 저명인이 되었다. 그리고 2002년에는 그의 구술 자서전 『해협을 건너는 바이올린』이 출판된다. 이것이 화제를 모아 2003년에는 만화 〈천상의 현〉(야마모토 오사무), 그리고 2004년에는 자서전과 동명의 드라마로 그의 삶이 그려졌다. 또한 일본의 고교 영어 교과서에도 'The Mystery of the Violin(바이올린의 수수께끼)'이라는 제목으로 그의 발자취가 소개되었다. 민단에 의하면 일본의 교과서에 화제의 주인공으로서 게재된 한국인은 진창현이 처음이라고 한다.

세상을 떠나기 전까지 바이올린 제작에 전념한 명장은, 2012년 5월에 조후시의 자택에서 82년의 생애를 마감했다. 인연이 깊은 나가노현 기소마치에서 같은 해 7월에 기념비가 건립되었다. 장소는 그가 손수

지었던 그 옛날의 공방터다. 2017년에는 수백 점의 유품과 함께 '김천'
이라 명명된 유작 바이올린이 고향에 기부되었다. 그의 공방은 아버지
를 따라 악기 제작의 길로 나아간 두 아들이 물려받았다.

제2장

다국적 문화의 주역들

존 레논을 향한 외침

조니 오쿠라

뮤지션, 배우, 1951~2014
시즈오카현 누마즈시 출생 / 재일 2세

비틀즈에 심취한 소년

19세기 말에 등장한 레코드와 재생 장치는 20세기 후반에 이르러 세계적으로 거대한 대중음악 시장을 형성했다. 그러한 음악 산업의 확대와 진화에 가장 이바지한 존재가 다름 아닌 비틀즈다. 활동 기간은 1962년부터 70년까지 7년 반. 마침 대중 소비 사회가 폭발적으로 성장하고 있던 일본에서도 무수한 젊은이들이 그들에게 매료되었다.

비틀즈의 음악과 패션은 시기별로 나뉜다. 바가지 머리와 모즈 슈트 차림의 히트곡을 연발하던 시기의 스타일은, 60년대 후반에 일본에서 크게 유행했던 그룹사운드가 모방했다. 그리고 수염을 길게 기르고 까다로워 보이는 모습으로 내면의 세계를 추구한 후기 스타일은 70년대의 포크 록으로 이어졌다.

그러나 그 어느 쪽도 아닌, 잘 알려지지 않은 데뷔 전의 비틀즈에서 스스로의 삶의 방식을 발견한 젊은이가 있었다. 바로 음악 활동에 전념하기 시작한 시절의 조니 오쿠라다. 그가 비틀즈에 빠져든 것은 1966년의 일. 중학교 2학년 때 친구의 권유로 그 영화를 본 것이 계기였다.

마음을 사로잡은 에너지

비틀즈가 해산한 1970년, 오쿠라는 고등학교 2학년 봄 방학에 학교를 자퇴한다. 비슷한 시기에 비틀즈를 모방한 밴드 '줄리아'를 이끌고 '고고 홀'이라 불리던 당시의 클럽이나 비어 가든 등에서 연주를 시작했다. 오쿠라는 존 레논 역할을 담당했다. 줄리아의 연주는 좋은 평판을 얻어 이미 연말에는 가수 미즈하라 히로시의 지방 공연에 오프닝 게스트로 서게 된다.

그러나 이듬해 신흥 종교에 빠진 멤버의 탈퇴로 밴드가 해체되고 만다. 그는 밴드를 다시 일으키려 했지만 멤버가 모이지 않았다. 초췌해져 가던 그는 마음속 깊이 자리 잡은 어둠에 휩쓸리고 만다.

초조함에 점점 거칠어졌던 오쿠라는 어느 날, 손에 쥐고 있던 비틀즈의 책을 아무 생각 없이 넘기고 있었다. 그의 눈에 들어온 것은 이미 몇 번이나 봐왔던 한 장의 흑백 사진. 비틀즈가 아직 무명이었던 1960~62년, 함부르크의 클럽에서 아직 다듬어지지 않은 무대를 선보이던 시절이었다. 당시의 비틀즈는 리젠트 헤어스타일에 온몸을 검정 가죽옷으로 감쌌다. 이는 1950~60년대 영국의 노동자 계급에서 유행한 록커 스타일이었다.

"그 시기의 그들은 찢어지듯 내뿜는 에너지를 가죽점퍼와 리젠트 헤

어스타일로 멋지게 구현해 냈다. 바로 이거다 싶었다. 내게 필요한 것
은 그러한 열정과 에너지였던 것이다."(조니 오쿠라 저,『캐롤이 결성되기
까지 キャロル夜明け前』)

야자와 에이키치와의 만남

그때까지 장발의 존 레논을 흉내 내던 오쿠라는 머리를 자르고 가죽
점퍼와 리젠트 헤어스타일로 변신한다. 이듬해 1972년 6월, 오쿠라는
야자와 에이키치 등과 밴드 '캐롤'을 결성. 로큰롤과 록커의 패션을 콘
셉트로 하여 8월부터 라이브 활동을 시작했다. 그리고 10월 젊은 층을
대상으로 하는 후지TV의 정보 프로그램 〈리브 영!〉에 출연할 기회를
얻는다.

'록'이 60년대 이후에 다양해진 급진적 대중음악을 가리키는 것에
반해, '로큰롤'은 그 뿌리인 R&B의 색이 짙은 50년대의 대중음악을 의
미하는 경우가 많다. 캐롤이 지향한 것은 후자였는데, 포크 록이나 하
드 록이 대두되던 70년대 초에는 이미 촌스러운 구식 음악이었다. 역
시나 바다 멀리 저편에서 구닥다리가 되어버린 노동자 계급의 패션도
당시의 일본의 매스컴에서는 익숙하지 않은 것이었다.

그러나 그런 캐롤의 퍼포먼스는 '찢어지는 듯한 에너지'를 십분 체현
하고 있었다. 〈리브 영!〉의 출연은 큰 반향을 일으키며 캐롤은 방송
사흘 후 일본포노그램과 계약. 그리고 같은 해 12월, 싱글 앨범 '루이지
안나'로 정식 데뷔한다. 오쿠라가 막 스무 살이 되던 해였다.

캐롤이 음악 업계를 대상으로 만든 데모 테이프는 사진가 시노야마

기신, 음악 프로듀서 이노우에 다카유키를 비롯하여 당대를 대표하는 음악 평론가들로부터 찬사를 받았다. 오쿠라와 야자와는 단지 기백이나 에너지뿐만 아니라 끊임없는 연습과 철저한 리허설을 통해 음악에 정통한 이들까지도 혀를 내두르게 하는 테크닉을 갖추고 있었다.

하지만 무엇보다 그들의 퍼포먼스에 가장 열광한 것은 기존 가치관을 거부하는 자유분방한 젊은이들이었다. 60년대까지 하와이안 셔츠나 드리즐 재킷을 즐겨 입던 당시 가미나리족(번개족)들은 하나둘 캐롤의 스타일을 따라 하기 시작했고 이후 머지않아 '폭주족'이라 불리게 된다. 또 캐롤의 추종자가 된 폭주족 중 '불량'을 콘셉트로 한 로큰롤 밴드 '쿨스'가 등장한다. 이렇듯 80년대 이후 캐롤을 원류로 하는 서브컬처 '양키 문화'가 일본 전역에 널리 침투되어 갔다.

스물의 젊은 나이에 야자와 등과 함께 거대한 흐름의 물꼬를 튼 오쿠라. 그러나 누구나 선망하는 그 흔치 않은 성공도 그에게는 고뇌에 가득 찬 긴 여정의 통과 지점에 지나지 않았다.

자전거를 탄 아버지의 뒷모습

오쿠라는 1952년 9월, 박운환이라는 이름으로 태어났다. 출신지는 시즈오카현 누마즈시. 생가는 재일한국인들이 모여 사는 마을 일각에 있었다. 일가는 오쿠라가 생후 3개월이었을 때 이웃 약 열 가구와 함께 가나가와현 가와사키시로 이주한다. 유년기를 지낸 동네에서는 항상 시즈오카 방언과 한국어가 난무했다고 한다.

부친은 한국의 대구에서 도항한 재일 1세. 모친도 80년대 자료에는 부산 출신이라고 되어 있었으나 오쿠라는 후일의 인터뷰에서 "일본에서 태어난, 어떤 의미에서는 일본인."이라고 답한 적이 있다. 또한 부친은 장구의 고수였고 모친은 학생 시절부터 시인이었다는 발언도 있다.

오쿠라에 의하면 부친은 가축을 훔친 자를 쫓아 제주도에서 오사카로 건너와 그대로 일본에 눌러앉았다. 부친은 한국에 본처가 있었고 오쿠라의 모친은 두 번째 처라고 한다. 부친이 일본으로 건너왔을 때 '본처의 장남도 함께' 왔다는 얘기도 있는데 자세한 내용은 언급되지 않았다. 오쿠라의 부모는 '조국의 건국 파티에서' 만났다고 한다. 오쿠라에게는 열 살 많은 누나와 여동생이 있다.

부친은 일제 강점기에 일본군에 소속되어 같은 조선인을 감시하는 군속이었다고 한다. 가와사키로 이주한 후에는 항구 하역 작업에 종사하는 항만 노동자였다.

부친은 늦둥이로 태어난 오쿠라를 많이 귀여워했다고 한다. 그러나 오쿠라가 다섯 살 때 위암으로 타계하고 만다. 병원에 입원하는 날, 부친은 자전거에 이불을 싣고 혼자 길을 나섰다고 한다.

양옆으로 축 처진 이불을 싣고 비틀거리며 자전거 페달을 밟는 아버지의 모습. 다섯 살 오쿠라가 본 이 광경은 평생 그의 뇌리에서 지워지지 않았다.

저서 『캐롤이 결성되기까지』에서 오쿠라는 이렇게 말한다.

"이국땅에 건너와 일본을 마지막 보금자리로 삼았던 아버지. 모험심이 풍부하고 높은 뜻을 가졌던 아버지에게 일본은 너무나도 좁고 작은 나라였다. 아버지는 막걸리를 마실 때마다 이렇게 외쳤다. '넓은 우주에서 나는 왜 여기에 머물러 있어야 하는가!' 아버지의 외침은 지금도 내 귓속 깊은 곳에서 메아리치고 있다. 자신의 운명을 원망했던 아버지. 아버지의 마음은 늘 여기가 아닌 다른 곳을 갈구하고 있었다."

모든 것을 버리고 질주하다

모친은 세 아이를 부양하기 위해 시영전차를 타고 가와사키에 있는 카바레에 다녔다. 몸이 허약했던 어린 시절의 오쿠라는 곧잘 괴롭힘을 당했고 그럴 때마다 모친의 앞치마에 매달려 울었다고 한다. 누나는 기특하게도 모친을 대신해서 그런 오쿠라를 따뜻하게 돌봐주었다.

오쿠라는 책에 "내게는 아버지에게서 물려받은 피와 이름이 있었다."고도 썼다. 그러나 그의 모친은 어린 오쿠라가 재일 사회를 멀리하고, 일본 사회에 녹아들 수 있도록 애썼다. 오쿠라는 "그래서 나는 한국어를 전혀 할 수 없다."라고 했다.

그러다가 일가는 동포들이 모여 사는 장소에서 조금 떨어진 곳으로 이사했다. 오쿠라는 괴롭힘을 당하는 자신을 안쓰럽게 여긴 어머니의 배려였을 것이라고 술회한다. 그러나 다른 곳에서는 이사를 도와준 모친의 후원자로 보이는 남성이 집에 찾아왔던 일을 언급하며, 그때의 불쾌한 감정에 대해 털어놓기도 했다. 이 시기에 모친은 카바레를 그만두고 바를 하나 맡아 운영하게 되었다.

가난하고 무기력했던 어린 시절. 그러나 점차 타고난 체격과 신체 능력을 발휘하기 시작한다. 소학교 3~4학년 때는 운동회의 선수를 정하는 경주에서 1등을 했다. 후일 그는 "그때는 모든 걸 툭 하고 떨쳐버린 기분이었지."라고 회상한다.

가와사키시립 와타리다중학교 진학 후 본격적으로 육상을 시작했다. "달리는 동안만큼은 한국인도 어떤 사람도 아닌 존재가 될 수 있었다. 모든 것을 버린 채 마음을 비우고 질주한다. 나는 그 쾌감에 흠뻑 **빠졌다.**"(조니 오쿠라 저, 『캐롤이 결성되기까지 제2장』)

제일 자신 있는 종목은 허들이었다. 오쿠라는 80m 허들에서 가와사키시의 기록 보유자가 된 적도 있다. 육상부 부장으로 활동했을 뿐 아니라 2학년 때는 학급 반장을, 3학년 때는 학생회장을 맡기도 했다. 학업에서도 지기 싫어하는 성격이 발휘되어 우수한 성적을 거두었다.

미키 커티스를 좋아했던 누나의 영향으로 비교적 일찍 음악에 관심을 가지게 되었다. 참고로 미키 커티스는 후일 캐롤 데뷔 때 프로듀스를 맡아 준, 로커빌리[25]의 대부이다. 또한 오쿠라는 소학교 5학년 때 시에서 열린 노래자랑 대회에서 미타 아키라의 '아름다운 십대'를 불러 상을 받기도 했다.

오쿠라는 소학생 시절부터 신문 배달 등의 아르바이트를 하며 모은 돈으로 포크 기타를 산다. 일렉트릭 붐이 일던 당시 오쿠라는 '운동하고 공부하는 중간에 짬짬이 해 볼까' 하는 가벼운 생각으로 기타를 쥐었다. 그러다 중2 때 비틀즈를 알게 된 후 친구와 카피 밴드를 결성. 중3 때는 일렉트릭 음악에 반대하던 선생님을 설득하여 교내에서 라이브를 열게 된다.

---

25) rockabilly: 로큰롤에 컨트리 앤드 웨스턴(힐빌리)의 요소를 더한 최초의 아메리칸 록. 엘비스 프레슬리의 폭발적인 인기와 함께 1950년대 후반에 대유행했다.

"자유롭게 날 수 있었다"

　민족의 출신을 숨기는 일에도 세심한 주의를 기울였다. 그러나 마음에 든 여학생에게 구애했을 때, 누군가 그의 출신을 여학생에게 말했던 모양이다. 오쿠라는 그때를 돌아보며 "그 애는 아무렇지 않았을지도 모르겠지만, 나는 이제 틀렸다 싶어서 그냥 포기하고 말았지."라고 말했다.

　육상에서도 좌절을 경험했다. 일본 전국 중학교 방송육상경기대회에 출전한 이후, 올림픽 강화 합숙에 들어가고자 하는 목표가 생겼다. 그러나 국적이 다른 오쿠라는 참가할 수 없었다. 또 가나가와현립 가와사키고등학교에 진학하니 허들 경주의 거리가 80m에서 120m가 되었고 키 큰 선수에게 줄줄이 밀리기 시작했다. 고1 때 전국 고등학교 종합체육대회도 출전했지만 이후 맥이 빠져 육상을 그만두게 된다.

　중학교 시절 활발했던 소년의 모습은 사라지고, 과묵한 고등학생이 된 오쿠라는 자신의 내면 깊숙이 숨어버리게 되었다. 그런 시기에 그의 마음을 사로잡은 것이 비틀즈, 그리고 존 레논이었다.

　'단풍잎이 바람과 노니는 모습을 홀로 쫓는다.'

　오쿠라가 고등학교 시절에 지은 이 하이쿠[26]는 가나가와현의 어느 대회에서 입선했다고 한다.

　거침없이 내향적으로 변모해 가는 그의 내면에는 어두운 에너지가 쌓여갔다. 그것을 토해내는 것은 음악을 연주할 때뿐이었다. 이윽고 중학교 시절의 친구들과 함께 '줄리아'를 결성. 고2였던 1969년부터 가

---

26) 俳句: 5·7·5의 3구 17자 형식의 일본 고유의 단시.

와사키를 거점으로 라이브 활동을 시작했다.

그해 여름, 모친은 당시 살던 집에서 가까운 상가 겸 주택에 자신의 바 '미카'를 연다. 이미 집을 나가 혼자 생활하던 누나를 제외하고, 가족 모두가 그 건물 2층으로 이사했다.

이듬해 봄, 대학에 진학할 가망이 없었던 오쿠라는 고등학교를 중퇴하고 모친의 바를 도우며 라이브 활동에 전념한다. 그렇다고 음악을 하며 생계를 유지할 생각이 구체적으로 있었던 것은 아니었다.

"음악은 나를 날게 해 주었다.", "국적도, 이름도, 빈부도, 가정 환경도, 아무것도 없다. 그저 음악이라는 순수한 파장만 있을 뿐. 그 파장에 나를 맡기는 것만으로도, 내 마음은 여기가 아닌 어디론가 자유롭게 날아갈 수 있었다."(『캐롤이 결성되기까지』)

그리고 이 시기에 오쿠라는 가와사키의 고고 홀에서 야자와와 만나게 된다.

오쿠라의 실종과 캐롤의 붕괴

1972년에 캐롤이 활동을 시작했을 무렵, 오쿠라는 혼인 신고도 하지 않은 채 작은 결혼 파티를 연다. 상대는 '미카'에서 아르바이트를 하던 일본인 여성. 그 뱃속에는 이미 오쿠라의 아이가 자라고 있었다.

그러나 같은 해 12월에 프로 데뷔 후, 오쿠라는 리드 기타인 우치우미 도시카쓰 등과 매일 밤 술을 마시러 다닌다. 그리고 결국 약에 빠져 아내가 있는 집에도 돌아오지 않게 되었다.

젊은 뮤지션이 갑작스러운 성공에 자신을 잃어버리는 일은 드문 예가 아니다. 하지만 오쿠라보다 세 살 많았던 야자와는 남다른 의지와 행동력으로 프로로 성공하기 위해 돌진했다. 결성 초기에는 야자와는 오쿠라와 함께 팀의 대표 멤버로서 비슷한 비중을 차지했으나 머지않아 야자와가 리더 역할을 도맡게 된다.

1973년 6월, 캐롤은 오쿠라 작사, 야자와 작곡의 싱글 '펑키 몽키 베이비'를 발표. 록 밴드로서는 전례 없는 30만 장의 대히트를 쳤고 캐롤은 더욱 눈코 뜰 새 없이 바빠진다. 그런 와중에 오쿠라는 한층 더 정신을 소모하여 감정을 자제할 수 없게 된다. 그리고 전국 투어가 한창이던 같은 해 11월, 홋카이도 오타루시에서 공연을 마친 후 자취를 감추고 만다.

머지않아 가와사키의 본가로 돌아온 오쿠라를, 모친은 정신병원으로 데려갔다고 한다. 캐롤은 대역을 세워 활동을 이어갔고 이듬해 1974년 2월에 오쿠라가 복귀한다. 오쿠라의 말로는 레코드 회사와 소속사의 반대를 무릅쓰고 그를 복귀시킨 것은 야자와였다고 한다.

그러나 복귀 후에도 오쿠라의 우울 증상은 더욱 심해졌고 멤버들과도 삐걱거리기 시작했다. 그리고 1975년 4월, 오쿠라의 제안으로 밴드는 해산한다.

연기자로서의 성공과 좌절

오쿠라는 해산과 동시에 발매된 멤버들의 에세이집 『폭력 청춘 캐롤 -최후의 말』에서, 처음으로 자신의 출신에 대해 밝혔다. 또한 같은 해 7월 개봉한 영화 〈이방인의 강〉에서는 박운환이라는 본명으로 첫 주연을 맡는다. 이 영화는 재일한국인 2세 이학인의 감독의 데뷔작이다. 재일 사회의 고뇌를 정면에서 다룬 이 영화에서 오쿠라, 즉 박운환은 '야마모토'라는 이름을 사용하는 재일한국인 청년 이사례를 연기했다.

오쿠라의 주위에서는 출신을 밝히는 것을 반기지 않았다고 한다. 오쿠라를 솔로로 데뷔시키려 했던 레코드 회사는 격노하여 그를 라디오의 고정 프로그램에서 하차시켰다. 오쿠라는 후일 이렇게 말한다. "솔직히 너무 돌발적이긴 했죠(웃음). 결국 일도 줄었고. 근데 말이죠, 이름을 감추고 딴 사람인 척하며 사는 게 갑갑해서 참을 수가 없더라고요."

그래도 오쿠라의 솔로 데뷔는 열성팬들의 뜨거운 환영을 받았다. 그러나 그가 캐롤의 색깔에서 벗어나려고 할수록 팬들은 점점 멀어져 갔다.

한편 1979년에 TV 드라마 〈G맨 '75〉 출연 이후 본격적으로 연기자의 길로 뛰어들어 두각을 나타냈다. 1981년에는 영화 〈멀리서 치는 천둥〉으로 일본아카데미상 우수 남우조연상을 수상했다. 태평양 전쟁을 무대로 한 1983년의 영화 〈전장의 크리스마스〉에서는 과거 부친과 같은 조선인 군속 역할을 맡아 몰입감 있는 연기를 선보였다.

1987년에는 그 이듬해부터 방영 예정인 NHK 대하드라마 〈다케다 신겐〉에서 다케다 사천왕 중 하나인 바바 노부하루 역에 발탁된다. 그러나 같은 해 10월에 도야마현의 호텔 7층에서 추락, 전치 6개월의 중상을 입어 출연은 물거품이 되었다. 본인은 '체력 단련을 위해 창문 난간에 매달렸다.'고 설명했으나 이후 NHK로부터 '출입 금지'를 당한다. 또한 연기자로 일하면서도 자신의 음악 스튜디오에서 음반 제작도 이어갔다. 그러나 결국 남은 것은 거액의 빚더미였다. 1989년에 캐롤의 원년 멤버였던 우치우미 도시카쓰, 다카하시 조지 등과 결성한 밴드도 실패로 끝나고 만다. 폭음 폭식에 빠져 날로 초췌해지는 외모 때문에 배우 일도 줄어들었다. 돈벌이가 끊긴 오쿠라 대신 아내 마리코가 파트타임으로 일하며 가계를 지탱했다.

죽음 전에 되찾은 가족의 정

오쿠라는 50세가 되던 2003년 국적을 한국에서 일본으로 옮겼다. 재기를 준비하면서 전념했던 가라테에서 유단자가 된 일을 계기로 '이 나라에 뿌리 내릴' 것을 '재생의 정체성'으로 삼았다고 한다. 동시에 마리코와도 혼인 신고를 치르고 정식 부부가 되었다. 같은 해에 캐롤의 DVD가 발매되어 그 인세 덕분에 생활고에서 벗어났다고 한다.

뮤지션으로서의 재기는 이후에도 트러블에 휩싸였다. 그러나 오쿠라는 매니저를 맡아준 아내와 함께 작은 라이브 하우스를 돌며 음악 활동을 계속했다.

2009년 3월, 간에 림프종이 발견되었지만 내시경 수술로 쾌유한다. 그러나 2013년 5월, 이번에는 폐암 말기 진단을 받는다. 종양이 15군데 발견되었는데 15cm나 되는 것도 있었다. 당초 가족들은 '앞으로 2주 남았다'는 의사의 선고를 들었다. 오쿠라는 고통스런 항암 치료를 견디고 이듬해 2014년 4월의 복귀 라이브에서, 앉은 채로 7곡을 노래할 정도로 병세가 호전되었다. 그러나 또다시 병세가 악화되어 결국 그해 11월 19일에 세상을 떠났다.

1972년에 태어난 그의 장남도 배우 겸 뮤지션으로 활동하고 있다. 모리 겐이치라는 예명을 2014년 3월에 겐이치 오쿠라로 바꾸었다.

방탕한 생활로 가족들을 힘들게 했던 부친을 어릴 때부터 봐 왔던 겐이치는 부친을 증오했다. 그러나 부친의 마지막 투병을 계기로 가족의 정을 되찾았고 부친과의 오랜 응어리도 풀렸다고 한다.

오쿠라 부부는 슬하에 장남인 겐이치 말고도, 배우로 활동 중인 둘째 아들 오쿠라 히로야, 그리고 딸, 이렇게 2남 1녀를 두었다. 2015년에 도쿄 긴자의 라이브 하우스에서 열린 사후 1주기 이벤트에서는 세 명의 자녀들과 마리코가 함께 무대에 섰다. "함께 집에서 지내고 싶다."는 마리코의 바람대로, 그의 유골은 1주기가 지난 후에도 아직 납골되지 않았다고 한다.

부조리를 포장한 사투리

마쓰다 유사쿠

배우, 1949~1989
야마구치현 시모노세키시 출생 / 재일 2세

시모노세키가 의미하는 것

작가 마쓰다 미치코는 남편이었던 배우 마쓰다 유사쿠(松田優作)에 관해 두 권의 책을 썼다. 그중 한 권이 1991년에 마쓰다 마미라는 이름으로 낸 자서전 『영원한 도발, 마쓰다 유사쿠와의 21년(永遠の挑発 松田優作との21年)』이다.

책 내용 중에 미치코가 무심코 뱉은 방언으로 서로 같은 야마구치현 출신이라는 것을 알게 되는 장면이 있다. 1971년에 미치코와 서로 막 알게 된 마쓰다가 돌연 "나를 당신 집 데릴사위로 들여 주지 않을래?" 라고 말을 꺼낸 후의 대화 장면이다.

미치코는 이와쿠니, 그리고 마쓰다는 시모노세키가 고향이었다. 미치코는 같은 고향이어서 친근함을 느꼈으나, 어째선지 마쓰다는 자신이 시모노세키 출신임을 들킨 것에 대해 '너무나 불쾌하게' 받아들였다고 한다. 그리고 데릴사위 이야기에 당황해하는 미치코의 모습이 불만이었는지 "이제 끝이야. 헤어지자."라고 말하고는 자리를 일어서려고 했다.

혼슈 서쪽 끝에 위치한 시모노세키는 예로부터 바다의 관문이었다. 에도 시대에 조선과 일본을 오갔던 조선통신사도 쓰시마를 거쳐 시모노세키가 있는 혼슈에 상륙했다. 1905년에는 시모노세키와 부산을 잇는 부관연락선이 취항. 같은 해에는 경성–부산 간 경부철도도 전선 개통했다.

이렇듯 시모노세키는 패전이 있기까지 일본과 조선 그리고 중국 대륙을 잇는 수송망의 거점이 되었다. 일본으로 건너온 재일조선인의 상당수가 첫 발을 내디딘 곳도 바로 여기다.

조선인들은 일본 각지에서 서로를 의지하며 모여 살았고, 조선인 부락, 조선촌 등이라 불린 집주 지역을 형성했다. 이 조선촌이 처음으로 생긴 곳이 시모노세키, 그리고 그 가까이에 있는 규슈의 현관 '모지'이다.

도항자의 대부분은 오사카나 후쿠오카를 비롯한 일본 각지로 흩어졌는데 상륙한 항구 지역에 정착한 사람들도 적지 않았다. 1940년 기준으로 시모노세키의 조선인은 약 8만 명. 그 대부분은 탄광이나 항만 등에서 위험하고 가혹한 노동에 종사하고 있었다.

일본인 아버지를 가진 재일한국인 2세

마쓰다의 어머니 가네코는 재일 1세로 시모노세키에 살고 있었다. 마쓰다 다케오라는 일본 이름만 알려진 조선인 남편은 1943년에 뉴기니의 한사만에서 전사했다. 가네코는 이 전사한 조선인 남편과의 사이에 마쓰다보다 각각 14살, 10살이 많은 두 아들이 있었다.

시모노세키에서는 1949년 8월, 재일본조선인연맹(조련)과 재일본대한민국거류민단(민단)이 난투극을 벌여 100명 가까이 체포되는 사건이 일어났다. 당시 한반도에서 극심했던 좌파 세력과 보수 세력의 대립이 일본 국내에서도 재현되었던 것이다.

다음 달 8일, 조련은 공산주의의 대두를 경계하는 GHQ에 의해 해산되었다. 그로부터 약 2주 후에 시모노세키에서 태어난 아이가 바로 마쓰다 유사쿠이다.

마쓰다의 부친은 전쟁미망인이 된 가네코와 1년 전부터 동거하던 일본인이다. 이 일본인은 나가사키에서 온 보호사였다. 180cm가 넘는 마쓰다의 큰 키는 부친으로부터 물려받은 것이다. 다만 보호사는 고향에 처자가 있었고 가네코와는 불륜 관계였다. 가네코의 임신 사실을 안 그는 나가사키로 돌아간 후 연락을 끊었다고 한다.

만약 보호사가 친자임을 확인하고 거둬들였다면 마쓰다는 외국인 어머니를 둔 일본인으로 살 수 있었을지 모른다. 그러나 현실은 그렇지 않았고 가네코는 아버지 없는 마쓰다를 자신의 호적에 넣어 외국인 등록을 마쳤다. 이리하여 마쓰다는 재일한국인 2세인 김우작이 된다.

23세에 손에 넣은 스타행 티켓

배우 지망생이던 미치코는 1971년, 가네코 노부오가 이끄는 극단에서 처음 마쓰다와 만났다. 마쓰다는 이듬해 1972년, 오디션에 합격하여 극단 문학좌의 연구생이 된다. 미치코는 이미 조연으로 TV 드라마에 고정 출연하던 중이었으나 얼마 지나지 않아 스타가 된 마쓰다를 가정에서 내조하기로 한다.

마쓰다와 미치코가 서로의 출신지를 몰랐던 이유는 둘 다 도쿄에 살며 표준어를 썼기 때문이다. 물론 사투리 억양으로는 제대로 역할을 소화할 수 없다는 직업적 특성도 있었을 것이다. 한편, 소년 시절의 마쓰다는 항상 고향을 떠나고 싶어 했다. 고향 말이라며 일부러 어색한 간사이 사투리를 쓴 적도 있었다. 그러나 마쓰다의 몸에 밴 출신지의 말은 20년 남짓의 짧은 배우 경력을 통틀어 가장 유명한 대사가 되었다.

1972년부터 1986년까지 방송된 형사 드라마 〈태양을 향해 외쳐라!〉는 최고 시청률 40%를 기록한 국민 드라마다. 극 중에서 신참 형사 역을 맡은 젊은 배우들은 모두 엄청난 지명도를 등에 업고 스타의 반열에 올랐다. 신참 형사의 충격적인 순직 장면으로 시청률을 이끌어냈고, 후배 형사에게 그 자리를 양보하는 식의 구성이 14년에 걸쳐 반복되었다.

첫 번째 신참 형사인 '마카로니 형사' 하야미 준을 연기한 것은 하기와라 겐이치. 마쓰다가 '그의 뒤를 쫓아 매달려 있는 느낌'(마쓰다 유사쿠 지음, 야마구치 다케시 엮음, 『마쓰다 유사쿠가 말한다 松田優作、語る』)이라고 말할 정도로 동경하고 모방했던 배우다.

마쓰다는 문학좌의 연줄로 1973년 2월에 이 드라마의 단역으로 기용된다. 그것이 인정받아 같은 해 7월부터 고정 출연하게 된다. 이리하여 마쓰다는 1974년 8월까지 약 1년간, 하기와라에 이은 두 번째 신참, '청바지 형사' 시바타 준을 연기했다.

시청자를 매료시킨 유머

청년이라면 으레 전쟁 전부터 이어진 공립학교의 짧은 머리를 하던 시절, 하기와라와 마쓰다가 연기한 장발의 형사는 구시대적 관습에 얽매이지 않는 새로운 청년상의 전형이었다. 아이들과 젊은 층은 두 형사의 모습에 열광했으나 부모 세대의 대부분은 자유분방하고 자기주장이 강한 장발의 젊은이가 마음에 들지 않았다.

나중에 드라마의 단골 메뉴가 되는 순직 장면도 이 둘만은 유독 엉뚱했다. 마카로니 형사는 병문안을 마치고 귀가하던 중 길 모퉁이에서 소변을 보고 난 후, 느닷없이 나타난 괴한의 칼에 찔려 숨을 거둔다. 청바지 형사는 목숨 걸고 구한 건달 청년이 착란 상태에서 발사한 총알을 복부에 맞고 그 자리에서 홀로 남겨진 채 죽음을 맞이한다.

무명의 자신을 스타로 만들어 준 〈태양을 향해 외쳐라!〉의 촬영 현장에서 마쓰다는 늘 불편해 보였다고 한다. "나의 타고난 성질대로 말하자면 거의 대부분이 싫었다고나 할까……. 인간관계라든가 실제 나오는 배우들도 거의 마음에 안 들었으니까요.", "왠지, 이런 게 아닌데 싶은 생각이 줄곧 마음속에 있어서……." (『마쓰다 유사쿠가 말한다』)

마쓰다 미치코에 의하면 마쓰다는 촬영이 시작되면 대사를 바꾸려고 해서 감독이나 작가들과 자주 충돌했다고 한다. 그리고 "마지막 회만큼은 마음대로 하게 해달라고 부탁했더니 마쓰다의 뜻을 들어 주었다." (마쓰다 미치코 저, 『월경자 마쓰다 유사쿠 越境者 松田優作』)

자신이 왜 총을 맞았는지 이해할 수 없었던 청바지 형사는 손에 묻은 피를 보고 "뭐여, 이건!"이라고 소리친다. 방영 후 화제가 된 이 명대사는 마쓰다의 애드리브였다고 한다. 미치코의 말을 빌리자면 "말투도 발음도 영락없는 야마구치 사투리였다."(같은 책) 또한 마쓰다의 고교 시절 친구도 신문의 취재에 응하여 "시모노세키 방언인 것 같다."고 말했다.

카리스마를 뿜어내는 젊은 스타의 입에서 돌연 터져 나온 기이한 방언. 예상을 무너뜨리고 긴장감을 푸는 효과는 유머와 다를 게 없다. 그러나 시청자들은 곧 그것이 부조리한 죽음에 대한 외침으로써 터져 나온 말이라는 점을 떠올리며, 인물의 심정에 한 걸음 더 다가간다. 대수롭지 않게 보여도 1년 동안 연기했던 캐릭터를 이런 식의 대사로 마감하는 배우는 많지 않을 것이다. 이렇게 마쓰다의 고향 사투리는 TV 드라마의 보편적인 흐름을 깨면서 시청자들의 뇌리에 깊이 새겨졌다.

이후 혼돈의 70년대 전반을 지나 일본은 안정 성장기에 들어섰고 〈태양을 향해 외쳐라!〉도 국민 드라마로서 부동의 지위를 지키게 된다. 청바지 형사의 후임은 스포츠형 머리의 건장한 유도 청년이 맡게 되었다. 1976년 9월에 방송된 순직 장면에서는 범죄 조직과 총격전 끝에 장렬히 죽어가는 모습이 그려졌다.

"어떻게든 일본 국적으로 귀화하고 싶다"

마쓰다 미치코가 마쓰다에 대해 쓴 두 번째 책이 위에서 인용한 2008년의 논픽션 『월경자 마쓰다 유사쿠』이다. 이 책에서 처음으로 마쓰다가 〈태양을 향해 외쳐라!〉의 촬영 중에 일본 국적을 취득한 경위가 자세히 적혀 있다.

마쓰다가 "어떻게든 일본 국적으로 귀화하고 싶다."며 미치코에게 도움을 청한 것은 〈태양을 향해 외쳐라!〉의 고정 출연이 시작되고 두 달 후였다. 마쓰다는 그때까지도 몇 번인가 귀화를 신청했으나 가정 환경 등을 이유로 거부되었다고 한다. 그러나 미치코의 아버지는 야마구치현 출신의 전 총리대신의 지역후원회장을 맡고 있어서 전 총리의 비서관과도 친하게 지냈다. 그래서 마쓰다는 미치코의 아버지가 힘을 써주기를 바랐다고 한다.

일찍이 일본은 조선인에게 황국신민으로서의 창씨개명 등 동화정책을 실시했다. 패전 이후에는 여러 우여곡절을 거쳐 조선인의 참정권 정지, 외국인등록령 실시 등, 서서히 조선인을 일본 정부의 관리하에 놓인 외국인으로 간주하게 되었다. 한편 법률상으로는, 형식적으로 일본 국민인 채로 국내법의 통제하에 놓여, 일본의 교육법에 기초한 민족 교육의 폐지 등이 시행되었다.

그리고 1952년 4월의 샌프란시스코 강화 조약 발효와 동시에, 모든 조선인이 일본 국민의 자격을 상실한다. 완전히 외국인이 된 재일조선인은 일정 기간의 거류를 인정받은 한편, 출입국관리령에 따른 국외퇴거 처분 대상자가 되었다. 또 외국인등록법 개정에 따라 외국인등록증의 휴대와 지문 날인이 의무화되었다.

일본 정부는 이후 일본 입장에서 바람직하다고 판단되는 자, 또는 일본에 완전히 동화된 자에 한해 귀화를 인정하는 방침을 유지한다. 일찍이 행정 지도로서 사실상 강요되었던 일본식 이름 변경이 그 상징적인 예이다.

다민족 국가에서 개개인의 민족과 국적이 일치해야 할 필요는 없다. 예를 들어 중국계 미국인, 한국계 미국인, 그리고 일본계 미국인 등이 각자 민족적 정체성을 유지한 채 사회의 일원으로 살아갈 수 있는 것이다. 그에 비해 단일 민족 국가를 표방하는 일본의 귀화 제도는 '재일'이라고 불리는 집단을 일본으로 동화시키는 일에 역점을 두었다.

물론 스스로 동화되기를 원하는가 아닌가는 개개인의 선택이다. 다만 『월경자 마쓰다 유사쿠』에서는 마쓰다가 일본 사회에서 살아가기 위해 '귀화가 불가피함을 설득하는 장문의 편지'를 맏형에게 보냈다고 적혀 있다. 마쓰다 본인의 의사가 어떠했든 간에 적어도 시모노세키에 있는 가족들은 정체성의 상실을 의미하는 귀화에 반대했음을 짐작할 수 있다.

저절로 나오는 미소

그때까지 무명이던 마쓰다는 〈태양을 향해 외쳐라!〉로 일약 스타가 되었다. 미치코의 아버지의 힘을 빌려서까지 일본 국적 취득을 서둘러야 했던 이유는 이러하다. 『월경자 마쓰다 유사쿠』에는 귀화 신청 시 제출한 사유서, 즉 귀화 이유를 읽은 미치코의 기억이 기록되어 있다.

"저는 올해 7월부터 니혼테레비 〈태양을 향해 외쳐라!〉라는 인기 드라마에 고정 출연하고 있습니다.", "가족이 함께 즐길 수 있는 프로그램입니다.", "만일 제가 재일한국인이라는 사실이 알려지면 모두가 실망할 겁니다. 특히 아이들은 꿈을 배신당한 기분이 들겠지요."

일본 정부는 이 내용을 귀화 신청의 정당한 사유로 인정한 듯하다. 1973년에 귀화를 허가받은 한국·조선 국적의 신청자 수는, 5,769명. 마쓰다는 이들 중 한 사람이 되었다.

9월에 제출한 귀화 신청이 수리되었다는 소식을 접한 것은 같은 해

12월. 『월경자 마쓰다 유사쿠』에는 당시의 마쓰다의 모습이 생생하게 묘사되어 있다. "자욱하게 깔려있던 안개가 순식간에 걷힌 듯한 표정이었다. 혼자 미소를 지으며 몇 번이고 고개를 끄덕이곤 했다. '내가 아는 사람은 1년 이상 기다려도 결국 기각됐는데, 역시 정치가의 힘이 대단하군.'"

동거 5년째가 되던 1975년 9월 12일, 26세의 생일에 마쓰다는 미치코와 혼인 신고를 한다. 그리고 이듬해 1976년 12월에는 장녀가 태어났다. 마쓰다는 두 번째 부인인 마쓰다 미유키를 그녀가 16~17살 때부터 알고 지냈다고 하니, 장녀가 태어나고 얼마 후에 만난 듯하다.

미유키와는 1979~80년의 TV 드라마 〈탐정 이야기〉에 함께 출연하면서 깊은 관계로 발전했다. 이듬해 1981년에는 미치코와의 결혼 생활이 파국을 맞이했고 그해 말에 이혼 서류가 수리되었다. 그리고 마쓰다는 1983년 미유키와 재혼한다.

풍화된 필터

마쓰다는 1989년 11월, 방광암에 의한 심장사로 40세의 생애를 마감한다. 그의 모친이 재일한국인 1세였다는 사실은 생전에 공개되지 않았다.

미치코와 재혼 상대인 미유키 이외에도 그 사실을 아는 사람은 물론 있었다. 절친했던 배우 미즈타니 유타카에게는 마쓰다가 가족들과의 추억을 이야기하면서 직접 말해 주었다고 한다. 또한 항간에서 '마쓰다 유사쿠는 조선인'이라는 소문도 일찍이 나돌고 있었다. 미유키는 그가

죽고 14년이 지난 후 인터뷰에서 이렇게 말했다. "같은 업계의 재일한
국인에게 같은 아시아인인데 재일이다 뭐다, 언제까지 그런 소리 하고
있을 거냐고 말한 적도 있어요."(『신초45』 2003년 12월호)

마쓰다의 출신이 공식적으로 전해진 것은 그의 사망 10년 후의 일이
다. 미유키가 팬클럽 회보에 올린 다음의 글이 최초라고 한다. "마쓰다
유사쿠는 한국과 일본의 혼혈입니다. 유사쿠의 마음속에 흐르던 아시
아의 피가 그의 에너지의 원천이었을지 모른다는 생각이 듭니다."

미치코의 1991년 저서 『영원한 도발, 마쓰다 유사쿠와의 21년』에서
는 모친의 출신지를 밝히지 않았다. 예를 들면 만난 지 얼마 안 되었을
때 마쓰다가 미치코에게 건넨 "나를 당신 집 데릴사위로 들여 주지 않
을래?"라는 말은, 어떠한 사정을 품은 채 프러포즈를 하고 있는 것처럼
보인다. 그러나 어쩌면 일본 국적 취득에 도움이 된다는 생각이었거나
혹은 두 사람의 아이를 자신의 호적에 올리지 않을 방법을 모색하고
있던 것일지도 모른다. 겉으로 드러난 스토리는 같아도 행간에 숨겨
진, 디테일을 흐리게 하는 필터가 세월과 함께 풍화된 것이다. 물론 이
는 미치코의 기술에서만이 아니라 생전의 마쓰다를 둘러싼 모든 담론
과도 부합된다.

"아주 드라마틱하다니까(웃음)"

"이제 끝이야. 헤어지자."라던 마쓰다는 결국 나가지 않았고 21살의
두 사람은 동거를 계속한다. 그러다 마쓰다가 "사실을 알면 너는 나를
떠날 거야."(『영원한 도발, 마쓰다 유사쿠와의 21년』)라고 말했을 때도 미치

코는 아직 국적에 대해 알지 못했다고 한다. 1971년 말에 딸의 동거를 알게 된 미치코의 부모가 마쓰다의 뒷조사를 해서 '사생아라는 점, 집안이 유곽과 비슷한 일을 해서 경찰이 들이닥친 적도 있다는 점'(『영원한 도발, 마쓰다 유사쿠와의 21년』) 등을 알게 되었다. 『월경자 마쓰다 유사쿠』에서는 여기에 재일한국인이라는 사실이 하나 더 추가된다. 그러나 미치코는 그의 출신을 알고도 잠자코 있었다. 그리고 1973년에 마쓰다가 그 사실을 알게 된다.

"다 알면서도 함께 있어 준 건가……"(『월경자 마쓰다 유사쿠』). 그 전까지만 해도 마쓰다는 툭하면 짜증을 내고 때로는 폭력도 휘둘렀다. 그러나 미치코는 이때 눈물을 글썽이는 그의 모습을 보고 "모든 것을 용서할 수 있을 것 같았다."고 한다.

'사생아', '유곽 일을 하던 집안'이라는 말은 마쓰다 본인이 잡지 인터뷰에서 언급한 바 있다. 원래 마쓰다는 말수가 적어 인터뷰할 때 신경을 곤두세워야 하는 까다로운 취재 상대로 알려져 있었다. 그러나 마쓰다와 가까웠던 연극 평론가 야마구치 다케시에 따르면 1981년의 이혼, 1984년의 어머니의 죽음 이후, 특히 여성지 인터뷰에서 말이 많아졌다고 한다.

『마쓰다 유사쿠가 말한다』에 실린 야마구치의 인터뷰 기사에는 "(어머니는) 처음에는 길거리에 서 있으니까 (중략) 그래서 손님과 그렇고 그런 사이가 돼서 내가 태어난 거야. (중략) 지금 생각하면 아주 드라마틱하다니까(웃음)."(1985년)와 같이 경박한 어조가 강조되었다. 한편 같은 시기의 남성지에서는 "성장 과정 같은 게 꽤나 성가신 것이라 (중략) 그런 속박을 끊어내고 나니 삶의 방식이 달라지기 시작했어요."라고 성장 과정과의 결별을 시사하고 있다.

고향에서 도망친 '조선루의 기생'

마쓰다가 태어나 자란 곳은 야마구치현 시모노세키시 이마우라초. 1923년의『모지신보』에는 조선인 강도가 '시모노세키시 이마우라초 조선루에서 체포'되었다는 기사가 실렸다. 또한『교토히노데 신문』은 1924년과 1925년에 시모노세키의 '조선루 예기(藝妓)'가 '조선인 정부와 사랑의 도피 행각'으로 자취를 감췄다고 보도했다. 기루(妓樓)의 주인이 현상금을 걸고 이들의 행방을 쫓았고 경찰에도 수사를 의뢰했다고 한다. 영화에 등장하는 도피 행각의 장면이 떠오르지만 해피엔딩으로 끝나지는 않았을 것이다.

'조선루'는 조선의 예기가 있는 홍등가 또는 특정 업소에 사용되는 단어다. 일제 치하의 경성부 신마치 유흥가에도 조선루라는 이름의 창관이 있었다.

해운이 발달된 시모노세키에는 마쓰다가 태어난 이마우라초를 비롯하여 예로부터 몇몇의 유곽 거리가 자리하고 있었다. 1916년에 '대좌부 창기취체규칙(貸座敷娼妓取締規則)'[27]에 따라 조선에 일본의 공창 제도가 도입된 후, 조선인 창기가 일본에 공급된다. 시모노세키에 정착한 조선인들 또한 탄광부나 항만 인부 등과 같이 일본인이 기피하는 일을 하면서 생계를 이어갔다. 그러한 가운데 적령기의 조선인 여성이 유곽으로 흘러간 것은 이례적인 일이 아니었다.

1946년 1월에 발표된 GHQ 각서로 일본의 공창 제도는 폐지된다. 다만 일본의 경보국(현재의 경찰청)은 같은 달, 사창의 존속은 묵인한다고

---

27) 창기 영업에 관련된 법규. 이로써 관이 허가증을 발급하여 매춘을 관리하는 공창제가 도입됨.

통지했다.

이에 따라 '특수 음식점'이 모이는 홍등가가 계속해서 존재하게 되었다. 재일조선인의 법적 지위는 여전히 유동적이었으나 경보국은 창기로 등록된 조선인 여성도 일본인 창기와 동일하게 취급한다는 판단을 명시했다. 홍등가가 사라진 것은 1958년 매춘방지법 시행 후의 일이다.

어머니의 생업

마쓰다의 어머니 가네코의 언니도 시모노세키에 있었다. 유곽을 경영하는 언니의 남편은 발이 넓은 사람이었다. 그러나 가네코와 언니 부부의 관계는 좋지 않았다.

전쟁미망인인 가네코는 전쟁 후, 암시장에서 사들인 물건의 행상, 전당포, 만물상 등의 일을 하며 생계를 꾸렸다. 1949년에 마쓰다가 태어나는데 가네코는 1950년생으로 출생 신고를 한다. 그 편이 운동이든 공부든 동급생보다 유리할 것이라고 생각했기 때문이다.

그리고 1957년 마쓰다의 소학교 입학 몇 년 전부터는 언니 부부처럼 집의 2층 공간을 창부에게 빌려주는 일을 시작했다. 마쓰다의 말로는 "홍등가나 유곽이 금지된 후에도 남아있는 곳들이 아직 있었지. 집마다 개별 방이 있어서 거기에 여자가 살았는데 밤이 되면 밖에 나가 손님을 데리고 오는 거야."(『마쓰다 유사쿠가 말한다』)

고교 시절의 친구는 그의 어머니의 생업을 '데리고 들어가는 여관'이라고 불렀다. 주택 사정이 좋지 않고 러브호텔도 아직 전국에 천 군데 정도밖에 없던 시절, '데리고 들어가는 여관'도 나름대로 번창했던 것 같다.

'누나'들과 함께 본 연극

취재에서 아직 말수가 적었던 1977년의 인터뷰에 따르면, 연기와의 만남은 어릴 적 '동네 누나'를 따라 보러 간 지방 순회 연극이었다. 1985년에는 그 '누나'가 어머니의 밑에서 일하는 여성들이었던 것 같다고 말한 적이 있다. 그때 본 연극은 오에 미치코로 대표되는 여성 검극이었던 듯하다. 일하기 전에 '누나'들이 가는 목욕탕에 공연을 온 그 연극을 보고 배우의 세계에 대한 어렴풋한 동경을 품었다고 한다.

또한 일찍이 닛카쓰, 도에이에서 제작한 활극 영화에 빠져들었고 1957년의 〈폭풍을 부르는 남자〉는 개봉하자마자 보러 갔다. 어린 마쓰다는 극장의 어둡고 비밀스러운 분위기에 매료되었고, '스크린 안으로 들어가 보고 싶다'는 생각에 사로잡히게 된다. 고교 시절에는 이미 영화의 시놉시스를 썼고 영화사 도호의 팬클럽 기관지인 『도호 도모노카이』에 게재된 적도 있다.

마쓰다는 고등학교 2학년 때, 미국에 있는 이모를 의지해 유학을 간다. 그러나 현지에 적응하지 못한 채 좌절감만 맛보고 돌아왔다. 여러 군데에 실린 당돌했던 유학 에피소드도 『월경자 마쓰다 유사쿠』에서 소개되었다. 만 16세가 된 마쓰다가 외국인등록증의 휴대를 거부하자 가네코가 미국 국적을 따게 하려 생각한 것이다.

마쓰다가 미국에 간 것은 1967년 11월의 일. 미국에서는 그 5개월 전까지 16개 주에서 다른 인종 간의 결혼조차 금지되어 있었다. 그 백인 사회가 휘두른 가차 없는 배타성이 마쓰다에게는 견디기 힘든 좌절 감을 느끼게 했다고 한다.

한편, 1966년도 통계에 의하면 한국에서 미국으로 이주해 살고 있는 이민자는 10년 동안 약 1만 5천 명이나 되었다. 이민자들이 모두 그러 하듯 마쓰다의 이모도 현지의 한국인 사회를 의지하며 정착했을 것이 다. 그러나 한국말이 통하지 않는 재일 2세 마쓰다에게는 그조차도 어 려웠다.

마쓰다가 마음대로 귀국하자 가네코는 격노했으나 맏형이 감싸주어 넘어갔다. 마쓰다는 도쿄의 야간 고등학교를 1969년에 졸업한 후, 간 토가쿠엔대학에 입학했다. 그러나 극단에 들어가고자 1년 반 만에 중 퇴했다.

1977년에는 '상당히 몹쓸 놈'이었다며 고교 시절을 회상했다. 실제 난폭한 행동을 일삼은 것은 고등학교 이전의 일이었던 듯하나, 스타가 된 후에도 폭력 시비는 끊이지 않았다. 1974년 3월과 1975년 4월에는 취재 기자를 폭행한 사건이 보도되기도 했다.

1975년에는 촬영차 방문한 가고시마현에서 19세의 입시학원생을 상 대로 폭행 사건을 일으켰다. 일단 합의로 마무리되는 듯했으나 이듬해 인 1976년 1월에 체포. 같은 해 3월에 징역 10개월, 집행유예 3년을 선고받았다. 그럴 수밖에 없는 상황이었다는 증언도 있었고, 과열된 스캔들 보도로 인한 과도한 판결이었던 점도 부정할 수 없다. 그다음 해에 이루어진 인터뷰에서 마쓰다는 그 '사건' 이후로 연기 이외의 일 에는 일체 관여하고 싶지 않다는, 달관한 듯한 심경을 밝히기도 했다.

희곡 〈한밤중의 만가〉

두 번째 부인 미유키와 깊은 관계로 발전하게 해준 드라마 〈탐정 이
야기〉는 1979년 9월부터 1980년 4월까지 총 27화가 방영되었다. 마쓰
다는 이 작품이 세상에 선보이기까지 애를 먹었다고 한다. "간신히 기
획이 통과되어 사람들한테 머리 숙이고, 그런 거 만들면 곤란하다는
말을 실컷 듣고, 그런데도 강행해서 만들어낸 거니까."(『마쓰다 유사쿠가
말한다』)

TV 드라마로는 마쓰다의 대표작이 된 이 작품에 대해, 이건지는 저
서 『마쓰다 유사쿠와 7인의 작가들』에서 그 이중성을 지적했다. 마쓰
다가 연기한 탐정이 비주류의 인간 군상을 파헤치는 이 드라마에서는
야쿠자, 화교, 해외 이민 2세, 미군과의 혼혈과 같은 일본 사회의 주변
인의 모습이 그려진다. 그러나 이 드라마에 재일코리안이 등장하는 일
은 없었다.

고생 끝에 그토록 염원하던 일본 국적을 손에 넣은 마쓰다가 모친의
국적을 어떻게 인식하고 있었는지는 알 수 없다. 다만 마쓰다는 생전에
연극 작품을 통해 몇 번인가 이 주제와 마주하려고 했다.

마쓰다는 연기뿐 아니라, 시, 소설, 희곡, 시놉시스 등 많은 글을 남겼
다. 활자를 통해 작품에 접근하려는 지향성은 일찍부터 발휘되어 1971
년에는 직접 미시마 유키오의 〈달〉을 각색하여 무대에 올리기도 했다.

1978년 11월에 상연된 마쓰다의 희곡 〈한밤중의 만가〉에는 '이박란'
이라는 여성과 '지넨 조지'라는 오키나와 청년이 등장한다. 주인공 '도
루'는 둘에게 말한다. "이놈 저놈 할 것 없이 죄다 전통 있는 일본 사람
을 바보 취급하고 말야…… 이제 막 일본인이 된 햇병아리 주제에 태

연한 얼굴로 동네를 돌아다닌 거야?"(마쓰다 유사쿠 지음, 야마구치 다케시 엮음, 『마쓰다 유사쿠 유고 松田優作遺稿』). 그리고 '도루'는 총으로 둘을 쏘아 죽이고 복수를 하며 막을 내린다. 비교문학자인 요모타 이누히코는 이 '도루'야말로 마쓰다 자신의 닮은꼴이라고 지적한다.

마쓰다는 이 시기 이후 희곡을 쓰지 않았다. 대신 1979년에 만난 각본가 마루야마 쇼이치와 공동 작업으로 수많은 시나리오를 썼다.

마쓰다는 당시 나카가미 겐지의 단편 소설을 직접 번안한 작품을 마루야마에게 건네며 그 시나리오를 쓰게 한 적이 있다. 마쓰다는 자신과 관계를 가진 여자를 차례차례 죽이는 주인공에게 자신의 모습을 투영시켰다고 전해진다. 마쓰다는 마루야마에게 자신의 성장 과정을 이야기했고 어떻게든 매듭짓고 싶다고 말했다. 마루야마에 의하면 마쓰다는 당시 과거의 국적까지 포함하여 자신이 어떤 사람인지 언젠가는 고백해야 한다고 생각하고 있었다고 한다.

가네코의 죽음

미치코의 『영원한 도발, 마쓰다 유사쿠』에 따르면, 어머니 가네코와 마쓰다의 관계는 소원하여 그리 연락을 주고받는 편은 아니었다. 재혼한 마쓰다 미유키에게도 "당신을 가족에게 소개할 생각은 없어."라고 말했다고 한다. 그러나 1984년 1월에 가네코가 뇌졸중으로 '갑작스러운 죽음'을 맞이한 것이 마쓰다에게는 '몇 가지 후회'를 남기게 되었다. 마쓰다는 어머니의 장례식 때에 처음으로 미유키를 고향에 데리고 갔다.

비록 국적은 바뀌었을지언정 피를 나눈 혈육을 바꿀 수는 없다. 가네코는 매춘 여관을 운영하면서도 많은 재일 1세들과 마찬가지로 아이들에게는 제대로 된 교육을 받게 해 주고 싶었다. 장남을 도쿄의 대학에 보냈고 마쓰다도 엄격히 공부시키려고 했다. 학교에서 돌아온 후에도 밖으로 나가 놀지 못하게 했고 시모노세키에 이례적으로 폭설이 내린 날에도 구멍 난 장화를 신겨 등교시켰다고 한다.

상경한 마쓰다는 대학을 중퇴한 후에도 한동안 가네코가 보내준 생활비로 지냈다. 『월경자 마쓰다 유사쿠』에는 가네코가 보낸 편지 이야기가 종종 등장한다. 편지는 모두 가타카나로만 적혀 있었고 마쓰다는 한 번 읽고 버렸다고 한다.

그러한 가네코의 죽음이 마쓰다의 무엇을 바꾼 것일까. 마쓰다는 80년대 후반 '박이란'이라는 필명으로 연극계 일을 재개했다. '박이란'은 '밥 딜런'의 발음을 따온 것이라고 했다. 그는 연극 막간에 조선의 전통 음악인 판소리를 틀었다고 한다.

"이 나라 사람들은 뭐든 정해버리려고 한다"

"이 나라 사람들은 뭐든 정해버리려고 하죠. 애매하게 모르는 상태로 두는 걸 싫어해서 뭐든 정해버리지 않으면 불안한 거예요. 평론가들도 마찬가지고, 하나로 정리해서 생각하고 싶은지 눈에 띄는 가장 특징적인 것으로 명칭을 붙이려고 해요. 그들이 어떻든 상관할 바 아니지만."(『마쓰다 유사쿠가 말한다』). 1986년의 인터뷰에서 말한 이 내용에서 '이 나라=일본'의 반대 지점으로 염두에 둔 것은 미국이다.

액션 배우라는 고정된 이미지에 고민하던 마쓰다는 이미지 변신을 위해 모리타 요시미쓰 감독과 손잡고 〈가족 게임〉(1983년)과 〈소레카라〉(1985년)에 출연, 비평가들의 호평을 받는다. 〈가족 게임〉은 1984년 9월, 미국에서 개봉되어 주목을 받았다. 이달 14일자 『뉴욕타임스』는 마쓰다의 사진과 함께 지면의 6분의 1 공간을 할애해서 작품을 소개하면서 극찬을 했다. 그러나 일본 영화계에서 마쓰다와 모리타에게 차기 작품을 제의하는 자는 없었다고 한다.

마쓰다는 1970년대 말부터 로버트 드니로를 동경한다는 말을 자주 했다. 영화 〈야수는 죽어야 한다〉(1980년)에서 체중을 8kg 감량하고 어금니를 네 개 뽑은 것도 그 영향이다. 1988년의 어느 남성지 인터뷰에서도 "로버트 드니로는 어느 배우도 이르지 못한 경지에 다다른 것 같다."라고 최고의 찬사를 보냈다.

마쓰다는 그 즈음에 마지막 출연 영화가 된 〈블랙 레인〉(1989년)의 오디션을 봤다. 방일한 캐스팅 디렉터와 만난 것이 1988년 6월 22일. 최종 오디션에서 출연이 결정된 것은 같은 해 9월 5일이었다. 그리고 마쓰다는 같은 달 27일에 도쿄 스기나미구의 자택 화장실에서 쓰러진다. 긴급 입원한 니시쿠보병원(현 무사시노요와카이병원)에서 정밀 검사를 실시한 결과, 중증의 방광암이 발견되었다.

관객이 살리고 싶어 한 광기의 야쿠자

"리들리가 말하더군. '유사쿠! 당신은 역시 배우야.' 일본 같으면 이런 영화가 흥행에 성공하면 '마쓰다 유사쿠는 액션 스타다.'라고 말을 하겠지. 그런데 그게 아니더라고. 미국에서는 다른 각도로 평가를 하

는 거야. 리들리가 '배우'라고 한 것은, 내가 어떤 역이라도 해낼 수 있는 가능성이 있다는 걸 그렇게 표현한 거였어."(야마구치 다케시 저, 『마쓰다 유사쿠 불타다 조용히 松田優作 炎 静かに』)

홍콩에서 〈블랙 레인〉의 후시 녹음을 마치고 귀국한 1989년 7월, 마쓰다는 연극 평론가인 야마구치 다케시에게 리들리 스콧 감독에 대해 흥분된 어조로 뜨겁게 이야기했다. 이 작품에서 마쓰다는 대사가 적고 출연 분량의 대부분은 액션 장면이었다. 그러나 할리우드가 평가한 것은 액션의 몸동작이 아니었다. 과도한 희화화와 동시에 다른 출연자들을 압도하는 광기의 야쿠자 '사토'를 만들어 낸 마쓰다의 상상력, 조형력, 그리고 유머 감각이었다.

사토는 마이클 더글러스가 연기한 형사 닉의 친구의 목을 그의 앞에서 베어 버린다. 이야기는 닉이 친구의 원수인 사토를 죽이고 복수하면서 관객의 카타르시스를 유도하는 흐름이었다.

그러나 제작진은 사토가 죽는 버전과 죽지 않고 체포되는 버전의 두 가지 결말을 만들어 각각 시사회에서 관객의 반응을 살폈다. 시사회장에서 더 많은 박수를 받은 것은 실제 개봉한 버전대로 사토가 죽지 않는 엔딩이었다.

같은 해 10월 5일, 개봉에 앞서 시부야에서 열린 특별 상영회에는 리들리 스콧 감독을 비롯한 주연 다카쿠라 켄 등이 무대 인사를 했다. 9월 28일에 재입원한 마쓰다는 잠시 외출 허가를 받아 상영회장으로 향했으나 요통이 너무 심해 병원에 되돌아갈 수밖에 없었다. 암이 이미 방광에서 골반, 복막에 전이되어 암성복막염까지 일으켰기 때문이다.

특별 상영회가 있던 날, 마쓰다는 할리우드의 출연 제의를 받는다. 감독은 숀 코넬리, 상대역은 로버트 드니로였다. 그로부터 얼마 후 마쓰다는 문안 온 지인에게 제의를 거절했다고 비통한 표정으로 말했다. 그리고 1989년 11월 6일에 숨을 거두었다.

남겨진 부조리

건강 그 자체인 것처럼 보였던 마쓰다는 실은 어려서부터 병치레가 잦았다고 한다. 소학교 때 앓았던 신장결핵으로 인해 한쪽 신장이 석회화되어 제 기능을 하지 못했다. 중학생 때 발병했던 중이염이 만성화되어 1975년에는 수술 치료를 받았다. 본인이 병원을 지극히 싫어했던 점이 증세를 부추겼던 듯하다. 중이염을 진통제에 의존하며 방치한 결과, 수막염이 병발할 직전까지 악화되었다고 한다.

미치코는 『월경자 마쓰다 유사쿠』에서 방광암의 고지(告知)에 대해서도 의문을 제기하고 있다.

의외로 마쓰다는 줄곧 운전면허 없이 지내다가 죽기 5개월 전에 취득했다. 본격적인 미국 진출에 대비하여 좋은 영어 선생님을 구했다고 기뻐하기도 했다. 그리고 미국 현지 촬영에서 귀국한 후에는 지인에게 음악 활동을 시작할 생각이라며 그 계획에 대해 말하기도 했다.

마쓰다는 〈블랙 레인〉 촬영을 마치면 바로 치료에 전념할 생각이었을 것이라고 말하는 사람들도 있다. 그러나 실제로는 단발성 TV 드라마를 우선시하여 화학 요법이나 방사선 요법을 거부했다.

90년대 후반까지 일본에서는 암의 병명이나 회복 가망성을 환자 본인에게는 비밀로 하고 가족들에게만 고지하는 것이 일반적이었다. 그러나 미유키는 다음과 같이 말했다. "정말 심각하다는 사실은 죽기 한

달 전에야 알았습니다. 저도 마쓰다 본인도 마지막까지 그렇게 죽을 거라고는 생각하지 않았죠. 죽기 몇 달 전까지 평소처럼 일도 하고 여행도 다녔으니까요."(『신초45』 2003년 12월호). 기사에서 병명의 고지에 관한 미유키의 언급은 여기까지였다. 마쓰다는 죽기 직전까지 병이 치유될 것이라 생각했던 것일까.

『월경자 마쓰다 유사쿠』에는 만년의 마쓰다가 영험한 힘에 의존하게 되어 '마법의 물'이나 조상 공양 등으로 암이 나으리라 믿고 있었던 것 같다는 대목도 나온다. '목숨과 맞바꿔 할리우드 진출을 이루어내고 인생을 마감했다'는 이상적인 스토리와는 동떨어진 최후였던 셈이다.

할리우드도 어머니의 조국도 모두 허공에 떠 있는 채로 버려졌다. 이 부조리를 어떻게 표현하면 좋을까. 마쓰다만이 풀 수 있는 문제가 영원히 남아 있다.

정대세

프로 축구 선수, 1984~
아이치현 나고야시 출생 / 재일 3세

어머니의 말

축구 선수 정대세는 2014년 9월, 서른 살에 아버지가 되었다. 아내는 2013년 12월에 결혼한 한국 국적의 전직 항공사 승무원이다. 2017년에 둘째를 낳고 4인 가족이 된 정대세는 같은 해 가을, 한국의 TV 프로그램에 출연하여 단란한 가족의 모습을 보여주였다. 181cm인 정대세와 키 차이가 별로 느껴지지 않는 늘씬한 아내의 외모에 많은 감탄과 선망의 목소리가 쏟아졌다.

『일본 대표 이충성, 북한 대표 정대세(日本代表李忠成、北朝鮮代表鄭大世)』(후루다 세이고, 강성명 저)에는 정대세가 저자인 강성명을 본가로 초대해 가족들과 식사했을 때의 에피소드가 등장한다. 어머니 이정금이 "대세는 조선 사람이랑 결혼 할 거지?"라고 하자 그는 "어느 나라 사람이든 상관없지 않아요?"라고 대답했다.

그 말을 들은 어머니는 본인의 국적과 민족에 관한 생각을 이야기한 후 자리에서 일어나 부엌으로 향했다. 정대세는 미소를 지어보이며 "예쁜 일본 여자 만날 기회도 많다."고 말했지만 이어 "하지만 어머니의 말씀은 어떤 것이라도 일단은 받아들이려고 해요. 어머니는 어머니. 그 무엇과도 바꿀 수 없는 존재니까요." 그리고는 거실의 그랜드 피아노 앞에서 빼어난 연주 솜씨를 보여 강성명을 놀라게 했다.

어머니의 마음에 부응하고 싶었다

어린 시절의 대세가 "엄마가 없으면 골을 못 넣겠어요."라고 말한 적이 있다. 그 후로 어머니는 시합이 있을 때마다 한 번도 빠지지 않고 축구장을 찾았다. 정대세가 다녔던 조선학교의 수업 참관에 "어머니는 다른 어느 학부형보다 일찍 교실에 와 계셨다."고 한다. 그런 어머니에 대해 정대세는 자신의 책에서 이렇게 말한다. "어머니는 나를 정말로 사랑하시는구나, 하고 생각했습니다." "넘치는 사랑과 반듯한 이성으로 대해주는 부모님은 그리 없을 겁니다."

그 사랑이 엄격함으로 드러나는 경우도 많았다. 정대세는 어릴 때부터 주산, 학습지, 수영, 가라테 등을 두루 배웠다. 대부분은 오래가지 못했으나 피아노 교실만큼은 고등학교 1학년 때까지 계속 다녔다. 그러나 정작 본인은 피아노 레슨이 정말 싫었다고 한다. 언제나 속으로 피아노를 그만두고 싶었음에도 계속 다녔던 것은 '어머니의 마음을 헛되이 하고 싶지 않았기 때문'이다.

그의 어머니는 조선학교의 음악 교사였다. 학교에서도 엄격한 선생

님이었던 모양이다. 그 후, 샹송 가수로 변신하여 미와 아키히로, 미카
와 겐이치, 스가와라 요이치 등과 함께 무대에 오르기도 했다. 2009년
에는 정대세가 어머니의 콘서트를 보러 가서 그 열창에 감동하여 무릎
부상이 치유되었다는 스포츠지의 보도가 실리기도 했다.

칠판에 쓴 결의

아버지 정길부는 건설 회사를 경영했다. 정대세의 운동 능력과 체격
은 부친에게서 물려받은 것이라고 한다.

국적도 아버지에게서 물려받은 것 중에 하나다.

정대세의 출생 당시 국적법은 '부계우선 혈통주의'여서 신생아는 선
택의 여지없이 아버지의 국적을 따랐다. 정길부는 한국 국적의 재일한
국인 2세, 어머니 이정금은 조선 국적의 재일조선인 2세이다. 정대세
는 일본의 법률에 따라 출생과 동시에 자동적으로 한국 국적을 갖게
되었다.

국적과 민족에 관한 부부의 생각은 달랐다. 재일 사회에서 자란 모
친은 조선의 국적과 조선인의 혼을 지키는 일에 절대적인 신념을 갖고
있었다. 그에 비해 일본인 사회를 생활의 터전으로 삼았던 부친은 아들
의 귀화도 고려하고 있었다.

특히 자녀 교육을 둘러싼 부부의 다툼은 끊이지 않았다. 결국 이정
금은 자신의 생각을 관철시켜, 정대세와 그의 형, 누나 이렇게 세 형제
를 모두 조선학교에 진학시켰다. 이정금은 반대하는 남편에게는 말하
지 않은 채 정대세를 조선학교의 입학식에 데려갔다고 한다.

정대세는 『조국과 모국과 축구』(신무광 저)에서 이렇게 말한다. "나는 조선학교에 다녔기 때문에 스스로 '재일'이라는 사실을 자각할 수 있었다." 또한 2017년 10월, 한국의 SBS와의 인터뷰에서는 "나의 조국이 어디이며 내가 어느 나라 국민인지를 조선학교에서 배웠다."고 말했다. 그리고 처음으로 월드컵을 의식하게 된 열 살 때, 학교 칠판에 '조선 대표가 되겠다.'고 썼던 기억을 이야기했다.

북한의 여권

아이치현의 조선고급학교에서는 전국 고등학교 종합체육대회 예선 4강에 진출했다. 고등학교 3학년 때 체육 특기자 추천을 받아 메이지 대학 체육회 축구부에 지망했으나 불합격, 도쿄 고다이라시에 위치한 조선대학교에 진학한다.

대학교 4학년 때 J리그의 3부 리그(J3)에 상당하는 JFL팀과의 시합에서 해트트릭을 기록하여 에이전트의 눈에 띄게 된다. 그리고 2006년에 J1의 가와사키 프론탈레에 입단, 조선대학교 출신의 첫 J리거가 되었다. 2007년에는 팀에서 두 번째로 많은 12골을 득점했다.

북한 대표 선수로 출전한 것도 같은 해다. 그러나 염원하던 대표 선수에 이름을 올리기까지 그는 힘든 시련을 겪어야만 했다.

조선 국적에서 한국 국적으로 바꾸는 절차는 비교적 어렵지 않아, 매년 약 2천 명이 새로 한국 국적을 취득한다. 정대세와 그의 부모는 한국 국적에서 조선 국적으로 전환하는 절차도 마찬가지일 것이라고 생각했다. 아마 주위에서 그러한 전환 절차를 시도한 사람이 없었을 것이다.

그러나 '조선 대표'가 꿈에서 현실로 다가왔을 때, 그제야 그것이 불가능하다는 것을 알았다. 일본 정부가 한국 국적에서 조선 국적으로의 전환을 허용하지 않았던 것이다. '조선 대표'가 될 길이 막혀버린 정대세의 가슴에는 커다란 구멍이 뚫렸고, 아버지와 어머니 사이의 갈등의 골도 깊어져 집안 분위기가 삭막해졌다. 정대세는 어머니가 그 당시 '아버지와 결혼한 것조차 후회하고 있었다.'고 회상한다.

그러나 정대세를 응원하는 주위 사람들은 포기하지 않았다.

해외 축구 선수 중에는 모국이 둘 이상인 경우도 드물지 않다. FIFA(국제축구연맹)도 국적에 관한 다양한 규정을 마련해 두고 있다. 이에 정대세를 지지하는 사람들은 FIFA측에 재일조선·한국인의 역사적 배경을 설명하며 이해를 구했고, FIFA로부터 다른 나라의 대표 경험이 없고 북한의 여권을 가지고 있으면 문제가 없다는 답변을 얻어냈다. 그러고는 북한 당국, 주일 한국 대사관 등에 끈질기게 요청을 해서 정대세는 마침내 북한 국적을 취득하게 된다.

민족 교육을 향한 투쟁

종전 직후인 1945년 12월, 히로시마현 사에키군 오타케초의 조선인들이 '국어 강습소'를 열었다. 일본에 남은 조선인들은 이곳에서 황민화 정책으로 상실한 모국어를 아이들에게 가르치기 시작했다. 이것이 훗날 조선학교로 대표되는 민족 학교의 뿌리다.

당시 오타케초에 있던 재일조선인 1세 김홍선이 이정금의 어머니,

즉 정대세의 외할머니다.

열세 살의 김홍선이 경상북도 안동군(현 안동시)에서 여동생과 남동생을 데리고 일본으로 건너간 것은 1932년의 일. 아이치현의 방적 공장에서 하루 15시간 가까이 일했다. 이윽고 동포와 결혼하여 두 명의 아이를 갖게 되나 남편이 사망. 이후 히로시마로 옮겨 재혼해서 세 아이를 얻는다. 그러나 두 번째 남편도 패전 후 얼마 지나지 않아 병사하고 말았다. 김홍선은 병원에 갈 것을 권했으나 남편은 가지 않았다고 한다. 임종 직전에 남편은 "일본의 글을 못 읽는 것이 부끄러워서 병원에 갈 수 없었다."고 그녀에게 털어놓았다고 한다.

종전 직후 출범한 재일본조선인연맹(조련) 등의 단체는 민족의 말과 문화를 교육하는 데 주력했다. 1947년 10월 기준으로 일본 전국에 민족 학교가 600군데 있었다. 그러나 GHQ는 공산주의에 근접한 재일조선인들을 불안 요소로 간주했다. 같은 달의 GHQ 지령에 따라 문부성은 1948년 1월 전국의 지방자치단체장에게 고시를 낸다. 민족 학교를 폐지하고 조선인의 자녀를 일본 학교에 편입, 조선어 교육은 인가받은 소·중학교에서만 과외 활동으로서 실시한다는 내용이다.

3월부터 시작된 민족 학교의 폐쇄 방침에 조선인들이 거세게 반발했음은 말할 것도 없다. 4월에 열린 집회에는 3만 명이 참가했는데, 데모대와 충돌한 경찰이 쏜 총에 16세의 소년 김태일이 사망한다. 이것이 '한신 교육 투쟁'이다. 5월에는 문부성과 재일조선인 단체가 민족 교육을 위한 사립 학교 설립의 신청을 일본 정부가 인가한다는 내용의 각서를 체결한다. 인가받지 않은 민족 학교의 운영은 이후에도 이어졌으나 1949년의 조련 해산을 거쳐 폐쇄 조치가 이루어졌다.

할머니에게 물려받은 마음

그러던 중 히로시마현 아키군 가이타초에 조선중급학교를 세우자는 운동이 일어났다. 발기인은 다름 아닌 정대세의 조모 김홍선이었다.

김홍선은 오타케초에서 편도 두 시간 거리에 위치한 가이타초를 오가며 건설 공사를 땀 흘려 도왔다. 그리고 1953년 드디어 가이타초에 조선중급학교가 개교한다. 이 학교는 1996년에 오타케초의 '국어 강습소'를 전신으로 하는 히로시마 조선제1초급학교와 통합되어 히로시마 조선초중고급학교가 되었다.

김홍선과 같이 필사적으로 민족 교육을 지키려 했던 재일조선인들을 도운 것은 북한이었다. 김일성은 1957년, 2회에 걸쳐 총 2억 4천만 엔의 교육 지원금을 재일본조선인총연합회(조총련)에 보냈다. 이러한 자금은 1984년까지 350억 엔에 달한다.

한국은 아무것도 해 주지 않았으나 '조국'은 그들을 어려움에서 구해 준 것이다. 이 비통한 조국애가 재일조선인 사회, 그리고 조선학교에서 회자되었다. 어머니의 투쟁을 보면서 자란 김홍선의 차녀 이정금은 조선학교로 진학하여 후일 교사가 된다. 이렇게 이어온 민족과 '조국'에 대한 강한 애정이 정대세의 북한 여권에 응축된 것이다.

'인간 불도저'

가와사키 프론탈레에 입단한 2006년, 정대세의 응원회가 발족했다. 그들은 '인간 불도저'라 적힌 플래카드를 내걸고 정대세를 응원했다.

입단 이듬해에 북한 대표가 된 정대세는 말 그대로 불도저처럼 동아시아 축구 역사를 다시 써 내려갔다.

대표로서 첫 시합은 2007년 6월, 마카오에서 열린 동아시아 선수권 예선이었다. 정대세는 몽골, 마카오, 홍콩을 상대로 8골을 뽑아내고 득점왕에 올랐다.

그리고 2008년 2월, 중국 충칭에서의 동아시아 선수권 결승에서는 첫날 일본, 3일 째의 한국과의 경기에서 각각 1골씩을 넣어 1대 1의 무승부가 되었다. 그러나 세 번째 상대인 중국에게 2점의 리드를 허용해 결국 최하위로 끝나고 만다.

철저히 방어에 집중하는 플레이 스타일, 단조롭고 자극 없는 연습, 짐 나르기에서 유니폼 세탁까지 대표 선수가 해야 하는 팀 운영. J리거이기도 한 정대세는 북한 축구의 실정에 짜증이 나서 충돌을 일으키기도 했다. 그러나 남아공 월드컵 최종 예선에서 그런 갈등을 날려버렸다.

정대세가 속한 B그룹에서는 한국이 한발 먼저 결승에 진출한 상태였고, 북한은 이란, 사우디아라비아, UAE(아랍에미리트)와 같은 중동의 강호들과 남은 한 장의 티켓을 두고 경기를 펼쳤다. 북한은 정대세의 어시스트로 승점 12점을 기록, 사우디아라비아와의 마지막 경기를 무승부로 끝내며 예선을 통과했다. '조국'이 44년 만에 월드컵 출전을 따낸 순간이었다.

돌아온 일본

2010년 6월 개막한 남아공 월드컵. 북한은 첫 경기에서 브라질을 상대로 1점을 올려 주목을 받았으나 결국 3전 3패로 조별 리그에서 탈락하고 만다. 그러나 동시에 정대세에게는 새로운 길이 열리고 있었다. 대회 직전에 실시한 그리스와의 연습 시합에서 두 골을 넣은 그는 독일의 프로 리그 분데스리가 2부의 VfL 보훔으로부터 입단 제의를 받는다. 대회 전에 이적을 결심한 그는 4년간 몸담았던 가와사키 프론탈레를 떠났다.

보훔에서는 입단 첫해에 25경기에서 10점을 올렸고 2012년 1월에는 1부 리그의 FC쾰른으로 이적. 그러나 출전 기회를 얻지 못한 채 팀은 부진을 면치 못하여 2부로 강등. 정대세는 2013년 1월, 플레이의 기회를 찾아 한국 K리그 1부의 명문 '수원 삼성 블루윙즈'로 옮긴다.

첫해에 팀 최다 득점을 기록하는 대활약을 펼쳤으나 주위의 중상모략에 마음고생을 했다. 북한 체제를 지지한다는 이유로 한국의 보수단체가 국가보안법 위반으로 고발했고 인터넷에서는 북한 선수라는 이질성에 인신공격이 쏟아졌다.

이윽고 시미즈 에스펄스로부터 한국에서의 연봉을 크게 웃도는 액수와 함께 입단 제의를 받은 정대세는, 일본을 축구 커리어의 총결산 무대로 정한다. 그리하여 2년 반을 보낸 한국을 떠나 가족들을 데리고 일본으로 돌아갔다. 시즌 도중에 합류한 시미즈 에스펄스는 개막 때부터 성적이 부진하여 클럽 역사상 최초로 J2 강등을 맛보게 된다. 하지만 2016년은 26득점으로 J2 득점왕, 10어시스트를 하여 J1 승격의 일등공신이 되었다. 그리고 2017년부터는 주장으로서 팀을 이끌고 있다.

은퇴 후에는 지도자의 길을 걷기로 결심했다. 그러나 그 전까지는 자신의 피를 이어받은 아이들에게 가능한 한 오랫동안 선수의 모습을 보여줄 생각이다.

제3장

투쟁과 좌절

서승

1945 ~
교토부 기타쿠와타군(현 교토시 우쿄구) 출생 / 재일 2세

'지상낙원'과 간첩

북한의 기아 문제가 가장 심각했던 1995년부터 1998년까지, 약 2~3백만 명이 아사 또는 영양실조로 사망한 것으로 추정된다. 3백만 명이라는 숫자는 1998년 시점에서 북한 총인구의 13.4%에 상당한다. 매스컴을 통해 전해진 북한의 참상은 그 이후로도 끊이지 않았다.

일찍이 일본의 미디어에서 '지상낙원'으로 칭송했던 북한. 그 비참한 실태를 최초로 고발한 것은 세키 기세이가 1962년에 출간한 수기 『낙원의 꿈 깨져』이다. 세키가 일본 국적을 취득하기 전의 이름은 오귀성. 조총련의 전 간부이자, 2012년에 타계한 재일한국인 고고학자, 이진희의 장인이다. 1957년과 1960년에 방북한 세키는 두 번째의 귀국 후 바로 사위 이진희를 불러 북한의 참상을 폭로했다. 그러나 귀국 사업을 옹호하던 이진희는 '여우한테 홀린 사람 같다'며 장인과 싸우고는

결별하고 만다.

두 번째 방북 때 세키와 동행했던 일본인 데라오 고로는 북한을 낙원이라 찬양하고 많은 재일조선인이 귀국을 결심하게 한 『38도선의 북』의 저자다. 세키에 따르면 데라오는 열차 안에서 귀국한 청년들에게 둘러싸여 당신 때문에 인생을 망쳤다는 원망을 들었다고 한다.

정치학자 윤건차에 의하면 『낙원의 꿈 깨져』의 경고는 조총련의 조직력과 귀국에 대한 열망 속에 묻혀버리고 말았다. 이진희가 장인을 찾아가 잘못을 빈 것은 세키의 수기가 출판된 지 10년 후인 1972년의 일. 오랜만에 만난 장인은 북한을 비난한 이유로 재일 사회에서 배척을 당한 탓인지 마치 딴사람처럼 노쇠해 버렸다고 했다.

같은 해 11월, 재일한국인 서승은 한국의 서울고등법원의 항소심에서 최후 진술을 하고 있었다. 죄목은 반공법 및 국가보안법 위반으로 1심에서는 사형을 선고받았다.

북한의 지령을 받아 유학생으로 위장하여 서울대학교 대학원에 입학 후, 지하 조직을 만들어 반정부 시위를 선동하는 한편, 박정희 대통령의 정적인 김대중의 선거 참모에게 북의 자금을 전달했다. 이것이 간첩으로 체포된 서승의 기소 혐의였다. 서승은 혐의를 부인하며 최후 진술에서 이렇게 말했다. "재일은 자기 민족에 대한 자부심을 가질 수 없기 때문에 나는 적극적으로 민족의식을 추구해 왔다. 그래서 한국으로 유학을 왔고 이북에 다녀온 것도 사실이다."(서승 저, 『옥중 19년 獄中 19年』). 이 진술에는 박 정권의 독재와 민족의 분단에 대한 생각을 명백히 밝히는 의도가 깔려 있었다. 한편 북으로 건너간 것은 '적극적인 민족의식' 때문이었으며 타의에 의한 것이 아니라는 주장이기도 했다.

서승의 동생인 서준식도 북으로 건너갔다. 서승이 처음으로 북한을 방문한 것은, 1967년 8월부터 9월 사이. 1970년에도 동생 서준식과 함께 38선을 넘었다. 한국 국적인 그들이 북으로 건너가려면 공작선 등을 타고 밀항하는 방법밖에 없었을 것이다.

서승은 12월에 무기징역을 선고받고 다음 해인 1973년 3월의 상고 기각으로 형이 확정. 1990년 가석방되기까지 19년을 한국에서 옥살이를 했다. 같은 혐의로 기소된 동생 서준식은 1972년 5월에 징역 7년이 확정. 그러나 형기 만료 후에도 사상 전향을 거부하였기 때문에 1988년까지 수감되었다.

우회 침투 전술

한국 전쟁 휴전 후, 한일 정부의 주도 사업으로 재일한국인의 한국 유학이 시작된다. 1965년의 국교정상화 후에는 한국 정부의 '재일교포 모국 유학생 제도'로 이어졌다. 그리고 머지않아 재일한국인 유학생이 북한의 간첩으로 한국 당국에 적발되는 사건이 잇달아 발생한다.

1969년 4월에 북한의 대남 공작 방침이 바뀐 것이 계기였다. 그 전까지 북한은 남한에 무장 공작대를 보내 게릴라전을 전개하는 전략을 취했다. 1968년 1월 김신조 일당의 청와대 습격 미수 사건이 대표적이다. 북한에서는 이 실패 이후 1969년 4월에 대남공작부문 책임자가 군부 강경파인 허봉학에서 김중인으로 교체되었다.

김중인은 게릴라전보다 정치 공작에 역점을 두어 대남 공작을 '우회 침투 전술'로 전환하였다. 즉 유학생이나 주재원으로 위장한 공작원을 제3국을 통해 한국에 입국시켜 반정부 시위의 선동, 정계 인사 포섭

등의 방법으로 정권을 전복시킨다는 전략이다. 가장 유효한 우회지는 말할 것도 없이 일본이었다. 그리고 조총련계의 재일조선인뿐만 아니라 한국 유학이 가능한 한국 국적의 민단계 재일한국인도 공작원으로서 조직화되어 갔다.

이회성에 따르면 일본의 고등학교를 나온 민단계 젊은이일수록 포섭의 타깃이 되기 쉬웠다고 한다. 일본 사회에서 고립되기 쉬웠던 민단계의 젊은이들은 따뜻한 동포들의 태도에 쉽게 감화되었던 모양이다. 또한 조총련 간부를 지냈던 한광희는 '고지식하고 생각이 많은 사람'이 조직화 대상의 우선순위에 올랐다고 한다. 그들은 혁명, 통일과 같은 순수한 이상에 눈을 떴고 그 일부는 대남 공작에 이용되었다.

고용살이에서 도망쳐 온 어머니

서승의 아버지 서승춘은 1922년생. 출생지는 어머니 오기순과 같은 충청북도 공주군(현 공주시)이다. 오기순의 출생연도는 여러 가지 설이 있으나 본인의 말로는 서승춘과 같다고 한다. 두 사람은 역시 같은 1928년 부모들을 따라 교토로 건너갔다.

대다수의 재일조선인 1세와 마찬가지로 두 사람의 부모들도 일본인보다 낮은 임금을 받으며 열악한 노동 환경에서 일했다. 서승춘의 아버지는 교토-오사카 간을 달리는 한큐 전철의 부설 공사 인부, 오기순의 아버지는 목장의 허드렛일을 했다.

서승의 조부모는 일본의 패전과 함께 한반도로 돌아갔다. 그러나 어린 시절부터 일본에서 자라왔던 부모는 교토에 남아 직물 장사와 방적업을 하며 생계를 꾸렸다.

오기순은 어려서부터 일본인의 집에서 아이를 돌보는 등 허드렛일을 했다. 부지런했던 오기순은 귀여움을 받아 '시집 보내주겠다'는 말을 들은 적도 있다. 그러나 어린 오기순은 본능적으로 이국땅에 동화되기를 두려워하여 일본인 주인이 잘 대해줄 때마다 도망쳐왔다고 한다.

오기순의 이러한 민족적 자의식은 아이들에게도 영향을 준 것 같았다. 부부는 장남이 태어난 1941년부터 1955년에 걸쳐 4남 1녀를 두었다. 서승이 태어난 것은 1945년, 준식은 1948년생이다. 오기순은 아이들에게 학교에서도 조선인으로 당당하게 지내라고 가르쳤다. 일본인 교사는 아이들의 당찬 태도에 어떤 가정 교육을 하고 있는지 궁금해한 적도 있다고 한다. 그러나 오기순은 두 아들의 투옥 후 "그게 정말 잘 한 거였는지 모르겠다."고 말하기도 했다.

1965년의 국교정상화 후 형제는 한국 유학을 지망한다. 도쿄교육대학의 학생이었던 서승은 방학을 이용하여 한국 각지를 돌기도 했다. 교토부립 가쓰라고등학교에 다니던 동생 서준식은 1967년 졸업과 함께 서울대학교 법학과에 진학. 서승도 1968년 대학 졸업 후 한국으로 건너가 이듬해에 서울대학교 문이과 대학원에 진학한다.

서준식은 계속 한국에 영주할 계획을 세웠고 부모님에게도 함께 살자고 했다. 그러나 남한이 북한보다 가난했던 당시, 일본에서 자란 오기순이 한국에서 고생을 할 것은 뻔했다. 그녀는 종종 한국에 대해 나쁘게 말해서 서준식을 화나게 했다고 한다. 오기순은 특히 "그런 데서 어떻게 살란 말이야."라고 말했을 때 서준식이 크게 화냈던 것을 기억한다.

학원 간첩 침투 사건

1969년 11월, 2선의 박정희 정권은 헌법 개정을 통해 대통령의 임기 상한을 3선으로 연장하고 1971년 4월 27일 제7대 대통령 선거에 임한다. 한편, 한국의 대학에서는 박정희의 3선 저지를 호소하는 학생들의 시위가 확산되었다.

서승 형제의 체포를 포함한 '학원 간첩 침투 사건'이 대대적으로 보도된 것은 선거를 코앞에 둔 1971년 4월 20일의 일이다. 그날 『동아일보』는 '교포 대학생 4개 망(網) 간첩 10명 검거'를 표제로 상세한 내용을 전했다. 요약하면 다음과 같다.

육군 보안사령부는 이달 17일, "재일한국인 유학생 4명을 포함한 북괴 간첩 10명과 이들을 중심으로 한 4개 망의 간첩 관련자 41명 등 51명을 서울, 부산, 제주 등지에서 일망타진했다."고 발표했다. 이 간첩단 51명은 북한의 대남 공작 총책임자인 김중인의 지령에 따라, 반정부 운동을 선동하여 무장 봉기로 유도하기 위해 획책. 게다가 시설 폭파, 요인 암살 등의 임무도 맡고 있었다. 보안사령부는 또한 난수표 4조, 김일성 육성 녹음테이프, 공작금 350만 원, 폭발물 제조 매뉴얼 등을 압수했다고 발표했다. 간첩망 4개 중 2개는 재일한국인 유학생 2명을 각각 중심으로 한 고려대 내의 두 그룹 총 15명. 나머지 2개 중 하나는 근로자 15명으로 조직된 그룹, 또 하나는 서승 형제가 서울대를 거점으로 조직한 21명의 그룹이다. 서승은 재일 공작 지도원에게 포섭되어 1967년 8월에 입북했다. 북에서 간첩 교육을 받은 후 유학생으로 위장하여 서울대에 잠입. 1970년에도 동생과 함께 다시 입북하여 특수 공작 교육을 받았다. 이들 형제는 학생 시위 및 민중 봉기의 선동을 기도하는 한편, 정치가나 지식인층을 포섭하는 공작도 추가로 지시받았다.

한국 국방부에 의하면 1970~80년대에 발생한 간첩 사건은 모두 966건. 그중 319건이 재일한국인 또는 일본과 관련된 것으로 알려졌다. 서승 형제 사건 이후에도, 재일한국인 유학생이 간첩 혐의로 적발되는 사례가 이어졌다. 특히 컸던 것이 1975년 11월의 '모국 유학생 간첩 사건'이다. 재일한국인 유학생 12명, 한국인 대학생 9명이 체포되었고 전원이 유죄 판결을 받았다.

날조된 사건

김정일 조선노동당 위원장(당시)은 2000년의 '6·15 남북 공동선언'에서 '남파 간첩'의 존재를 인정했다. 또한 2007년의 한국 정부 발표에 따르면, 1951년부터 1996년 사이에 적발된 남파 간첩은 4,495명에 이른다.

이처럼 북한이 일본 등을 경유하여 남한으로 공작원을 보낸 사실은 당사자의 증언을 통해서 입증되었다. 그러나 문제는 한국에서의 적발 사례는 억울한 누명을 무수히 포함하고 있다는 점이다.

북의 대남 공작이 정교한 우회 침투 전술로 전환됨에 따라 결과적으로 '남파 간첩'의 숫자는 줄었다. 때문에 군의 보안사령부나 중앙정보부 등 수사 당국은 실적을 올리지 못하여 결국 간첩 사건의 조작을 시도했다는 말도 있다. 물론 군사 독재 체제하의 취조는 부당 구금이나 고문도 당연했다. 따라서 서승 형제의 체포를 보도한 『동아일보』의 기사도 사건을 수사한 보안사령부의 일방적인 발표 내용을 베껴 쓴 것에 불과하다.

대법원은 2005년 9월, 1972~89년의 공안 관련 사건 약 3,400건의 판결에 대해 재조사에 들어갔다. 2007년 1월에 그 결과가 발표되어 224건의 판결이 재심의 필요성을 인정받았다. 그 중 141건이 간첩 사건이다.

재일한국인 유학생이나 주재원 등이 간첩으로 조작된 사건도 진상이 규명되고 있다. 위의 224건 중, 재일한국인이 연루된 건은 68건. 2000년대 말부터 재심 청구가 이어져 고인을 포함하여 과거에 투옥되었던 간첩에 대한 무죄 판결과 국가 배상 명령이 잇달아 내려지고 있다. 위의 '모국유학생 간첩사건'도 이미 대부분이 재심에서 무죄를 선고받았다. 2013년 1월에는 서승 형제와 같은 1971년에 체포된 전 재일한국인 유학생 구말모의 무죄가 확정되었다. 체포 당시 국민대학교 강사였던 구말모 또한 대학교수와 정치가의 포섭 공작의 용의로 체포되었다. 구말모는 가혹한 취조 끝에 혐의를 인정하고, 1972년의 항소심에서 징역 15년이 확정. 10년간의 복역을 거쳐 1981년에 특별 사면으로 가석방되었다.

구말모도 1970년 7월에 북한으로 밀항했다. 다만 목적은 귀국한 누나와의 재회, 논문 집필을 위한 자료 수집이었다고 한다. 7일의 체류 기간은 조국에 대한 실망의 연속이었다고 한다.

전 조총련 간부인 한광희는 일본 전국에 북한 공작선의 접안 거점을 38군데 만들었다고 증언했다. 이 공작선을 타고 북한으로 밀항을 경험한 재일조선인도 적지 않다.

개중에는 실제로 북에서 공작원 훈련을 받았다는 지식인도 있다. 북으로 건너가면 몇 주 또는 몇 달 동안 격리된 곳에서 자동소총, 수류탄, 난수표의 사용법, 김일성의 위대함 등을 교육받는다. 그러나 공작원

훈련은 흉내만 내는 정도여서 실전에서 도움이 될 만한 수준은 아니었다고 한다.

윤건차는 저서 『자이니치의 정신사 3』에서 다음과 같이 말한다. "(자이니치는 한국사회에서) 존재 자체가 이미 이질적이고, 말도 제대로 통하지 않아 학생 운동의 '배후 조종', '간첩 활동' 등은 (중략) 사실상 무리라고 보는 것이 옳다."

예방 구금과 사상 전향 제도

서승은 1971년 3월 6일에, 서준식은 같은 해 3월 16일에 체포되었다. 모두 일본에서 겨울 방학을 보낸 후 김포공항에 내리자마자 구속되었다. 체포 당시 나이는 서승이 26세, 서준식은 22세였다. 체포 사실을 4월 20일이 되어서야 발표한 것은 4월 27일의 대선을 집권당에 유리하게 끌고 가려는 당국의 의도로 보인다.

오기순은 곧바로 서울로 달려왔으나 면회조차 할 수 없었고 '서승이 불타 죽었다'는 소문만 듣고 발길을 돌려야만 했다. 후에 살아있다는 것을 알고 오기순은 같은 해 7월 첫 공판에서 기절할 뻔했다. 서승이 전신의 45%에 이르는 심한 화상 탓에 처참한 얼굴로 변해 있었기 때문이다.

체포가 보도된 직후, 서승은 취조실에서 분신을 도모했다. 심문관이 안 보는 사이에 스토브의 등유를 뒤집어쓴 것이다. 서승의 말로는 그는 그 이틀 전부터 공산주의자에서 전향한 심문관의 격렬한 고문을 받았다고 한다. 그는 고문을 감당하지 못하고 당국이 날조한 '줄거리'를 인

정해 버릴 것 같았다. 그 결과로 '군사 정권 타도와 미래에 대한 민중의 희망이 사라지는 것'이 두려워서 자살을 시도한 것이다.

치안유지법, 예방 구금, 사상 전향 제도와 같은 과거의 일본 제도들은 한국에서 그 일부가 형태를 달리하여 계속 이어졌다. 서승 형제가 위반 혐의를 받은 국가보안법은 '반국가 활동'을 금지하는 법률이다. 정권의 전복 등을 획책하는 '반국가 단체'를 주도한 자는 사형 또는 무기징역에 처하게 된다.

또한 정치범은 옥중에서 사상의 전향을 강요당했다. 거부하면 교도소 내에서 행동이 제한되고, 감형, 가석방, 사면 대상에서 제외되었다. 게다가 1975년 제정된 사회안전법에 의해 정치범에 대한 예방 구금 제도가 시행된다. 징역형이 만기가 되어도 '불법 서약서'에 서명하지 않으면 징역이나 다름없는 보안 감호 등의 처분이 내려졌다. 이 보안 감호는 2년마다 갱신되며 기간의 상한은 없다.

사상 전향을 거부하고 복역을 이어가는 죄수를 '비전향 장기수'라고 한다. 한국 전쟁 전후의 빨치산 및 인민군 포로, 전후에 북에서 잠입한 남파 공작원, 한국의 좌익 활동가, 제3국을 경유하여 입국한 재외한국인 공작원, 그리고 날조 간첩 사건의 피해자 등이 이에 포함된다.

지금까지 비전향 장기수는 102명. 민주화가 이루어진 1980년대 후반부터 석방이 시작되어 1999년에 마지막 두 사람이 사면으로 석방되었다. 그 중 한 명이 일본인 납치 사건에 연루된 신광수다.

2000년에는 63명의 비전향 장기수가 북한으로 송환되었다. 사회안전법은 1989년에 보다 완화된 보안관찰법으로 이행. 사상 전향 제도 또한 다른 제도로 이행된 뒤 2003년에 폐지되었다.

'양심'과 대가

서승 형제도 석방될 때까지 계속해서 전향을 거부했다. "내가 받는 이러한 고통과 억압은 민족의 그것과 하나이며 민족이 고통과 불행, 억압으로부터 구원받을 때 나도 그로부터 해방될 것이다.", "나는 전향하지 않았다. 왜냐하면 이것은 나와 형만의 문제가 아니라 모두의 문제이기 때문이다."(서경식 저, 『서 형제 옥중에서 온 편지 徐兄弟獄中からの手紙』). 이는 각각 서승과 서준식이 면회에서 한 말이다. 서준식은 7년의 형기 만료 후에도 '위법서약서'의 서명을 거부하고 10년을 더 옥중에서 보냈다.

서승 형제의 구금이나 고문 소식이 전해지자 일본에서는 좌익 지식인을 중심으로 지원 단체가 계속해서 생겨났다. 미디어는 한국의 군사독재 체제를 강도 높게 비난하고 서승 형제를 사상과 양심의 자유를 위해 옥중에서 싸우는 '양심의 죄인'으로 소개했다. 각계의 저명인사도 너나 할 것 없이 서명에 참가했다.

어머니 오기순은 60차례 이상 한국에 건너가 면회를 했는데, 1980년에 자궁암으로 타계했다. 59세의 젊은 나이였다. 아버지 서승춘도 직장암 수술을 받은 후, 1983년에 사망했다.

가석방된 서승은 일본을 비롯해 구미에서 강연 활동을 이어갔고 리쓰메이칸대학 코리아연구센터장, 같은 대학 법학부 교수 등을 역임했다. 2016년에 한국 잡지와의 인터뷰에서 재심 청구 의사에 대한 질문에 서승은 화를 내며 이렇게 말했다고 한다. "내게 유죄 판결을 내린 국가보안법이 지금도 존재하는 이 사회의 판사에게, 유죄냐 무죄냐의 판결을 또다시 구하라는 말인가."

서승 형제가 '양심수'였다는 담론을 의문시하는 논객들도 있다. 예를 들어 윤건차는 과거 재일교포 간첩 사건을 다룬 서술에서 다음과 같이 말했다. "재일 지식인의 상당수는 당시 사회주의를 신봉하고 북을 지지했으며 조국의 통일을 원했다.", "(한국 국적 학생인) 활동가 등도 적잖이 북에 공감하는 언동을 보였다. 거기에는 필연적으로 북의 전위당으로 이어지는 지하 조직도 관련되어 있었다."(『자이니치의 정신사 3』)

둘로 나눠진 조국의 통일을 어떤 식으로 원하는지는 사상과 양심의 범주다. 어쨌든 서승 형제의 삶은 그것을 위해서 엄청난 대가를 치른 셈이다.

남한에서는 9년 동안 이어진 보수 정권이 사상 첫 대통령 탄핵, 파면으로 무너지고 2017년에 문재인 정권이 발족했다. 문 대통령은 1975년에 반정부 시위로 유죄 판결을 받은 경험이 있다. 또한 임종석 대통령 비서실장을 비롯해 국가보안법 위반으로 적발된 전 활동가들이 정권 핵심부에 배치되었다. 그리고 남북이 급격히 가까워져 '통일'에 대한 이야기가 다시금 들리게 되었다. 한반도의 분단은 수많은 인생을 집어삼키며 또다시 새로운 역사를 쓰고 있다.

'민족계 금융'의 좌절과 유산

이희건

실업가, 1917~2011
경상북도 경산군(현 경산시) 출신 / 재일 1세

금의환향한 실업가

주일 한국 대사관 청사 1층의 한쪽에 흉상 하나가 놓여 있다. 그 주인공은 재일한국인 사업가인 서갑호. 1962년에 도쿄 아자부의 일등지 약 3천 평을 한국 대사관 부지로 기증한 인물이다. 서갑호는 1915년에 경상남도 울주군 삼남면(현 울산시)에서 태어났다. 1928년에 열넷의 나이로 도일, 오사카의 상가에서 직물 짜는 기술을 습득한 후, 엿장수, 폐품 회수 등 수많은 일을 전전했다. 전후에 군수 물자 매매로 부를 축적하여 1948년에는 오사카에 사카모토방적을 설립한다. 과감한 투자가 한반도 특수의 물결을 탔고, 오랫동안 일본의 부호 10위권에 매년 이름을 올리게 되었다. 1961년에는 연매출 100억 엔을 달성하여, 서일본(西日本) 최고의 방적왕 자리에 올랐으며, 사카모토방적은 전후 일본을 지탱한 10대 방적 중 하나로서 손꼽혔다.

애국심이 강했던 서갑호는 자신의 재산을 조국과 재일동포들을 위해 기부하는 일에도 적극적이었다. 아자부 땅을 기증하기 7년 전, 오사카에 한국 총영사관이 세워졌을 때에도 2천만 엔을 기부했다.

해방 후 집권한 이승만 대통령은 미국의 경제 원조에 의존할 뿐 산업 육성에는 적극적이지 않았다. 이승만 퇴진 후 1961년에 군사 쿠데타로 정권을 잡은 박정희는 이듬해부터 '개발 독재'라고 불린 시책으로 공업 입국을 강력하게 추진해 나간다.

그러나 당시의 한국은 아직 최빈국으로 불릴 정도로 빈곤했다. 그러한 시기에 박정희는 재일 사회를 향해 본국에 대한 투자를 요청하기 시작했다. 서갑호도 박정희 정권에 자금을 지원하고 그것을 계기로 한국에 진출할 기회를 엿보고 있었던 모양이다. 서갑호는 한국의 방적 회사를 인수, 1963년에 사카모토방적의 95% 출자로 방림방적을 설립했다. 그다음 해에는 100% 출자로 윤성방적을 일으켰다.

서갑호의 진출은 재일교포가 화려하게 금의환향한 최초의 사례가 되었다. 그러나 그 전말은 재일 기업가의 비극으로 기록되고 만다.

출신을 이유로 융자가 막혔던 시대

아직 한일의 국교가 없었던 1960년, 양국의 경제인들이 모여 민간 경제 교류를 도모하고자 '한일경제협회'가 발족했다. 그 발기인 중 한 사람으로 부회장을 맡은 것이 서갑호, 그리고 한국 측 이사 중 한 명으로 이름을 올린 것이 이희건이었다.

이희건은 일본 및 한국에서 설립한 신용조합과 은행을 급성장시켜

'재일한국인 사회의 거물', '재일한국인 금융의 대부'라고 불리던 사람
이다. 이희건이 설립했던 '신용조합오사카홍은', 후일 '신용조합간사이
홍은'은 재일한국인 사회의 최대 금융 기관으로 발전했다.

간사이홍은과 같이 재일한국·조선인이 동포를 위해 설립, 경영하는
금융 기관을 민족계 금융 기관이라고 부른다. 이희건의 발자취를 따라
가기 전에 그 배경에 대해 짚어 보자.

패전 당시 일본 국내에는 다양한 분야에서 사업체를 경영하는 조선
인이 상당수 있었다. 그 일부는 1945년 9월에 재일조선공업회를 설립
하여 '조국의 융성과 발전, 귀국하는 공업가에 대한 지원, 잔류 공업가
의 사업 확보 및 전환'을 슬로건으로 내걸었다.

한편 재일 사업가들에게는 자금 확보가 문제였다. 일본의 금융 기관
이 재일조선인에 대한 대출에 소극적이었기 때문에 거금의 사업 자금
을 마련하기가 쉽지 않았다. 그들은 고리대금업자에게 의지할 수밖에
없었고 거듭되는 자금난은 사업의 큰 걸림돌이 되었다. 일본 정부가
'삼국인'[28]에 대한 '융자금지령'을 내렸다는 설도 있다. 일본 정부는
1950년의 국회 질의에서 이를 부정했으나 완강한 대출 거부의 이면에
존재하는 일본 정부의 지시를 의심하는 목소리도 많다.

이리하여 종전 이듬해 무렵부터, 재일한국·조선인들이 스스로 민족
계 금융 기관을 설립하려는 움직임이 생겨났다. 1949년에는 재일한국·
조선인의 상공회가 도쿄에 신용조합을 설립하겠다는 탄원서를 대장성
에 제출했다. 처음에 일본 정부는 '외국인의 금융 기관을 허가한 전례는
없다'며 문전박대했으나 이듬해 1950년의 국회 질의에서 '화교의 신용

---

28) 종전 이후 일본에 거주하는 재일조선인, 중국인 등을 차별적으로 일컫는 말.

조합만을 허가'하는 방침이었음이 확인되었다.

남북이 일본 내 금융 기관 설립을 경쟁

이러한 논의를 거쳐 겨우 인가를 받게 되었으나 재일 사회에서 또 다른 새로운 문제가 제기되었다. 북을 지지하는 좌익 계열의 조선인과 남을 지지하는 민단 계열의 한국인이 도쿄도에 각각 별개의 신용조합 설립신청서를 낸 것이다.

도쿄도는 양측의 신청을 모두 각하하고 일원화시키면 인가해 주겠다는 의향을 전했다. 좌익계와 민단계의 정치 활동가들은 폭력도 불사하는 투쟁을 펼쳤으나 사업가들은 비즈니스를 우선하여 일원화하기로 합의했다. 이리하여 1952년 6월 '남북 합작'의 '동화신용조합'이 첫발을 내딛었다. 15명의 임원은 좌익계 6명, 민단계 7명, 일본인 2명으로 구성했고 초대 조합장은 민단계의 노영한이 당선되었다. 노영한은 일본에서 제분회사 사장, 한국에서 서울수산시장의 운영회사 사장 등을 지낸 인물이다.

그러나 얼마 지나지 않아 조합 내부의 대립이 불거져 상대측이 결제한 융자 안건을 취소시키는 혼란이 이어졌다. 그리고 1953년에는 좌익계 임원들이 민단계를 경질. 축출된 민단계는 재차 독자적인 신용조합의 설립 기회를 엿보았다. 신용조합을 늘려갈 방침을 정한 도쿄도가 같은 해 9월에 신청을 받아들여 '한성신용조합', 훗날의 '도쿄상은신용조합'이 설립되었다.

좌익계가 경영하게 된 동화신용조합은 후일 '조은도쿄신용조합'으로 명칭을 바꾸었다. 이리하여 좌익계, 즉 후일 조총련계의 '조은'과, 민단계의 '상은'은 일본 전역에서 새로운 신용조합 설립을 위한 세력 다툼을 벌이게 되었다.

암시장을 주름잡은 청년

오사카는 일본 내 재일한국·조선인의 약 30%가 거주하는 최대 집주지이다. 당연히 경제 활동도 활발했고 대출의 수요도 특히 많았다.

오사카 최초의 민족계 금융 기관은 1953년에 민단계가 우메다에 설립한 '오사카상은'이다. 다만 이것은 일본인과의 공동 출자였기 때문에 민단계는 100% 민족계 자본의 금융 기관 설립을 목표로 했다. 재일한국인 중소기업 육성을 위해 한국 정부가 제공하는 융자금을 맡아서 관리할 기관이 필요했기 때문이다. 조은의 신청과 겹치는 바람에 인가가 나기까지 한참을 기다렸다가 1955년 11월이 되어서야 쓰루하시에 오사카흥은이 설립된다. 그리고 이 오사카흥은 유치를 위해 동분서주했던 것이 이 지역의 상점가를 통괄하던 이희건이었다.

이희건은 1917년 경상북도 경산군(현 경산시)의 가난한 농가에서 태어났다. 열다섯인 1932년에 일자리를 찾아 혈혈단신으로 일본에 건너가 육체노동, 자전거 수리, 공장 노동 등의 일을 전전했다. 그러다가 전후 이희건은 서서히 두각을 보이기 시작했다. 무대는 지금도 일본 최대의 한인 타운으로 꼽히는 쓰루하시였다.

전쟁과 함께 실시된 통제 경제로 일본은 물자 부족에 허덕였고 전후에는 도시 지역에 굶어 죽는 사람이 나올 지경에 이르렀다. 그런 가운데 생필품 유통을 뒷받침한 것이 돈이 될 만한 물건을 서로 사고파는 암시장이었다. '해방 인민'으로서 일시적으로 법 규제 밖에 놓인 재일조선인들은 그러한 상황을 이용하여 다양한 물자를 매입하여 팔았다.

거대한 소개지 공터로 남아 있던 쓰루하시역 주변은 종전 후 머지않아 일본 유수의 암시장으로 변모한다. 쓰루하시의 암시장은 특히 조선인, 대만인, 중국인들이 많아 '쓰루하시 국제마켓'이라 불리게 되었다.

이희건은 이곳에서 고무 튜브를 팔았다. 쓰루하시를 포함하여 당시의 이카이노 근교에는 영세한 고무 공장이 많았고 위험한 제조 현장에는 많은 조선인들이 낮은 임금을 받고 일하고 있었다. 당시에는 리어카와 자전거가 서민의 물류를 뒷받침했는데 도로 사정이 나빠 타이어가 금방 펑크 났다. 그 때문에 고무 튜브는 수요가 끊이지 않아 불티나게 팔렸다.

이희건은 또한 부하를 거느리고 도박장을 열어 고리대금으로 암시장을 좌지우지하는 우두머리의 얼굴도 갖고 있었다. 노점상들의 장사를 아우르고 운영 자금까지 빌려주었던 이희건은 서른도 채 안 된 나이에 쓰루하시의 암시장에서 큰 영향력을 행사하게 되었다.

그러던 중 오사카부는 1946년 8월에 쓰루하시를 포함한 오사카 내 암시장을 일제히 봉쇄할 방침을 내린다. 이에 우왕좌왕하는 쓰루하시의 암거래상들을 하나로 모아 경찰과 GHQ와의 협상을 위해 뛰어다녔던 것이 당시 스물아홉의 이희건이다. 이희건의 노력으로 이듬해인 1947년 3월, 쓰루하시 암시장은 '쓰루하시 국제상점가연맹'이라는 합법적인 시장으로 다시 태어났다. 그리고 이희건은 이후 14년 동안 회장직을 맡았다.

대표이사로서 독자적인 영업 활동 전개

1956년 5월, 오사카흥은의 대표이사로 취임한 이희건은 맹렬한 기세로 예금 유치에 나섰다. 오사카에는 이미 민단계의 오사카상은이 있었으나, 1955년에는 조총련계의 '조은오사카신용조합'이 설립되었다. 민단계의 재일교포가 조은의 대출을 받는 경우도 종종 있었던 터라 상은 측은 이에 위기의식을 갖고 있었다. 정치 이념에 관심이 없는 재일교포들은 남이든 북이든 대출해 주는 쪽으로 치우치기 마련이다.

이러한 와중에 후발 주자로 뛰어든 데다 규모도 작은 오사카흥은의 영향력을 넓히기 위해 이희건은 우선 자신의 자산을 담보로 자금을 조달했다. 그리고 외무 사원에게는 지역 내 재일교포들의 집을 빠짐없이 돌아 이자를 선불하는 방식으로 예금을 유치해 갔다. 이리하여 오사카흥은은 설립 첫해부터 높은 예금고를 달성했다. 그 후에도 계속해서 예금 증강 운동을 전개하여 '상품 복권 증정 기념 무기명 정기예금' 등 차별화된 금융 상품을 개발해 나갔다. 1961년 9월에는 오사카시 이쿠노구에 이쿠노지점을 개설하고 시장 확대에 박차를 가했다.

이희건은 이와 병행하여 한국 정계와의 인맥도 만들어갔다.

본국에서 약속한 200만 달러 규모의 융자는 한국 측에 의해 일방적으로 연기된 상태였다. 융자의 조기 실현을 위해 애쓴 결과 1960~61년에 200만 달러 전액이 송금되었다. 이희건의 오사카흥은의 지분은 20% 정도나 되었다. 당시 경제적으로 어려웠던 한국 정부가 민단계인 상은을 지원한 것은 조총련계의 조은을 의식해서였을 것이다.

설립 초기의 조은은 조총련과 그 전신에 해당하는 세력과 일정 거리를 유지하고 있었다. 공산주의자인 지도층이 상공인을 부르주아로 백

안시했기 때문이다. 그러나 조은의 단체 '재일본조선신용조합협회'(조신협)은 1959년에 조총련의 산하 단체가 된다. 민단을 능가했던 조총련의 조직력은 조은의 약진에 크게 기여했고, 신용조합 수, 조합원 수, 예금액 모두 크게 성장했다.

재일 사회의 자금 수요를 샅샅이 발굴

오사카흥은이 약진한 원동력 중 하나는 일찍이 29세의 나이에 암시장을 주름잡은 이희건의 리더십과 카리스마다. 이희건이 엄격한 할당량을 부과하며 예금 유치에 박차를 가하자 직원들은 기대에 부응하기 위해 필사적으로 영업에 뛰어들었다.

1966년의 총 예금액은 71억 8,200억 엔. 다음 해인 1967년 11월에는 총 예금액 100억 엔을 목표로 전 직원을 독려했다. 전 지점이 총동원된 운동으로 1968년 3월에 107억 엔을 기록, 목표치를 뛰어넘었다. 이렇게 차례차례 높은 벽을 돌파하면서 오사카흥은은 일본 유수의 신용조합으로 성장해 간다.

남북 대립을 원동력으로 삼은 적극적인 영업 활동은 재일코리안의 경제 활동에 활력을 주었다. 꾸준한 영업 활동으로 잠재 수요까지 발굴하여 사업 자금을 척척 공급했기 때문이다. 신규 개척에는 민단과 도민회의 명단을 활용했는데 그것만으로는 목표를 달성하기 어려웠다. 외무 사원은 각 가정의 문패를 보고 걷다가 재일교포의 이름이다 싶으면 그 집에 뛰어드는 식의 영업도 불사했다. 이리하여 어느 단체와도 연결고리를 갖지 않는 재일교포, 그리고 그들을 통해 새롭게 연결된 네트워

크가 형성되어 조금씩 영업 활동의 대상에 추가되었다.

또한 70년대부터는 재일교포들이 운영하는 다양한 사업을 사원 스스로가 체험하는 방식도 도입되었다. 파친코, 야키니쿠, 인부 조달, 제조업 등의 사업장에서 일하면서 비즈니스의 노하우를 체득하는 것이다. 직원들은 이 체험을 통해 예를 들면 벌이가 되는 파친코와 그렇지 않은 파친코의 차이를 알게 된다. 이런 식으로 각 사업의 노하우를 익힌 직원이 '이 가게는 성공한다.'고 확신하면 무담보 대출도 실시했다.

서갑호에게 닥친 비극

1965년의 한일 국교정상화 이후 재일 기업가들의 한국 진출이 본격화된다. 성공한 재일 기업가들은 조국 투자에 의욕적이었다. 사업을 통해 빈곤한 조국의 발전을 돕는 것은 그들 공통의 염원이었기 때문이다. 물론 이희건도 예외는 아니었다.

그러나 한국에 진출한 재일 기업가들은 결국 많은 장벽에 좌절한다. 우선 군사 정권하의 경영 환경은 일본과는 상상 이상으로 달랐고 한국 정부 정책에 대한 분석도 부족했다. 특히 통관 업무, 외화 송금, 인허가 문제 등에 고역을 치렀다. 또한 국유화된 은행은 관료 조직화되어 있었고 재일 기업가에게는 한국 기업보다 엄격한 대출 조건을 달았다. 때문에 현지에서의 자금 조달을 기대하기 어려워 한국에 갈 때 주머니에 현금을 넣어가기까지 했다고 한다.

게다가 재일한국인에 대한 차가운 시선도 있었다. 자신들이 전쟁과 빈곤의 지옥에서 시달리는 동안 풍요로운 일본에서 갑부가 된 재일동

포. 사람들의 이런 어두운 반감이 다양한 형태로 재일 기업가의 발목을
잡은 것이다.

한국에서 두 개의 방적 회사를 세운 서갑호도 이와 같은 벽에 부딪혔
다. 섬유업계는 1970년대에 들어 구조적인 불황을 겪었고 일본의 사카
모토방적도 실적이 악화되었다. 서갑호는 볼링장 등 레저 산업에도 적
극적으로 투자했으나, 이것도 1973년의 오일 쇼크, 볼링 붐의 종식 등으
로 경영의 무거운 짐이 될 뿐이었다.

그러던 중 1974년 1월에 서갑호가 경영하는 경상북도 선산군 구미읍
(현 구미시)의 윤성방적에서 화재가 발생했다. 당시 한국 국내 방적 시설
의 45%에 해당하는 최대 규모의 공장이 전소해 버리고 말았다. 서갑호
는 한국에 대한 투자의 일시적인 철수, 재건 자금의 조달 등 한국 정부
에 지원을 요청했으나 반응은 냉담했다. 한국 측은 정부의 융자나 화재
보험금이 일본에서의 사업 재건에 사용되는 것을 경계했던 것이다. 게
다가 같은 해 8월에는 성남시의 방림방적의 공장에서 또 한 차례 화재
가 일어났다.

두 번째 화재 다음 달인 1974년 9월에 사카모토방적은 도산했다. 부
채 총액 640억 엔은 전후 일본의 최대 규모이다. 서갑호는 그 후로도
한국에서 두 개의 방적 회사 경영에 힘썼으나 이미 심장에 병을 앓고
있었다. 결국 그는 1976년 11월, 서울의 자택에서 63세의 나이로 생을
마감했다.

숙원하던 조국에서의 은행 설립

이희건의 장남과 서갑호의 장녀는 혼인한 사이다. 사돈인 서갑호의 좌절은 이희건에게도 큰 교훈이 된 것 같다.

그 밖에도 1963년에 쓰러진 새나라자동차 등, 재일 기업가의 진출이 실패로 끝나는 예는 많았다. 그 때문에 재일 기업가들 사이에서 대한 투자의 원활화, 현지에서의 금융 기관 설립을 요구하는 목소리가 높아 졌다.

1977년에 '재일본한국인 본국투자협회'가 설립되어 이희건이 초대 회장에 취임했다. 그는 박정희 대통령을 만난 자리에서 재일교포 금융 기관의 설립이 필요한 의의를 역설했다. 박정희 대통령은 은행 설립에 대해 고개를 끄덕이지는 않았으나 대신 단기 융자를 중개하는 단자 회사의 설립을 인정했다. 이리하여 1977년 '제일투자금융'이 설립되었다. 대표 이사에 취임한 이희건은 이 또한 단기간에 성장 궤도에 올려 놓았다.

숙원하던 은행 설립의 길이 열린 것은 1980년, 전두환 정권이 출범한 후였다. 금융의 '국제화·대형화·자립화'를 내건 전두환은 반관반민이었던 은행을 민영화하고, 외국계 은행을 도입할 것을 선언했다. 이에 재일 기업가들이 하나가 되어 은행 설립을 청원하자 긍정적인 답변이 되돌아왔다. 곧바로 설립위원회가 발족하여 재일 기업가에 의한 은행 설립 준비가 구체적으로 진행되었다.

이희건은 오사카흥은 당시의 노하우만으로는 은행 경영이 어렵다고 판단하여 직원 5명을 당시 야마토은행에서 연수시켰다. 야마토은행의 주료 관리직들의 자문을 얻어 그 시스템 도입을 진행하는 한편, 파격적인 조건을 내세워 한국 금융업계의 우수한 직원들을 채용했다.

이리하여 1982년 7월, 100% 재일한국인 출자로 '신한은행'이 탄생한다.

신한은행은 한국 최초의 순수 민간 은행이기도 하다. 전술한 바와 같이 당시 한국의 다른 은행들은 정부의 보호 아래 관료 조직화되어 서비스는커녕 효율성 추구에도 소극적이었다. 일본과 같이 직원이 머리를 숙여 고객에게 인사하는 것 자체가 당시의 한국에서는 생각할 수도 없는 일이었다. 그러한 환경에서 이희건은 오사카흥은을 성장시켰을 때와 마찬가지로 철저한 고객 중심주의의 영업을 펼친다. 업무별로 카운터를 나누어 효율적으로 고객에 대응한 것도 한국에서는 신한은행이 처음으로 시도한 일이다.

신한은행은 또한 기존의 은행에게 냉대받던 중소기업이나 개인 사업자를 적극적으로 받아들였다. 직원들은 대량의 현금을 들고 서울 시내의 큰 시장을 돌며 환전 업무를 해 주면서 계좌 개설을 유도했다. 그 결과, 설립에 필요한 최소한의 자본금 250억 원으로 출발한 신한은행은 1986년에 예금 1조 원, 1991년에는 5조 원으로 순조롭게 성장해 갔다. 특히 1991년에는 당기 순이익 1,156억 원을 기록하여 한국의 은행업계 1위에 올라섰다.

조은의 파산과 조총련의 약화

이희건이 오사카흥은의 대표이사로 취임한 1956년 당시, 북한의 경제력은 남한보다 확실히 우위에 있었다. 석탄 생산은 한국의 5배가 넘었고, 전기 발전 능력이 5배, 철강 생산량은 3배 높았다.

그러나 60년대에 이후 한국이 연 10% 이상의 높은 성장률을 기록하며 성장한 데 반해, 북한 경제는 곤두박질치기 시작한다. 해외와의 무역에 의존하지 않고 모든 산업의 국내 완결을 추구하는 '자력갱정(自力更正)', 절대적인 지도자의 권위를 설파하는 '주체사상'이 주된 원인이었다. 모든 것은 김일성 부자 세습 체제를 유지하기 위한 술책이었으며 경제 원칙과 효율성은 상대적으로 소홀해질 수밖에 없었다.

70년대에 들어 더욱 두각을 나타낸 한국의 모습에, 북한은 부랴부랴 일본과 유럽 국가에서 차관을 들여와 공업화에 투자했고 지하자원을 수출하여 이를 갚아가기로 한다. 그러나 얼마 후 발생한 오일 쇼크로 전반적인 자원의 가격이 폭락하여 상환할 길이 막혔고, 해외에서 추가적인 자금 조달 방법도 끊겼다. 이때 북한이 재정난 타개를 위해 눈독을 들인 것이 재일조선인들의 자산이다. 북한 지도층의 입장에서 재일조선인의 재산을 북한을 위해 차출하는 것은 당연한 일이었다. 일본을 방문한 조선노동당의 한 간부는 조은의 대형 금고를 열라 하고는 눈앞의 돈뭉치를 모두 조국에 헌금하라는 말까지 내뱉었다고 한다.

조은은 비록 임원의 인사권을 조총련이 쥐고 있었지만 80년대 후반까지는 동포를 지탱하는 금융 기관으로 발전하고 있었다. 그러나 경제 사정이 갈수록 악화된 북한은 1986년, 조총련에 대해 경제적으로 자립한 조직이 되라는 김정일의 '말씀'을 전한다. 즉 조총련이 스스로 돈을 벌어 헌금하라는 의미였다. 같은 해에 조총련 중앙위원회의 재정담당 부의장이 된 허종만은 파친코 경영, 그리고 토지 가격 차액을 노린 부동산 개발에 나선다.

허종만은 1935년 경상남도 고성군에서 태어났다. 1955년에 조총련이 결성되었을 때는 가나가와현 위원장을 맡았다고 한다. 부의장이 된 후에는 조선노동당 공작 기관의 권위를 등에 업고 조총련이 마치 자기 것인 양 주무르고 자금 조달에 열을 올렸다. 인사권을 빙자하여 조은으로부터 과도한 액수의 융자를 받아내어 물 쓰듯 투자에 쏟아부었다.

몇 년 동안은 버블 경제를 타고 이익을 냈으나 거품이 꺼지자 상황은 이미 소 잃고 외양간 고치는 격이었다. 1997년의 조은오사카를 시작으로 2001년까지 총 38군데 중 16군데가 파산으로 내몰렸다. 그 구제책으로 일본 정부가 약 1조 4천억 엔의 공적 자금을 투입한 것은 잘 알려진 사실이다. 조은은 일본인 이사장을 들이는 대신 조총련과 일체의 관계를 끊고 공적 자금의 상황이 마무리될 때까지 일본 정부의 감독 아래 놓이게 되었다.

일련의 사태를 초래한 허종만은 그 후 책임 추궁을 면하여 2012년에는 조총련 의장에 취임했다. 그러나 조은의 자금이 끊긴 조총련은 직원의 급여조차 밀리게 된다. 이리하여 조총련은 많은 재일조선인으로부터 버림을 받고 점차 약화되었다.

버블 붕괴로 무너진 꿈

민단계의 상은도 상당수가 버블 붕괴를 극복하지 못했다. 조은의 명맥을 잇는 신용조합 중, 파산과 통합을 거쳐 현존하는 것은 일곱 군데뿐이다. 한편 전성기에 39점포까지 성장했던 민단계의 상은은 파산 처리 등을 겪고, 현재 네 군데가 남아 있다.

거품 붕괴와 헤이세이 불황[29]의 분수령이 된 1990년, 오사카흥은은 민족계 금융 기관으로는 처음으로 예금 총액이 1조 엔에 이르렀다. 이 윽고 버블이 붕괴되자 오사카흥은은 확대 노선으로 전환. 1993년부터 1995년에 걸쳐 고베, 시가, 와카야마, 나라의 민단계 신용조합을 흡수 합병했다. 동시에 회사명을 오사카흥은에서 간사이흥은으로 바꾸었 다. 그러나 이 확대는 동시에 경영난을 허덕이던 각 상은의 부실채권을 끌어안는 결과가 되었다.

오사카시립대학 교수 박일이 이희건의 생애에 대해 저술한『재일 머 니 전쟁』에 따르면, 일본 금융 당국은 오사카흥은에 대해서도 대다수의 금융 기관과 마찬가지로 합병, 통합을 촉구했다. 한편 이희건에게는 자 신이 설립하여 키워온 신한은행과 오사카흥은을 합병시켜 한일을 아우 르는 국제 금융 기관을 만들겠다는 꿈이 있었다. 그러려면 우선 오사카 흥은을 보통 은행으로 전환할 필요가 있었는데, 금융 당국으로부터 그 조건으로써 제시된 것이 규모 확대였다고 한다.

1998년, 오사카상은이 파산. 이에 따라 통합된 상은을 인수할 새로 운 은행의 설립 움직임이 일어났다. 이윽고 통합의 주도권을 둘러싸고 이희건을 중심으로 한 간사이 세력과 도쿄상은을 중심으로 하는 간토 세력이 대립했다. 양측은 서로 한 치의 양보 없이 각각 독자적으로 새 로운 은행 설립의 준비를 진행했다.

그러나 2000년 12월 인수를 자처하던 도쿄상은과 간사이흥은이 각각 파산을 맞이했다. 마루한의 회장인 한창우도 이듬해에 은행 설립 제안 을 받았으나 현실화되지는 않았다. 결과적으로 도쿄상은은 2002년에

---

29) 버블 경기 이후인 1991년부터 2001년까지 지속된 일본 경제의 극심한 장기 침체 기간. '잃어버린 10년'이라고도 한다.

'아스카신용조합'으로, 오사카상은과 간사이흥은은 2001~2002년에
'긴키산업신용조합'으로 사업이 양도된다. 긴키산업의 회장은 MK택시
창업자인 아오키 사다오였다. 1928년에 경상남도 남해군에서 태어난
그는 유봉식이라는 이름으로도 알려져 있다.

쓰디쓴 좌절 끝에 남은 것

파산한 도쿄상은의 채무 초과액은 2000년 6월 말 기준으로 193억
엔, 간사이흥은은 510억 엔이었다. 두 곳 모두 버블기의 과잉 대출이
초래한 결과였다. 『재일 머니 전쟁』에 따르면 이희건은 간사이흥은의
파산을 막기 위해 한국 정부에게 지원을 요청했다고 한다. 그러나 사반
세기 전의 서갑호와 마찬가지로 본국에서 구원의 손길을 내밀어 주는
일은 없었다.

간사이흥은 파산으로 이희건은 2000년 12월에 회장직을 사임했다.
다음해 1월에는 배임 혐의로 구속, 유죄 판결을 받는다. 체포된 계기는
골프장을 경영하는 코마개발에 대한 부정 대출이었다. 이희건이 직접
회장을 맡고 있던 이 회사는 1980년에 나라현에서 골프장 '코마컨트리
클럽'을 개장했다. 27개의 홀을 보유한 이 클럽은 프로 골프 선수권이
열릴 정도의 규모와 시설을 자랑했다.

이희건을 포함한 많은 재일한국·조선 경제인들은 일본의 골프장에
대해 공통된 감정을 품고 있었다. 아무리 사회적 지위가 높아도 한반도
에 유래한 이름으로는 입회를 거절당했기 때문이다. 이희건의 입장에
서도 본인의 손으로 일류 골프장을 만드는 일이 오랜 비원이었을 것이

다. 그러나 그 경영을 지탱하기 위한 강압적인 융자가 마지막 치명타가
되고 말았다.

이희건이 물러난 지금도 코마컨트리클럽은 코마개발에 의해 운영이
이어지고 있다. 2011년 3월에 93세로 타계한 이희건의 묘소는 이 골프
장 가까이에 마련되었다고 한다.

사망할 때까지 명예 회장을 맡았던 신한은행은 1989년에 주식을 공
개했다. 이후 재일동포들의 출자 비율이 상대적으로 축소되고 이희건
의 영향력도 약화되었다. 그러나 이희건이 그간 추진한 혁신적인 경영
은 기업 DNA로 이어지고 있다. 한국에서 은행의 40% 이상이 사라진
90년대 통화 위기 때도 신한은행은 흑자로 견뎌냈다. 2001년에는 지주
회사 '신한금융'이 출범했고 현재는 전 세계에 자회사를 두는 국제 금
융 그룹으로 성장했다.

이희건의 이름은 지금도 한국에서 그 창설자로서 널리 회자되고 있
다. 2017년에는 이희건의 탄생 100주년을 축하하는 이벤트가 KBS홀
에서 열려 여러 언론이 그 생애를 회고했다.

김희로

1928(1927?) ~ 2010
시즈오카현 시미즈시 출생 / 재일 2세

일본행을 원하지 않았던 어머니

"내가 구렁이도 아니고 정말로 어떻게 여기까지 온 건지 저도 제 자신이 신기해요." 김희로의 어머니 박득숙은 혼다 야스하루의 『사전(私戰)』[30]에서 이렇게 말했다. 아마도 아들의 무기 징역 판결이 확정되고 얼마 후인 70년대 후반의 발언일 것이다.

'구렁이'는 몇 번이고 구렁텅이로 떨어져도 살아남는 끈질김의 비유다. 박득숙은 또한 이렇게도 말한다. "(혼다가) 일부러 찾아와 주셨으니 이렇게 얘기하고는 있지만, 내가 살아서 얘기하고 있는 건지, 죽어서 얘기하고 있는 건지 댁들은 모를 겁니다."

박득숙은 한일 강제병합 전년, 조선이 대한제국이었던 1909년에 부

---

30) 국문 번역서는 『김희로, 나의 전쟁』(강무홍 역, 춘추원, 1991).

산에서 태어났다. 일곱 살 때 일본인 농장주 집에서 아이 돌보는 일을 했다. 당시 이미 조선 농민들의 토지 대부분이 일본의 국유지가 되어, 그 토지를 불하받은 일본인 사업가가 농장을 경영하고 있었다. 그녀는 아홉 살 때 정식으로 더부살이로 고용되어 잡다한 일을 맡아 했다. 영리하고 부지런한 데다 일본어 습득도 빨랐던 그녀는 농장주의 귀여움을 받았다고 한다.

17세에 7살 많은 권명술과 결혼한다. 박가와 권가는 원래 이웃지간이었으나 권명술은 이미 부모 형제들과 함께 일본으로 건너간 상태였다. 잠시 고향으로 돌아온 권명술은 박득숙을 아내로 맞아 억지로 일본으로 데려간다. 동네에서 권명술의 모친은 탐욕적인 사람으로 알려져 있었고 박득숙은 결혼도 일본행도 원하지 않았다.

권명술은 당시 곤도라는 일본 이름으로 공사 청부업을 하고 있었다. 한자의 읽고 쓰기가 가능했고 인망도 있었던 그는 비교적 좋은 환경에서 일했던 모양이다. 그러나 부부는 시부모에게 생활비를 보내야 했고 박득숙은 가계를 위해 취사일, 엿장수 등의 일을 해야만 했다. 또한 권명술이 헤어진 일본인 애인과의 사이에서 낳은 딸이 둘 있었는데 박득숙은 그 어미 노릇까지 떠맡았다.

좀 더 나은 일자리를 찾아 아타미, 이즈, 도쿄 등지를 전전하던 일가는 1928년에 시즈오카현 시미즈시의 쓰키지초(현 시미즈구)에 정착한다. 그즈음 부부 사이에서 태어난 사내아이가 '김희로'. 후일 폭력단원 두 명을 사살하고 온천 여관에서 농성했던 인물이다.

아버지와의 나날

엽총과 다이너마이트로 무장한 살인범이 13명을 인질로 잡고 농성하며 수많은 보도진들 앞에서 조선인으로서 받았던 수모를 거침없이 내뱉었다. 일본 최초의 '극장형 범죄'라 불리는 기이한 사건, 즉 '김희로 사건'이 일어난 것은 흑백 TV의 보급률이 90%에 달하고 얼마 지나지 않은 1968년의 일이다. 범인 김희로는 1975년에 무기 징역이 확정되었다. 약 32년간 옥중 생활을 보낸 후 1999년 9월에 가석방되었다. 국적인 한국으로 이송된 후로 다시는 일본 땅을 밟지 않았다.

2010년 3월에 김희로가 사망했을 때 사건의 무대가 되었던 후지미야 여관의 안주인은 한국 신문의 취재에 이렇게 답했다. "귀국 후에는 여생을 행복하게 지내길 바랐는데 전해 들은 소문으로는 그렇지 못한 것 같아 안타깝습니다.", "천국에서나마 평온하기를 바랍니다." 기사를 쓴 한국인 기자는 안주인이 고인을 '김희로'라고 부른 것에 느꼈던 위화감도 기술했다. 귀국 후 김희로는 호적상의 본명 '권희로'로 통했기 때문이다.

權禧老, 權嬉老, 김희로, 곤도 야스히로, 시미즈 야스히로, 가나오카 야스히로. 이는 모두 김희로가 일찍이 사용했던 이름이다. 그가 스스로 지은 이름들이 아니다. 모친의 재혼으로 부친이 된 두 명의 성과 일본 이름이 변천된 것이다. 또한 출생 시의 한자 표기 權禧老가 權嬉老로 된 것은 일본의 관공서가 기록을 잘못한 탓이다.

생년월일도 다섯 가지로 알려져 있다. 가장 빠른 것은 1927년 1월 1일, 가장 늦은 것은 1928년 11월 20일이다. 본인은 재판의 의견 진술에서 후자를 자신의 생년월일로 말했다. 그러나 이는 박득숙의 증언,

호적, 또한 본인이 1999년에 쓴 자서전의 내용과도 어긋난다. 김희로는 이 책에서 자신이 다섯 살 때 친부 권명술이 죽었다고 썼다. 이것은 만 나이가 아니라 햇수로 센 나이였을 것이다. 또한 후술하는 박삼중 스님은 김희로가 "부친의 넘치는 사랑 덕에 다섯 살까지는 행복했다." 라고 회고했다고 한다.

작가 야마모토 리에는 김희로의 뛰어난 기억력은 모친에게서 물려 받은 것이라고 썼다. 또한 박득숙에 의하면 능란한 언변, 편지를 자주 쓰는 점, 강한 자아, 순간적으로 태도가 돌변하는 성격은 부친의 영향 이라고 한다.

그런 권명술이 세상을 떠는 것은 1931년 2월의 일. 항만 작업 중에 권양기의 체인이 갑자기 풀려, 떨어진 목재가 가슴을 강타했다고 한다.

자식에 대한 사랑이 남달랐던 권명술은 생전에 장남인 김희로를 유독 아꼈다. 일에서 돌아오면 언제나 문간에서 김희로와 한바탕 숨바꼭질을 했다고 한다. 박득숙도 그가 살아있었을 때가 김희로 생애에서 유일하게 행복했던 시기였다고 야마모토에게 이야기했다. 김희로가 의견 진술에서 밝힌 생년월일과 사고의 시기가 사실이라면 권명술과 함께 보낸 시기는 2살 남짓에서 끝난 셈이 된다.

방랑과 절도

권명술이 사망했을 때 박득숙에게는 김희로와 그 여동생 둘이 있었고 뱃속에는 딸아이가 자라고 있었다. 모자는 한동안 시미즈의 시어머니댁에 몸을 의탁했으나 사이가 나빠서 오래가지 못했다. 무작정 시어머니댁을 나온 박득숙은 넝마주이를 하며 생계를 꾸렸고 남편의 3주기가 지난 1933년에 김종석과 재혼한다. 박득숙보다 두 살 연하인 종석은 권명술의 고용인이었던 인물이다.

딸 셋은 종석을 잘 따랐다. 그러나 김희로의 강한 자아는 새아버지를 완강히 거부했다. 어린 김희로는 길바닥에 대자로 드러누워 '어머니를 돌려 달라'며 떼를 썼다고 한다. 종석도 그런 의붓자식을 꺼려 부자관계는 좋지 않았다. 또한 재주가 많은 권명술과는 달리 종석은 그다지 열심히 일하는 성격이 아니었던 것 같다. 술을 마시면 "조선인을 바보 취급하고 말야."라고 푸념하곤 했고 박득숙에게 손찌검을 한 적도 있었다.

김희로는 1934년, 중산층 계급의 자녀가 다니는 명문 시미즈소학교에 입학한다. 학적부에는 관공서가 잘못 기록한 '권희로(權嬉老)'로 되어 있다. 김희로가 명문 학교에 들어간 것은 권씨 집안에서 대를 이을 장남만큼은 좋은 학교에 보내려 했던 것일 수도 있고 권명술의 생전의 연줄이 작용했던 것일 수도 있다.

그러나 일본인 틈에 유일하게 섞여 들어온 가난한 조선인이 학교생활에 잘 적응할 리가 없었다. 김희로는 법정 진술에서 소학교 3학년 때의 경험을 말했다. 그에 의하면 어머니가 싸준 보리밥 도시락을 두 명의 동급생이 비웃으며 뒤집어엎었다. 금세 몸싸움으로 번졌으나 말리러 온 교사는 이유를 묻지도 않고 김희로의 배를 걷어찼다고 한다. 김희로는 당시 동급생과 교사의 실명을 1999년의 회고록에도 기록했다.

김희로는 새아버지를 싫어해서 자주 가출했고 음식을 훔치다가 경찰에 붙잡히기도 했다. 열두 살 때부터 여러 직업을 전전하다가 일본 각지를 떠돌게 된다. 14세 즈음에는 나고야에서 손목시계를 훔쳐 세토소년원에 수감되었다. 다만 본인은 시미즈시의 영화관에서 주웠다고 기록했다.

소년원을 탈주한 김희로는 시즈오카시의 제과점에서 지갑을 훔치다가 또다시 붙잡혔다. 김희로는 도쿄의 조선인 교정 시설로 이송되었고 그곳에서 패전을 맞이한다. 항복을 선언하는 천황의 육성 방송으로 패전을 알게 된 조선인 소년들은 일본이 패한 억울함에 눈물을 뚝뚝 흘렸다고 한다.

소년의 영웅 숭배주의

의견 진술의 생년월일에 따르면 김희로는 17세가 된 1945년 11월에 두 건의 사기와 절도로 징역 2년, 집행 유예 4년을 선고받았다. 그리고 이듬해 8월에는 절도, 사기, 횡령으로 징역 1년 6개월의 실형을, 1950년 3월에는 사기, 협박, 총도법 위반, 단순 도주로 징역 2년, 같은 해 8월에 상해로 징역 4개월을 선고받았다. 그리고 얼마 지나지 않은 1952년 9월, 강도, 횡령, 총도법 위반으로 또다시 징역 8년을 선고받고 1959년 2월에 출소했다. 그리고 1961년 6월에 공갈 혐의로 다시 체포되어 1965년 5월까지 복역했다. 이후 1968년 2월에 폭력단원과 그 부하들을 사살하기까지 범죄 이력은 없다.

1952년 복역 당시 김희로는 옥중에서 젊은 공산당원과 만난다. 그 영향으로 독서에 눈을 뜨고 사회주의 관련 서적을 섭렵했다. 또한 복역 중에 자동차 정비사의 훈련을 받아 자격증도 손에 넣었다. 그러나 출소 후 조선인 전과자를 고용하는 정비 공장은 없었고 결국 자격증은 평생 무용지물로 끝났다.

김희로는 평생 세 명의 일본인을 포함한 6명의 여성과 혼인 내지 사실
혼의 관계를 맺었다. 흥미로운 것은 모두 불행한 처지의 여성에게 김희
로가 먼저 손을 뻗는 형태로 관계가 시작됐다는 점이다. 가출한 자살
미수 여성, 폭력단의 강요로 카바레에서 일하는 여성 등이 그 상대였다.

불행한 여성들에게서 모친의 모습을 봤다고 하기보다는, 여성을 유
혹하는 상투 수단이었다고 보는 편이 좋을 것이다. 다만 일찍부터 친하
게 지냈던 재일한국인 1세는 김희로가 '인정에 박한 편'이었다고 말한
다(『사전』). 또한 김희로는 어릴 적부터 '시미즈 지로초'와 같은 협객을
동경했다. 폭력단 조직원들에게 불려갈 때도 무리 지어 가는 것을 싫어
했고 경찰들은 그를 '독불장군 야쿠자'로 인식했다. 좋게 말하면 이상
주의 로맨티시즘, 나쁘게 말하면 유치한 영웅주의가 순간적 충동과 연
결되는 성격인 것으로 보인다.

인질을 잡아두고 농성을 벌이고 민족의 분노를 일본 사회에 퍼붓고
나서 자결한다. 이 계획 자체가 비장하면서도 작위적이다. 그리고 김
희로가 죽음을 걸고 시도한 이 퍼포먼스는 경찰과 언론까지 동원되며
복잡한 파문을 일으키는 대사건으로 발전한다.

파국과 참극

김희로가 지역에서 유명했던 광역 폭력단원의 살해를 계획한 이유
는 지불할 이유가 없는 어음을 빌미로 협박을 받았기 때문이다. 채무
독촉은 선술집을 운영하던 박득숙이나 동생들에게까지 미쳤고 김희로
가 멀리 아오모리로 피신해도 협박장이 도착할 정도였다. 순순히 돈을

지불해도 폭력단은 상대가 파멸할 때까지 계속해서 협박해 올 것이고, 끝까지 거부하면 조직의 체면상 자신을 살해할 것임에 분명했다.

취미인 사냥을 위해 타인 명의의 엽총을 소유하고 있던 김희로가 상대를 사살하는 것도 불가능하지는 않았다. 그러나 동료가 살해당한 조직은 체면을 걸고 반드시 보복한다. 즉, 가족이 모두 파멸할 때까지 괴롭힘을 당하거나, 폭력단원을 죽이고 자신도 보복 살해를 당하거나. 혹은 붙잡혀서 사형을 당하거나, 김희로가 선택할 길은 이 세 가지 중 하나밖에 없었다. 이미 화려한 전과를 가진 김희로가 두 명을 죽이고도 사형을 면한 것은 이 비참한 사정이 참작된 이유도 있다.

또한 그와는 별개로 김희로는 모든 것을 내던질 만한 이유가 있었다. 그는 1959년 출소 당시 어느 일본인 여성과 사실혼 관계를 맺는다. 이 여성은 박득숙의 가게를 도우며 2년 후에 다시 체포된 김희로가 돌아올 때까지 4년간을 기다렸다. 김희로는 출소 후 이 여성과 선술집을 시작했고 장사는 그럭저럭 번창했다.

이 무렵이 김희로의 생에서 가장 생활이 안정되었던 시기다. 그러나 김희로는 사건을 일으키기 전 해인 1967년, 다른 일본인 여성과 바람을 피워 낳은 아이를 데려와 기르겠다고 말한다. 김희로는 아버지로서 당연한 바람이었겠지만 여성과의 관계는 파국에 이르고 만다. 자신의 불찰로 벌어진 상황에 상처를 입은 김희로는 가게를 내동댕이치고 청산가리를 구해 일본 각지를 떠돌아다닌다.

게다가 그해 11월에는 의붓아버지 김종석이 자살을 했는데, 열 살된 손자까지 같이 죽음으로 몰고 갔다. 김종석은 그 몇 해 전에 삼륜 오토바이 사고로 장애인이 된 후 정신적으로도 병들어갔다고 한다.

할아버지에게 죽임을 당한 것은 막내딸의 아이였다. 막내딸은 남편이 사고로 죽은 후 아이를 부모에게 맡겼다. 손자는 김종석을 잘 따랐고, 술을 좋아하는 할아버지를 위해 용돈을 모아 소주를 산 적도 있었다. 그러나 정신이 망가진 종석은 누워있는 손자의 가슴에 부엌칼을 꽂고 자신은 농약을 마시고 자살했다.

당시 김희로는 우연히 알게 된 여성과 요코하마에서 동거를 하고 있었다. 참극을 알게 된 것은 그 열흘 후였다. 김희로가 집으로 돌아온지 며칠 후, 이번에는 이미 지불한 어음이 폭력단원의 손에 넘어갔다는 사실을 알게 된다. 김희로도 이름을 알고 있던 그 폭력단원은 그를 협박하며 빌리지도 않은 돈에 대한 차용증을 쓰게 했다. 김희로는 그다음 달 말, 그러니까 1967년 섣달그믐날부터 수첩에 일기 형식으로 죽음의 결의를 적어 내려가기 시작한다.

찢어 버린 등록증

1968년 2월 20일, 김희로는 36세의 폭력단원과 그의 19세 부하를 엽총으로 사살했다. 그가 재판의 최후 진술에서 밝힌 생년월일로 따지자면 당시 그의 나이는 39세였다. 범행 현장은 일찍이 친부가 사고로 죽었던 시미즈항에서 가까운 클럽이다. 김희로는 돈을 갚겠다며 폭력단원을 클럽으로 불러냈고 자신은 렌터카를 타고 갔다.

김희로는 이때 엽총과 약 500발의 총탄, 그리고 73개의 다이너마이트를 준비했다. 상대가 폭력단원 몇 명인 것치고는 과한 분량이었는데 사실 김희로는 모종의 계획을 세우고 있었다.

발단은 전년 7월로 거슬러 올라간다. 김희로는 시미즈 시내 번화가에서 밤 8시경, 10대의 사촌을 포함한 조선인들과 함께 일본인들과 집단 난동을 벌였다. 김희로는 그 자리에서 누군가가 "조선인 주제에 까불고 있어!"라고 고함치는 것을 듣고 사촌에게 누구 목소리인지 묻는다. 사촌은 시미즈경찰서의 K형사라고 했다.

김희로는 그날 밤 가까운 음식점에서 경찰서에 전화하여 K에게 따졌다. 그러자 K는 다시 조선인을 모멸하며 김희로를 도발했다고 한다. 시미즈경찰서와 K는 일련의 발언을 부정했으나 음식점 점원은 김희로가 항의하는 전화 내용을 들었다고 재판에서 증언했다. 이 증언은 판결문에도 채용되었다.

K의 태도가 김희로를 화나게 한 것은 분명한 듯하다. 김희로는 전화를 마친 후 바로 재일 1세인 지인에게 울분을 토했고, 소지가 의무화되었던 외국인등록증을 그 자리에서 찢어 버렸다. 어차피 죽을 거라면 마지막으로 경찰서에 폭탄을 던져 K도 함께 저세상으로 데리고 가겠다. 김희로는 경찰서 폭파라는 전대미문의 테러를 상상하면서 그 준비를 갖춘 후에 약속 장소인 클럽으로 향한 것이다.

그러나 결심을 단행하기에는 약간 주저했던 모양이다. 그는 누군가 단념하도록 자신을 설득해 주기를 기대하며 전날과 당일에 지인과 알고 지내던 경관에게 전화를 했다. 그러나 모두 부재중이어서 통화는 하지 못했다.

약속 시간은 오후 7시. 김희로는 차 안에서 폭력단원과 두 명의 남자가 클럽에 들어가는 것을 확인한 후 일단은 빈손으로 들어갔다. 그는 그들에게 아직 돈을 마련하지 못했으니 기일을 연기해달라고 부탁했다. 그러나 김희로의 증언에 의하면 폭력단원은 조선인을 멸시하면서 그의 요청을 단칼에 거절했다고 한다.

김희로는 잠시 자리에서 일어나 차에서 엽총을 들고 왔다. 엽총은 미군에서 흘러나온 것을 불법 개조한 것으로 한 번에 31발의 총알을 장전할 수 있었다. 김희로는 폭력단원에게 6발, 부하에게 4발의 총탄을 쐈다. 폭력단원은 한 발이 심장에 명중하여 즉사, 부하는 병원으로 옮겨진 후에 사망했다. 또 한 사람의 부하는 김희로가 차에서 돌아왔을 때 마침 자리를 비워 위기를 모면했다.

스쿠프 영상의 주인공으로

범행 후에 시미즈경찰서로 향하지 않은 것은 생각보다 경계가 삼엄해 도착하기 전에 붙잡힐 것 같았기 때문이다. 목적지 없이 차를 몰던 김희로가 스마타 협곡에 다다른 것은 오후 11시 반 정도였다.

오이가와강 상류에 있는 스마타 협곡은 미나미알프스 남단의 등산로 초입으로, 열 군데의 온천 여관, 40~50가구가 모여 있는 마을이었다. 길고 좁은 계곡의 막다른 곳에 위치하여 산기슭으로 통하는 도로 이외에 도망칠 곳은 없었다.

김희로는 그 스마타 협곡의 가장 안쪽에 있는 후지미야 여관에서 농성하기로 결심한다. 추격해 온 경찰을 상대로 최대한 저항하고 쌓인 울분을 실컷 푼 다음 자살할 생각이었다.

김희로는 엽총과 다이너마이트를 들고 모두가 잠든 조용한 여관으로 침입했다. 여관 주인 가족 5명과 투숙객 8명의 총 13명을 인질로 잡았다. 그리고 경찰과 각 신문사에 전화를 걸어 범행 성명과 자살 결의를 전했다. 경찰은 동이 트기 전에 다른 여관을 거점으로 인원을 배치했다. 그러나 권총밖에 갖고 있지 않던 경찰은 일단은 중무장한 김희로를 멀리서 지켜볼 수밖에 없었다. 이렇게 88시간에 걸친 김희로의 농성, 소위 '김희로 사건'이 시작된다.

오전 8시에 잘 알고 지내던 경관이 설득하기 위해 찾아오자 김희로의 요구가 구체화되어 갔다. K의 발언에 대한 사죄, 살해당한 폭력단원의 행적 공개, 그리고 언론을 통한 자신의 심경 토로가 그의 요구였다.

후지미야 여관에는 TV 방송국과 신문사의 전화가 쇄도했고 김희로의 육성이 TV를 통해 생방송으로 흘러나왔다. 또한 김희로가 지명한 NHK와 시즈오카 신문을 필두로 각 보도 기관 차량이 잇달아 현장에 도착했다. 기자들은 번갈아 후지미야 여관으로 들어가서 김희로의 발언을 기록했다. 당시에는 TV 중계차가 스마타 협곡까지 올라갈 수 없어서 촬영한 영상 필름은 헬리콥터로 운반되었다. 김희로는 또한 기자들에게 죽음의 결의를 기록한 수첩을 유서로서 건네주었고 그 발췌문이 각 신문 지면에 게재되었다.

여관의 TV로는 NHK와 시즈오카 방송의 두 개 채널만 시청 가능했는데, 김희로는 취재에 응하면서 TV뉴스를 체크했고 자의적인 보도가 나오면 위협 사격으로 항의했다. 이렇듯 김희로는 언론을 쥐락펴락하며 농성을 계속했다. 21일 저녁에는 TBS가 그를 직접 취재한 필름을 처음으로 방송했다. 이에 자극받은 각 언론사는 스쿠프 영상을 찍고자 스마타 협곡에 몰려들었다.

22일 오전 7시가 넘어, 전날에 김희로와 만난 NHK 기자가 TV에서 수첩의 내용을 소개한다. 그 보도 내용에 흡족한 김희로는 얼마 후 여관 안주인과 그 자녀 세 명을 풀어주었다. 그리고 오전 11시경, 김희로는 15명 정도의 기자를 여관으로 불러들여 공동 기자회견을 열었다. 그

내용은 일련의 주장과 같았으며 K와 폭력단원에 대한 분노, 자수를 거부
하고 자살할 결의, 또한 어머니에 대한 심경을 이야기했다. 이 기자회견
내용은 24일 체포될 때까지 TV를 통해 반복적으로 방영되었다.

쓴웃음 짓는 농성범

전대미문의 극장형 범죄가 가능했던 배경에는 흑백 TV의 보급 이외
에도 또 하나 중요한 점이 있다. 그것은 막힘없는 언변으로 상대를 끌
어당기는 김희로의 독특한 캐릭터이다.

인질로 잡힌 투숙객들은 모두 산에서 공사하던 건설회사의 직원이
었다. 처음 그와 마주친 직원은 엽총을 손에 들고 있는 김희로를 사냥
꾼으로 생각했다. 그리고 야쿠자와 싸우고 도망쳐 왔다는 말을 듣고는
모르는 척해줄 테니 숨어 있으라고 말했다. 공사 현장의 노동자들 중에
야쿠자들의 눈을 피해 도망 온 사람들도 있었던 터라 그런 상황에는
익숙했던 것 같다. 그러나 김희로는 여관에 있던 13명 모두에게 머리를
숙여 사과하며 농성하며 경찰과 대치하겠다고 전했다.

당시 주간지에는 김희로와 인질들이 식탁에 둘러앉아 담소를 나누
며 식사를 하고 있는 사진이 있다. 인질 중 몇몇은 김희로에게 동정,
공감했고 농성에도 협조적이었다. 안주인이 여관 안에서 죽으면 민폐
라고 말하자 김희로는 순순히 그 말을 받아들이고 자살은 밖에서 하겠
노라고 약속했다고 한다.

한편 "도망가면 인질을 죽이겠다."고 협박했다는 증언도 있다. 그러
나 간혹 인질을 남겨두고 외출하거나 엽총을 내려놓고 여관 안을 서성

거린 적도 있었지만 결국 아무 일도 일어나지 않았다. 그래서 인질들은 일부 언론에서 '조선인이 시키는 대로 한다'는 비난을 받았고 후에 익명으로 비방의 엽서를 받기도 했다.

인질이 인질범에게 동화 또는 동조하는 현상을 '스톡홀름 증후군'이라고 한다. 그러나 김희로가 위험한 범죄자는 아니라고 느낀 것은 인질들뿐만이 아니었다. 처음으로 김희로를 취재한 두 명의 기자는 살인범에게 사살당할 각오로 여관에 들어왔다. 그러나 김희로와 마주하자 두려움은 곧 사라졌고 기탄없이 질문할 수 있었다고 한다.

언론이 부여한 '흉악한 엽총마'라는 이미지는 실제와 미묘한 차이가 있었다. 최초의 기자회견에서는 자리싸움에 신경이 곤두선 기자들을 "너무 다투지 마세요."라며 타이르기도 했다. 기자 회견 이후 기자들은 여관을 자유롭게 드나들며 취재했다. "김희로 씨 잠깐 한 발 쏴주시겠습니까?"라는 기자의 요청에 하늘을 향해 엽총을 쏘아 보인 적도 있다. 또한 22일 오후에 여관 앞에서 자살할 것을 내비치자 진을 치고 있던 많은 보도진들은 황급히 촬영 준비에 돌입했다. 자살하는 순간을 카메라에 담기 위해서였다. 너무나 노골적이고 솔직한 그들의 반응에 김희로는 그저 쓴웃음만 짓고 있었다.

반입된 속옷

보도로 전해진 김희로의 호소를 지지하는 목소리가 높아지기 시작하여 작가, 대학교수, 변호사 등으로 구성된 지원 그룹이 결성되었다. 또한 자수를 설득하려는 사람들이 김희로를 방문하여 지원금 등을 건네기도 했다. 김희로는 숙박비라며 그 지원금을 여관 주인에게 주었다.

　김희로가 요구한 경찰의 사죄는 NHK를 통해 수차례 이루어져 시미즈경찰서 서장, 시즈오카현경 본부장, 그리고 K본인도 TV에 등장했다. 그러나 K는 그런 기억은 없으나 어쩔 수 없이 사과한다는 태도를 보여 김희로를 또다시 화나게 했다. 그래서 K는 사죄 문구를 바꾸어 다시 한 번 카메라의 앞에 섰다. 그러나 이 비정상인 상황이 언제까지나 계속될 리 없었다.

　24일 오전 11시를 지나 방송된 현경 본부장의 사죄를 받아들여 김희로는 요구 중 한 가지를 취소했다. 그러나 경찰 입장에서는 폭력단원의 행적에 대해 아직 수사가 끝나지 않은 상황에서 결론을 내릴 수가 없었다. 한편 잠도 자지 않은 채 영양제를 맞아가며 농성을 계속한 김희로는 피로가 극에 달한 상태였다.

　김희로는 사죄의 대가로 인질 한 명을 풀어주겠다고 했다. 그리고 24일 오후 3시를 지나 인질을 내보내기 위해 현관으로 나왔을 때 기자로 변장한 9명의 경관들에게 붙잡히고 만다. 김희로는 이때 혀를 깨물었으나 죽지는 않았고 경관은 그의 입에 천을 감은 드라이버를 물렸다.

　김희로가 농성하는 사이 어머니 박득숙도 스마타 협곡에 와 있었다. 그녀는 김희로를 설득하러 들어가는 사람에게 아들한테 건넬 속옷과 함께 '깨끗한 모습으로 죽어라'는 말을 전했다. 아들이 폭력단에 살해당하는 것도, 사형당하는 것도 견딜 수 없다. 차라리 스스로 목숨을 끊으면 아들의 시신은 어미가 거두겠노라는 말이다. 전언을 받은 민단 단장은 차마 그 말을 전할 수가 없어 그냥 가슴에 묻은 채 스마타 협곡을 뒤로했다. 그러나 어머니가 전해 준 속옷을 건네받은 김희로는 그 뜻을 알아챘는지 엽총을 들고 욕실에 들어가 몸을 깨끗이 씻었다.

어머니의 죽음

1972년 6월의 지방 법원, 1974년 6월의 고등 법원에서는 모두 무기 징역을 선고받았다. 그리고 1975년 11월에 상고가 기각되어 형이 확정되었다.

김희로는 재판 중에도 사법에 대한 무모한 테러를 기도했다. 회고록에 따르면 법정에 식칼과 약을 반입해 검찰관을 찌른 후 자살하려 했다는 것이다. 미결수로서 시즈오카 형무소에 수감된 김희로는 간수를 통해 식칼, 약, 줄, 게다가 카메라와 오디오까지 손에 넣었다.

수감자가 간수를 위협하거나 구슬려서 부정을 범하게 하는 일은 드물지 않다. 복역 경험이 많고 언변이 좋았던 김희로는 특히 그런 일이 능숙했었는지 과거에도 비슷한 문제를 일으킨 적이 있다. 시즈오카 형무소의 사건으로 관계자 13명이 징계 처분을 받고 간수 한 명이 자살하고 말았다.

형이 확정되고 3개월 후, 김희로는 구마모토 형무소에 수감되었다. 모든 공판을 방청한 어머니 박득숙은 한 달에 한두 번, 시즈오카에서 구마모토 형무소를 오고 갔다. 1시간 정도의 면회를 위해 편도 1박 2일을 이동해야만 했다. 무기형을 받은 자는 10년이 지나면 가석방 대상이 되며 당시는 신청이 현재보다 비교적 조기에 인정되었다. 김희로의 가석방과 귀국 운동에 분주했던 부산의 박삼중 스님에 의하면, 박득숙은 김희로가 가석방되면 고향인 부산으로 돌아가고 싶다고 했다.

그러나 박득숙은 김희로가 구마모토로 옮긴 지 6년 후, 뇌혈전으로 반신불수가 되었고 그로부터 오랜 세월이 흐른 1998년 11월, 89세의 나이로 타계했다. 김희로가 가석방을 인정받아 출소한 것은 이듬해인

1999년 9월. 김희로의 나이 이미 70세였다.

김희로의 가석방은 한국 송환 후 일본에 재입국하지 않는 것이 조건이었다. 한국어는 옥중에서 독학한 것이 전부였던 김희로에게 한국은 가본 적도 없는 이국이었다. 김희로는 처음에 조건에 불복했으나 박삼중 스님의 끈질긴 설득에 뜻을 굽히고 가석방을 받아들였다. 이리하여 출소와 동시에 나리타로 직행한 김희로는 부산 김해공항에 내렸다. 그리고 두 번 다시 태어난 고향 땅을 밟는 일은 없었다.

세 번째의 옥중 결혼

김희로는 세 번의 옥중 결혼을 했다. 첫 번째는 1969년, 상대는 사건 직전에 요코하마에서 동거하던 일본인 여성이다. 그러나 얼마 지나지 않아 이혼했고 그 여성은 1974년에 재혼했다.

두 번째는 1983년, 상대는 한국의 대전교도소에 수감되어 있던 한국인 여성이다. 일본인 주재원의 내연녀였던 이 여성은 1974년에 서울에서 일본인의 본처를 죽이고 무기징역을 선고받았다. 옥중에서 본 주간지를 통해 사건을 알게 된 김희로가 편지를 보내 펜팔이 시작되어, 둘 모두 옥중에 있는 상태에서 결혼했다. 그러나 먼저 가석방된 여성은 1993년에 박득숙이 김희로를 위해 저축한 천만 엔과 그리고 김희로가 쓴 책의 인세와 지원금을 가지고 달아나버렸다. 이 여성은 2000년 2월에 부산을 방문하여 다시 김희로에게 접근하였고 그 2개월 후 다시 550만 엔 정도를 훔쳐 잠적했다.

그리고 세 번째는 결혼은 2001년 7월. 상대는 부산에서 알게 된 여성 P이다. 김희로가 한국에서 또다시 수감된 이유는 이미 잘 알려진 것처럼 또 한 차례 범행을 저질렀기 때문이었다.

P는 결혼한 지 20년이 넘은 두 아이를 둔 유부녀였다. 그러나 남편은 꽃집을 운영하는 P의 수입에 기대어 자주 술을 마시고 폭력을 휘둘렀다. 김희로와 알게 된 것은 P가 박삼중 스님의 신도였기 때문이다. 김희로는 그 신도들을 비롯한 후원자들의 지원을 받으며 생활하고 있었고 P는 김희로가 돈을 떼인 후에 뒷바라지를 해 주었다. 결혼 생활이 행복하지 않았던 P에게 김희로는 부드럽게 접근하여 두 사람은 자연스럽게 가까워졌다. 그러나 외도를 의심하는 남편의 심한 질책에 P는 자살 시도까지 했다.

김희로가 범행을 저지른 것은 2000년 9월. 『김희로의 진실(金嬉老の真実)』(아베 모토하루 저)에 따르면 김희로는 한국어를 잘못 알아들어 P가 남편에게 감금되어 있는 것으로 오해했다고 한다. 김희로는 그 얼마 전에 남편이 자신을 흉기로 죽이려 한다는 소문도 들었다. 그래서 김희로는 P를 구하기 위해 흉기를 들고 쳐들어가 그녀의 남편과 난투극을 벌인다. 김희로는 그 자리에서 P에게 현금 100만 엔을 건네며 이 돈을 가지고 도망가라고 했다. 이 소동으로 P와 그 남편은 가벼운 찰과상을, 김희로는 자신의 흉기에 찔려 턱에 중상을 입었다. 가구에 불을 질렀다고도 하는데 화재로는 번지지 않았다.

김희로는 2000년 10월, 정신 감정에서 성격 장애로 판정받는다. 어린 시절부터의 인격 장애, 긴 복역 생활, 한국의 환경에 적응하지 못한 스트레스 등이 원인으로 거론되었다. 결국 김희로는 공주의 치료감호소에 2년간 수감되었고, 그 사이에 P는 남편과 이혼하여 옥중의 김희로와 재혼했다.

귀향

박삼중 스님은『월간조선』(2001년 1월호)에서 "(일본의 재일교포들은) 냉담한 반응을 보였는데 그때까지도 나는 그들의 그런 태도에 실망했고 정말 민족의식이 없는 사람들이라고 생각했습니다. 하지만 지금은 그런 판단이 경솔했던 것임을 인정하지 않을 수 없어 안타깝습니다."라며 많은 재일교포들이 겪었을 억울함을 자신의 범죄의 합리화에 갖다붙이는 것은 이기적이라는 말을 내비쳤다.『김희로의 진실』에서 박삼중 스님은 당시 일흔을 넘긴 김희로에 대해 이렇게 말한다. "(생애 중) 약 50년간이 교도소 생활이었다. 그의 정신세계는 아직도 20대인 것이다." 또한 박삼중 스님은『월간조선』과의 인터뷰에서 김희로는 스스로를 위대한 영웅으로 생각했다고도 말했다. 김희로는 일본에서 반권력의 영웅, 한국에서는 민족의 자긍심을 위해 싸운 투사로서 전해졌다. 범죄로 점철된 김희로의 인생. 그는 언론에서 그려진 이미지대로 살려고 했던 것일까?

2006년에는 한국인 지원자의 초청으로 방한했던 후지미야 여관의 안주인과 재회하기도 했다. 현지 신문에 따르면 그녀는 "살아서 또 만날 거라 생각하지 못했다."고 말했다.

김희로는 또한 2007년『월간동아』와 2008년 TV아사히와의 인터뷰에서 일본에 대한 망향의 뜻을 밝힌 바 있다. 그는 자주 부산의 전망 좋은 언덕에 올라 바다를 바라보며 멀리 있는 고향 시미즈시를 그리워했다고 한다. 또한 매일 아침 부산의 관광지를 돌며 일본인 관광객에게 말을 걸어 대화를 즐겼다고 한다. 또한 TV아사히의 취재에서 일본에서 자주 먹었던 채소절임 오차즈케가 그립다고도 했다. 꽃집을 운영하는

P와 김희로의 단란한 모습도 영상을 통해 전해졌다.

2010년 2월, 김희로가 일본 정부에 도일 허가를 요청하는 탄원서를 보냈다는 보도가 있었다. 시미즈시에 있는 어머니의 묘소를 찾고 싶다는 것이 이유다. 그러나 결과를 듣기도 전에 같은 해 3월 26일에 전립선암으로 사망했다.

김희로는 죽기 전에 유골의 절반은 아버지가 태어난 부산 바다에 뿌리고, 나머지 절반은 어머니의 무덤에 같이 묻어달라는 말을 남겼다. 그의 유언대로 박삼중 스님은 2010년 11월에 그의 유골을 어머니와 함께 묻어 주었다.

박삼중 스님은 김희로의 가석방을 위해 1990년부터 50회 가까이 일본을 오갔으며 시미즈시의 양로원에 있던 박득숙을 16회 방문했다고 한다. 김희로의 유골을 들고 박득숙 묘소 앞에 선 박삼중 스님은 아들을 데려오겠다는 약속을 이제야 지켰다며 모자의 명복을 빌었다.

마치이 히사유키

실업가, 1923~2002
도쿄시 후카가와구(현 도쿄도 고토구) 출생 / 재일 2세

전향 활동가가 이끌린 사상

1910년 한일 강제병합에서 시작되어 1945년 일본의 패전과 함께 끝난 일본의 한반도 통치. 한국에서는 이것을 '일제 36년'이라고 표현하곤 한다. 당연한 말이지만 처음부터 통치 기간이 36년으로 정해져 있었던 것은 아니다. 독립운동가들은 하루라도 빨리 지배에서 벗어나기를 열망했고, 일본인들을 믿고 동화를 원했던 조선인들은 통치가 계속될 것이라고 생각했을 것이다.

강영석은 그 두 가지 입장을 오고 간 사람 중 하나다. 1906년에 전라남도 광주군(현 광주시)에서 태어난 강영석은 1920년대에 대두한 사회주의 운동에 경도된다. 1925년에 창립된 조선공산당에도 참여했다.

그러나 관헌의 탄압으로 수차례 체포되었다. 이윽고 1938년이 되자 강영석은 천황을 정점으로 하는 '일선 양민족의 일체적 협화'를 주장하

게 된다. 즉, 전향한 것이다.

단, 그는 내선일체를 적극적으로 지지하는 전형적인 친일파 조선인들과는 달랐다. 그가 이 시기 즈음에 빠져있던 것은 다름 아닌 동아연맹운동이다.

동아연맹은 일본의 육군 군인, 이시하라 간지가 주창한 사상이다. 이시하라는 관동군 참모로서 만주사변을 지휘하고 육군 중장까지 지낸 인물이다. 한편, 독자적인 군사 사상을 추구하며 중일 전쟁의 확대에 반대하여 도조 히데키에 의해 파면되었다.

니치렌(日蓮) 계열의 신종교에 경도되었던 이시하라는 일본은 맹주로서 동아시아 국가들이 천황 밑에 하나가 되는 공동체, 즉 동아연맹을 구상했다. 그 구상은 조선인을 일본인화하여 동화하는 내선일체와는 달리 민족성과 자치를 어느 정도 용인한다. 또한 거기에서 일본의 제국주의를 비난하는 논리를 도출해낼 수도 있다. 이러한 이유로 조선인 민족주의 우파, 그리고 강영석과 같은 사회주의 운동에 좌절한 활동가들이 동아연맹운동에 매료되었다. 강영석은 조선에서 그 중심인물이 되어 1940년에 조선동아연맹본부를 결성한다.

원래 이시하라는 조선의 독립과 해방을 구상했던 것은 아니고 오히려 천황을 중심으로 하는 하나의 체제로 흡수, 동화하는 공동체를 구상했다. 그러나 이미 30년에 걸친 일본 통치를 거쳐 내선일체에 반발하는 활동가들도 일본을 맹주로 하는 사상에 거부감을 느끼지 않게 되었다. 그 5년 후 일본에 패전할 것이라고는 꿈에도 생각지 못했을 것이다.

강영석은 해방 후 또다시 조선공산당에 입당하여 인민위원회의 지방위원을 지냈다. 그리고 1991년 한국 경기도 안양시의 자택에서 85세의 생을 마감했다.

'이사하라 간지 쇼군'의 가르침

종전 직후의 도쿄에서 '긴자의 호랑이'라 불리며 세간을 두려움에 떨게 했던 야쿠자 출신 실업가, 마치이 히사유키(町井久之). 정건영이라는 민족명을 가진 그는 이윽고 한국 정계와 돈독한 관계를 형성하며 영향력을 넓혀갔다. 마치이도 역시 재일 2세로서 동아연맹을 열렬히 신봉했던 인물이다.

조선총독부는 일본의 조선 통치에 이의를 제기하는 동아연맹을 합법적으로 인정하지 않았기 때문에 조선동아연맹본부의 활동도 그다지 진전되지 못했다. 이에 대해 일본에서는 1939년에 동아연맹협회가 발족하여 10만 명의 회원을 확보한다. 이후 도조 히데키에 의해 해산 명령이 내려지지만 1942년에 동아연맹동지회로 부활한다.

동아연맹은 일본에서도 재일조선인 유학생들이 운동에 참여했다. 그 중심이 된 한 사람이 훗날의 대한민국거류민단(민단) 단장, 조영주다.

1908년에 태어난 조영주도 광주에서 독립운동에 참가하여 마르크스주의자가 된 경력을 지닌다. 그러나 존경하는 공산주의자인 가와카미 하지메가 옥중에서 전향한 것에 환멸을 느끼고 이후 이시하라의 사상에 심취하여 동아연맹운동에 헌신하게 된다. 1923년에 태어난 마치이와는 해방 전부터 사제와 같은 관계였고 이시하라를 '이시하라 쇼군(장군)'이라 부르며 동아연맹의 사상을 설파했다고 한다.

조선에서의 동아연맹운동은 해방 후 일본에 가담한 친일파라며 지탄을 받았다. 일본에서는 1946년 1월에 GHQ가 해산을 명령했지만 그 사상은 우익 단체의 계보로 자리매김한다. 그리고 마치이와 조영주 등 운동에 참가한 재일조선인들은 보수 우파가 되어 공산당을 뒤에 업은 좌익 세력과 격렬한 항쟁을 펼친다.

1946년 10월, 재일조선인의 입장을 대표하는 단체로서 재일본조선인연맹(조련)이 결성된다. 그러나 공산주의자들로 구성된 지도부가 친일파와 민족주의자들을 배제하자, 이에 반발한 세력이 조선건국촉진청년동맹(건청)을 결성, 건청은 반공의 기치를 내걸고 조직의 전국 확대에 힘을 쏟았다.

마치이가 반공의 무력투쟁파로 명성을 쌓은 것은 이 시기의 일이다.

1945년 11월 말, 조련이 보낸 일당이 도쿄의 간다 진보초에 있던 건청의 거점을 습격한다. 시민의 신고를 받고 달려간 미군의 MP가 양측을 해산시켰으나 조련이 다시 습격해 올 것은 뻔했다. 이에 건청이 지원군으로 끌어들인 것이 '학생 야쿠자'로서 무용담이 알려진 마치이와 그 일당이었다.

다음날의 습격은 수백 명 규모의 대대적인 난투극으로 발전했다. 무력화된 일본의 치안 당국은 그저 바라보고 있을 뿐이었다. 그런 와중에 183cm의 거구로 상대를 차례차례로 쓰러뜨린 것이 마치이다. 또 한 사람 최영의(오야마 마스타쓰)[31]도 함께 조련을 상대로 주먹을 휘둘렀다.

오야마는 열여덟 살이 된 1939년, 부산에서 조영주로부터 동아연맹에 대한 가르침을 받았다. 그해 연말에 조영주를 의지하여 현해탄을 건너 이시하라를 스승으로 섬기는 이들과 함께 침식을 함께했다.

---

31) 한국계 일본인 무술가로 극진공수도의 창시자. 한국에서는 별칭 '최배달'로 잘 알려져 있다.

그림을 좋아하는 우등생 소년

마치이의 생애는 저널리스트 호리우치 야스노부가 쓴 『황소라 불린 남자(猛牛と呼ばれた男)』에 상세히 기록되어 있다. 이 책에 따르면 마치이의 부친 정창건은 1896년에 태어났다. 조선에서 일본으로 건너가 주오대학에 입학했으나 중퇴하고 장사를 시작한다. 해방 전에는 택시 회사를 크게 운영했다고 한다. 일본 이름은 마치이 시게오. 전후에는 도쿄시 후카가와구(현 도쿄도 고토구)에서 마치이상점이라는 간판을 내걸고 고철 전매로 돈을 벌었다. 의지할 곳 없는 아이들을 기른 독지가였다고도 한다.

정창건도 젊은 시절에 조선의 독립운동을 강하게 지지했다고 한다. 1923년에 마치이가 태어난 후, 자기는 언제 관헌에 붙잡힐지 모른다며 스스로 정관 수술을 받았다고 한다. 한편 그의 아내, 그러니까 마치이의 친모는 정창건과 정식으로 결혼하지 않고 얼마 후 다른 남성과 관계를 맺게 된다. 친모는 어린 마치이를 데리고 한반도로 돌아갔는데 친척들에게 뭇매를 맞았다고 한다. 여자가 남편과 헤어져 아이만 데리고 돌아오는 것은 유교 사회인 조선에서는 인륜을 저버린 정조 없는 행위였기 때문이다.

마치이는 조선에서 조모인 최동이에게 맡겨졌다. 조모는 1858년생. 마치이는 할머니를 존경하고 따른 반면 친모에 대해서는 혐오감을 갖게 되었다.

경성에서 자란 마치이는 성적이 우수하고 그림을 좋아하는 소년으로 성장한다. 그 후 일본으로 다시 건너간 것은 열세 살 때의 일이다. 그 사이에 부친 정창건은 일본인 여성과 결혼했는데 조선인 여성 사이에 아들이 있다는 사실은 말하지 않았다. 의붓어머니가 된 일본인 여성은 마치이를 노골적으로 구박했다고 한다. 정창건은 아들을 감쌌지만 부자간의 사이도 그리 좋은 편은 아니었다.

조모의 큰 사랑 속에서 지냈던 경성에서와는 딴판이었던 생활은 이후 그의 삶에 큰 영향을 주었다고 한다. 학교 성적은 변함없이 좋았지만 싸움을 일삼고 전학을 반복하게 된다. 센슈대학 전문부에 진학한 후에는 무리를 지어 야쿠자처럼 행패를 부리고 다녔다.

일생에 걸쳐 큰 영향을 받게 된 동아연맹사상을 접한 것은 이 즈음이다. 마치이에게 그 사상을 가르쳐준 조영주는 "민족 자치의 정신에 입각하여 조선 해방을 주장하라."는 내용으로 이해했다. 크게 감명 받은 마치이는 '이시하라 쇼군의 사상에 이 한 몸 바치는 것이 보람이라는 것을 통감'하게 된다(『황소라 불린 남자』).

'친일반역분자'라는 오명

마치이에게 사상적으로 영향을 미친 또 한 사람은 민단 중앙단장으로 역임한 권일이다. 『민단신문』에 따르면 권일도 조영주와 같은 경상북도 예천군 출신이다. 1938년에 메이지대학 법학부를 졸업하고 구 만주국에서 사법관을 지냈다.

권일은 일본의 패전까지 중앙흥생회 지도과장이라는 직책을 갖고 있었다. 흥생회의 전신은 1934년의 각의 결정에 따라 전국에 조직된 협화회이다. 특별고등경찰의 지도하에 재일조선인의 관리와 통제, 일본과의 동화를 추진한 단체다. 재일조선인의 보호와 생활 향상을 내건 반면, 탈주한 징용 노동자들의 수색도 맡았다. 많은 재일조선인들이 보도원으로 고용되어 실무를 담당했다.

그리고 패전의 기미가 짙어진 1944년, 협화회는 흥생회로 개편된다. 흥생회는 징병과 노동자 관리 등, 재일조선인을 전쟁 협력에 동원하기 위한 단체였다. 거기에는 권일을 비롯한 재일조선인 유력자들도 동원되었다.

일본의 패전을 거쳐 1945년 9월, 조련의 준비위원회가 발족되었다. 권일은 그 시작을 함께한 한 사람이다. 그러나 같은 해 10월에 도쿄의 료고쿠 공회당에서 열린 조련의 결성 대회에는 권일 등 네 명의 멤버가 회장에서 끌려 나가는 장면이 연출되었다. 흥생회에 관여했던 전력이 '친일파'로 단죄되었기 때문이다. 조련 발족 당시 위원장이 된 것은 패전까지 예방 구금 제도에 의해 투옥되었던 사회 운동가 김천해. 공산주의자인 김천해는 그날의 대회에서 '친일반역분자는 엄중히 처단'하겠다고 선언한다. 이렇게 조련에서 배제된 권일 등이 그 대항 세력으로서 건청을 결성한 것은 그다음 달이다.

권일도 조영주와 마찬가지로 이시하라를 '이시하라 간지 쇼군'으로 추앙하며 철저한 반공주의를 관철했다. 그리고 동아연맹사상에 감화된 마치이를 '확고한 신념의 소유자'라 평하고 특히 눈여겨보았다. 일본의 구체제에서 이어진 우익 사상이 '친일파'로 불린 재일조선인들을 통해 마치이에게 흘러간 것이다. 물론 재일의 보수 세력이 조련과의 무력 투쟁에 여념이 없던 당시, 싸움에 강한 무장투쟁파 마치이를 자기 편으로 끌어들인 소득은 컸을 것이다.

마치이는 1946년, 건청 도쿄 본부의 부위원장에 취임한다. 그 후도 재일대한청년단 간부를 거쳐 오랜 기간 민간과 주변 단체의 요직을 맡왔다.

이후 변호사가 된 권일은 마치이가 상해 사건을 일으킬 때마다 변호를 맡았다. 마치이는 1946년과 1949년에 두 번에 걸쳐 상해 치사로 체포된 적도 있다. 무례한 취객, 조선인을 비웃은 인부에게 주먹을 휘둘러 그만 죽게 한 것이다. 그러나 권일이 변호한 그 재판에서 마치이는 모두 집행유예 판결을 받았다.

낙오된 '재일'들의 동경

마치이는 1946년에 알게 된 일본인 여성과 평생의 반려자로 살았다. 그러나 혼인 신고는 하지 않았고 아내의 일본 국적은 그대로 두었다. 아이가 성인이 되었을 때 국적을 선택할 수 있도록 여지를 남겨둔 듯하다.

그의 아내는 『황소라 불린 남자』에서 마치이에 대해 이렇게 말한다. "남자 중의 남자였어요. 만나는 사람마다 반해버리고 말죠." 그녀뿐 아니라 마치이를 아는 사람들은 나이의 많고 적음에 상관없이 그 강직한 성품을 높이 평가한다. 어린 시절 화가를 꿈꾸는 수재였던 마치이는 남자다운 이상가로서 사람들을 끌어당기는 매력 또한 갖추고 있었던 모양이다. 이 책에 따르면 한국의 박정희 대통령이 마치이를 이렇게 평했다고 한다. "그런 남자가 몇 명만 있으면 이 나라도 좋아졌을 텐데, 돈에 좌지우지되는 사람들이 너무 많다." 또한 후일 대통령을 지낸 김영삼도 "마치이는 단순한 무뢰한이 아니다."라고 말했다.

물론 마치이는 단지 사상 추구에만 매달렸던 것은 아니다. 당시 도쿄의 나카노에 살았던 그는 먼저 이케부쿠로의 암시장을 무대로 불량배들과 연일 싸움을 벌였다.

일본이 연합국의 점령하에 있던 당시, 경찰력은 약화되어 치안이 흔들렸다. 완력으로 치고 올라가기에는 오히려 좋았던 시절이었다. 무서울 게 없는 남자의 무용담이 퍼지자 따르는 부하들도 늘어갔다. 마치이는 곧 부하를 30명 정도 거느리고 긴자로 진출한다. 재일동포가 경영하는 유흥업소나 파친코의 경호원 일을 하며 이름을 떨쳤다.

당연히 예전부터 활동하던 야쿠자들이 주시했으나 마치이는 협박을 당해도 눈 하나 깜빡 않고 항쟁을 거듭했다. 대립했던 야쿠자들도 마치이의 담대함을 인정하며 점차 협력 관계를 모색하게 되었다. 이윽고 마치이는 '긴자의 호랑이'라는 별명이 붙어 그 일당은 '마치이 일가' 또는 '마치이구미(組)'라 불리게 된다.

마치이는 낙오된 재일들에게 동경의 대상이기도 했다. 또한 일본 야쿠자들에게 걸린 재일동포들은 마치이와의 연줄을 사칭하여 위기를 모면하기도 했다. 평론가 가미노고 도시아키는 그런 마치이의 조직을 이탈리아계 이민의 마피아에 비유하기도 한다.

가미노고에 따르면 마치이는 자신의 이름을 말하는 동포들에게 관대했다고 한다. "내 이름이 동포들에게 도움이 된다면 얼마든지 내 이름을 써도 좋다."(『문예춘추』 1977년 6월 30일 발행호). 우익 활동가인 사고야 도메오는 같은 우익 사상을 신봉하는 마치이의 동포애에 "크게 감동했다."고 한다.

한편 승승장구하는 마치이의 이면에는 강력한 뒷배가 있다는 이야기도 들렸다. 그것은 바로 GHQ다. 일본의 공산주의화를 경계하던 GHQ는 공산당과 이어진 조련을 적대시했다. 그러한 와중에 우익인 마치이는 공산주의자나 조련 관련 대책에 유용한 존재였다. 종종 상해 혐의로 체포되었던 마치이가 바로 풀려난 것이 모두 권일의 변호 덕분이었다고는 보기 어렵다. 『황소라 불린 남자』에서는 구치소에 있던 마치이를 GHQ를 경유해서 석방시키려 하던 움직임에 대해서도 소개되었다.

민단의 발족과 남북 분단의 고착화

마치이가 야쿠자로 대두하기 시작한 1940년대 후반, 조련의 대항 세력은 열세했다.

건청이 결성된 이듬해인 1946년 1월, 박열을 위원장으로 하여 신조선건설동맹(건동)이 발족된다. 박열은 해방 전에 천황 암살을 기도한 대역죄로 투옥되었던 무정부주의자 사회 운동가이다. 전후에 출옥한 후 반공주의자로 활동을 시작했다. 같은 해 10월에는 건청과 건동을 주축으로 하여 재일본조선거류민단(민단)이 발족, 박열이 초대 단장에 취임했다.

조련은 그 사이에 공산당, 남한의 좌파와 관계를 강화하면서 재일조선민주청년동맹, 재일본조선민주여성동맹과 같은 산하 단체도 조직했다. 그러나 민단은 건청 이외에 이렇다 할 대중적 단체를 조직하지 못했다.

게다가 건청에서는 1947년, 마치이가 당사자가 된 내부 항쟁이 발생한다. 일본 정부의 특별 배급의 배분을 둘러싼 내분에서 건청 내 일부 그룹이 마치이 버금가는 무장투쟁파 1인을 살해. 마치이도 그 표적이 되어 살해될 뻔 했던 것이다. 마치이는 자신을 노린 그룹에게 가차 없는 보복을 했지만 건청의 약화는 피할 수 없었다.

1948년 8월, 38도선 이남에서 이승만을 대통령으로 세운 대한민국 정부가 수립된다. 한반도의 분단을 원하지 않는 재일동포들은 반발했으나 민단 단장인 박열은 이를 누르고 이승만 정권에 대한 지지를 표명한다. 박열의 지지를 받은 한국 정부는 같은 해 10월 민단을 재일동포의 공인단체로 인정했다.

이듬해 1949년 9월 9일에는 조련이 '점령군에게 반항'한 단체로 지목되어 해산된다. 한편, 자멸 상태였던 건청은 1950년 한국 정부의 도움으로 재일대한청년단으로 개편되었다. 그 본부감찰위원장에 오른 것이 마치이였다.

이윽고 민단은 한국 정부로부터 여권 업무 위탁을 받아 서서히 단원 수를 늘려간다. 그러나 1955년에 이르러서도 재일동포들의 한국 국적 비율은 25% 정도에 불과했다.

초대 민단 단장이었던 박열은 1902년 출생. 관동대지진이 발생한 1923년에 검거되어 1926년 3월에 일본인 아내 가네코 후미코와 함께 대역죄로 사형 판결을 받는다. 다음 달 두 사람은 무기징역형으로 감형되었으나 가네코는 그해 7월에 옥사한다. 박열은 1945년 10월까지 22년 2개월 동안 옥살이를 했다. 민단 단장으로서의 지도력도 안정되지 않아 결국 1949년 5월에 한국으로 귀국. 그러나 이듬해 한국 전쟁 발발과 거의 같은 시기에 북으로 끌려간다. 이후 공산주의로 전향한 후 1974년 1월에 평양에서 숨을 거두었다.

'동양의 목소리에 귀를 기울이는' 이상과 현실

마치이는 1950년부터 다음 해까지 공갈 협박 혐의로 1년 8개월의 구류 생활을 한다. 2심에서 집행유예 판결을 받아 보석으로 석방된 후, 다시 세력 확대에 나섰다. 그 주된 무대가 된 것이 50년대 전반부터 전성기를 맞이한 파친코 업계였다. 마치이는 1954년 도쿄 신바시에서 중앙상회를 설립했다. 경품 매입, 즉 파친코에서 딴 손님이 받은 경품을 사들여 수수료를 취하는 사업에 뛰어들었다. 100명 가까이 되는 부하를 거느린 그는 거친 방법도 불사했고, 중앙상회는 업계를 석권해 간다.

다만 이 경품 매입 사업은 마치이에게 정치적 이상을 실현하는 사회 운동이기도 했다.

조련은 1949년에 강제 해산된 후, 여러 산하 단체가 공산당과 함께 재건의 기회를 엿보고 있었다. 1950년의 준비위원회 결성을 거쳐 1951년에는 재일조선통일민주전선(민전)이 발족. 민전은 북한 지도부와의 관계를 강화하며 '재일조선인=공화국(북한) 공민'이라는 인식으로 정치 활동을 넓혀갔다. 재일동포를 중심으로 한 파친코 업계에서도 그 영향력이 상당했는데 특히 간사이의 경품 매입 업자는 구 조련계가 압도적으로 많았다고 한다.

마치이가 중앙상회를 일으킨 것은 이 세력이 도쿄로 진출한 시기에 해당한다. 요컨대 마치이는 간사이에서 온 구 조련계 업자를 몰아내어 좌익으로 흘러가는 돈줄을 막으려 했던 것이다.

이윽고 1955년 5월, 재일본조선인총연합회(조총련)가 발족. 내분으로 인해 일시적으로 민단을 떠났던 권일은 이에 위기감을 느끼고 마치이에게 대항 세력의 결성을 제안했다. 이리하여 마치이는 1957년 1월 동성회

(東聲會)를 설립한다. 동성회는 '동양의 목소리에 귀를 기울인다'는 의미로 '동양주의를 신봉하는 의협심 있는 청년'의 결집을 목표로 했다.

이러한 경위로 살펴보면 동성회는 마치이의 동아사상을 추구하는 청년단체인 것으로 보인다. 그러나 혈기 넘치는 젊은 구성원에게 고상한 사상은 둘째 문제였다.

동성회는 불량소년들을 포섭하여 구성원을 늘려갔으며 이듬해 1958년에는 약 500명의 조직으로 확대되었다. 주변 야쿠자와 격렬한 항쟁을 펼치며 도쿄 각지의 번화가로 진출했다. 삼성회 등 하부 조직도 맹위를 떨쳐 머지않아 신주쿠 가부키초를 세력하에 둔다. 이러한 동성회의 현실은 무장투쟁파 신흥 폭력단 그 자체였다.

그러나 마치이는 동성회가 폭력단으로 불리는 것을 유독 싫어했다고 한다. 그는 스스로를 사회에 헌신하는 협객이며, 동성회를 '불량소년의 재교육'을 담당하는 '감화원'으로 생각했던 모양이다.

그러나 조직 결성을 권유한 권일도 결국 마치이에게 해산을 촉구하게 된다. 마치이는 이에 불복하고 동성회는 어디까지나 사상단체라며 반발했다고 한다. 권일은 후일 동성회에 대해 "좌익의 공격에 대항하는 나날이었다."고 옹호하면서도 "결성 당시의 취지와는 다른 일들에 여념이 없었다는 것이 무척 안타까웠다."고 회고했다.

고다마 요시오와의 만남

마치이는 민단 산하의 재일본대한체육회의 부회장을 지내던 1954년, 제5회 월드컵 예선에 한국 대표를 출전시키기 위해 동분서주했던 적이 있다. 선수단의 원정 비용 지원금을 모으기 위해 마치이는 재일동포 재계인과 저명인을 찾아다녔다.

그러한 그에게 흔쾌히 두툼한 돈다발을 건네준 것이 프로 레슬러로 막 데뷔한 역도산이었다. 역도산의 비서였던 요시무라 요시오는 젊은 시절부터 긴자에 자주 다녀 마치이와도 면식이 있었다. 그런 인연 덕분에 재일동포를 기피했던 역도산도 마치이와는 친하게 술잔을 기울이는 사이가 된다. 그리고 오노 한보쿠를 비롯한 유력 정치가와 친분을 쌓은 역도산은 마치이가 고다마 요시오와 만날 수 있도록 계기를 마련해 주었다.

고다마는 1911년생. 일찍이 우익 활동을 펼쳤고, 전쟁 중에는 해군 촉탁으로서 전략 물자를 공급하는 특무 기관을 통해 거액의 부를 축적했다. 패전 후에는 정치가에서 야쿠자까지 쥐락펴락하는 어둠의 실세로서 정재계에 막강한 영향력을 휘둘렀다. 한반도와의 관계도 깊어 1965년 한일 국교정상화에서도 중요한 역할을 했다.

마치이와 고다마가 만난 것은 1959년경. 한일 관계의 중요성을 강조하는 거물 우익 고다마를 마치이는 존경해 마지않았다. 한편 고다마도 반공 활동을 펼치면서 조국을 위해 애쓰는 마치이에게 호감을 느끼고 마음을 쓰게 되었다. 1960년에 역도산이 리키아파트를 완공하자 마치이와 고다마는 각각 한일의 주요 인사를 그곳으로 초청하여 국교정상화를 향한 비밀회의를 열었다.

고다마와의 만남은 사상적인 측면뿐 아니라 마치이의 사업가로서의 활동에도 커다란 영향을 미쳤다. 일본 사회에서의 성공을 꿈꾼 마치이는 1963년 4월, 동아상호기업을 설립한다. 주택 수요의 증가로 활기를 띠게 된 부동산 사업에 뛰어들어 베드타운 건설이 시작된 도쿄 하치오지에 10만 평의 토지를 약 5억 엔에 사들였다.

마치이는 육영 사업으로 대학을 설립하고 싶어 했고 실제로 대학교수들과 준비 작업도 했다고 한다. 그러나 대학 설립 인가가 나지 않아 단념한다. 마치이는 토지 절반을 부동산 회사에 매각한 후 1년 뒤에 다시 사들여 물류 회사에 팔고 나머지 절반은 상사에 매각했다. 마치이는 이러한 토지 전매로 약 10억 엔의 차익을 손에 넣었다. 1년 사이에 토지의 녹지 지정이 풀려 지가가 세 배로 치솟았기 때문이다.

불로소득을 거머쥔 이 토지 거래를 중개한 사람이 고다마였다. 고다마는 택지화가 인정될 것이라는 사실을 알고 전매 아이디어를 마치이에게 제공했다고 한다.

마치이는 육영 사업이 '고다마 선생의 의향'이라고 말한 적도 있다. 마치이가 이상 추구를 위해 대학 경영에 뛰어들고자 했던 것은 본심이었을지도 모른다. 하지만 어찌됐든 고다마의 정보를 통한 토지 전매가 마치이의 사업 자금이 되었다. 마치이는 또한 같은 시기에 후쿠시마현 니시시라카와군 니시고손의 시라카와 고원에도 토지를 취득했다. 농업수산성이 불하하는 토지의 매수를 고다마로부터 권유받았기 때문이다. 이 또한 얼마 후 별장 부지를 판매하는 부동산업자에게 전매하여 커다란 이익을 보게 된다.

4월 혁명과 민단의 내분

마치이와 고다마의 밀월이 시작되고 얼마 후인 1960년 4월, 한국에서는 이승만 대통령의 퇴진을 요구하는 '4월 혁명'이 일어났다. 한국에서는 남북 화해에 대한 기대가 부풀어 올라 재일 사회에서도 기대감이

커졌다.

그러나 이 상황에 종지부를 찍은 것이 1961년 5월에 박정희가 일으킨 군사 쿠데타였다. 실권을 장악한 박정희는 민주화, 통일 운동 참가자를 구속 탄압했다. 당시 체포된 사람 중에 민단 간부이며 저널리스트였던 조용수가 있다. 4월 혁명 후에 한국으로 건너간 조용수는 한국에서 『민족일보』를 창간하여 중립화 통일론을 전개했다. 그러나 쿠데타 정권은 '조총련의 자금으로 공산주의를 퍼뜨렸다'는 이유로 같은 해 12월에 그를 사형에 처했다.

박정희의 쿠데타 당일, 민단에서는 조영주를 대신하여 권일이 새로운 단장으로 선출되었다. 사전에 쿠데타 정보를 파악했다는 권일은 '혁명 정부의 절대 지지'를 내걸었다.

그러나 민단 내부에는 이에 반발하는 그룹도 있었다. 전부터 이승만의 부패 정치에 비판적이던 민단의 일부 청년들은 4월 혁명 후에 재일대한청년단을 재일한국청년동맹(한청)으로 개편. 군정에서 민정으로의 이행을 요구하며 4월 혁명의 완수를 부르짖었다.

이에 대해 권일을 포함한 민단 집행부는 실력 행사를 불사하며 이 반대 세력을 배제했다고 한다. 『황소라 불린 남자』에 따르면 '반대 세력을 권위로 짓누르고 권일 집행부의 보호에 앞장선 것이 마치이'였다.

쿠데타로 등장한 새로운 카리스마

고다마는 일찍이 박정희의 쿠데타 정권을 정당한 한국 정부로 인정한 사람 중 하나였다. 고다마는 상황을 관망하던 일본의 유력 정치가들을 설득하여 쿠데타가 일어난 반년 후인 1961년 11월에 비공식적으로 방일한 박정희와 이케다 하야토 수상의 회담을 성사시켰다. 그리하여 한일 국교정상화를 향한 물밑 절충 작업이 진행되었다.

마치이는 이듬해인 1962년, 자민당 간부의 주선으로 한국 도항 허가를 손에 넣는다. 전후 첫 방한으로 마치이는 박정희의 경호 대장이었던 박종규와 의기투합했다. 박종규는 1964년부터 대통령 경호실장을 맡아, 박정희의 최측근으로서 절대적인 권력을 휘두른 인물이다.

일본군 출신으로 철저한 반공주의자였던 박정희는 마치이에게 새로운 카리스마가 되었다. 집에는 박정희의 사진을 걸어두고 습관적으로 예를 표했다고 한다. 남북이 국위 선양을 경쟁한 1964년 도쿄 올림픽에서도 마치이는 거액의 자금 원조를 하며 박정희를 도왔다.

가까스로 경제 발전의 궤도에 올라선 당시의 한국은 아직 극빈 상태였다. 그러한 와중에 마치이는 동아상호기업에서 벌어들인 자금을 들여 육군사관학교의 종합체육관, 보병사단의 복지센터 등까지 기증했다. 고다마도 방한을 거듭하여 한일 국교정상화의 교섭을 맡았다. 이렇게 마치이와 고다마는 박정희 정권의 중추에 근접하게 된다.

마치이는 1966년 10월, 대한올림픽위원회 위원장에 임명된다. 또한 박정희 정권에 대한 지원을 인정받아 1968년에는 한국의 국민 훈장 중 하나인 동백장을 수여받는다. 고다마도 한일 국교정상화에 대한 공로를 인정받아 1970년 8월에 수교훈장 광화장에 서훈되었다.

유통기한이 지난 우익과 폭력 단체

이 무렵 마치이는 고다마의 중개로 폭력 단체 야마구치구미의 3대
보스인 다오카 가즈오와 의형제가 된다. 고다마는 당시 전국의 노름꾼
을 결속시키는 '동아동우회'를 구상하고 있었다. 60년대 안보투쟁[32) 당
시 많은 우익 단체, 폭력 단체들을 동원했던 고다마는 이를 공산주의에
대한 대항 세력으로 조직화할 생각이었던 것이다. 그리고 동성회와 야
마구치구미의 결연을 그 마중물로 삼을 생각이었다. 동아동우회는 야
마구치구미 등의 지지를 얻지 못하고 좌절하지만, 일련의 움직임으로
동성회는 간토 지역의 폭력 단체 보스들로부터 같은 무리로서 인정을
받게 된다.

그리고 마치이는 그즈음 폭주한 부하를 대신하여 그 책임을 본인이
지고 새끼손가락을 잃었다.

동아동우회의 좌절은 시대의 필연이었다고 할 수 있다. 60년대 안보
투쟁 당시는 치안 체제가 정비되지 않아 보수 정치가들은 우익이나 폭
력 단체의 힘에 의지할 수밖에 없었다. 그 후 전국적으로 기동대의 정
비가 점차 진행됨에 따라 정부는 항쟁을 일삼는 폭력배를 방치할 수
없게 된다. 그리하여 경찰은 1964년 이후 '제1차 정상작전'이라는 명칭
의 대대적인 폭력단 단속을 실시했다.

그러한 와중에 마치이는 1966년 9월, 경시청에 동성회의 '해산 성명
서'를 제출한다. 마치이는 이 시기를 전후로 하여 도쿄를 무대로 일반
사회의 정상적인 비즈니스로 조금씩 이행해간다. 같은 해 2월에 롯폰

---

32) 미국 주도의 냉전에 가담하는 미일안전보장조약에 반대한 대규모 시민운동. 1959~60년,
1970년 두 차례 일어났으며 이후 일본 사회에 커다란 영향을 주었다.

기에 5층짜리 동아맨션, 그리고 10월에는 긴자에서 9층의 제2 동아상호빌딩을 신축했다. 또한 긴자에서 고급 클럽을 잇달아 열어 전성기에는 400명의 호스티스를 거느릴 정도로 사업을 넓혀갔다.

또한 제2 동아상호빌딩 완공과 거의 동시에, 빌딩 4~6층에 한국 요정 '비원'을 오픈한다. 접객은 가무를 배운 한국의 직업여성에게 맡겼다.

마치이를 실업가로 소개한 『경향신문』(1996. 7.13.). 마치이는 이해 6월에 준공한 대한체육회 회관에 엘리베이터를 기증했다. 또한 히말라야 산맥의 다울라기리봉을 향하는 한국 원정대에게 2만 달러를 기부했다고 한다. 기쁜 마음으로 박정희 정권을 위해 열의를 다하는 마치이의 자랑스러운 듯한 모습이 전해진다. 마치이는 또한 기사에서 반공 동포의 전위조직인 동성회가 폭력배로 오인되고 있다며 "일본 언론이 한국인인 자신을 왜곡하고 있다."고 말했다.

베트남에 파병되는 한국군을 위해 마치이가 100만 원을 기부했다고 보도한 『경향신문』(1966.7.5.)

일본을 방문한 한국의 주요 인사들은 모두 이곳을 방문하여 마치 한국 대사관의 영빈관처럼 이용되었다고 한다.

마치이는 2년 후, 유시마에 '유시마 비원'을 개업한다. 주위가 한적하고 사람들 눈에도 잘 띄지 않는 유시마 비원은 한일 주요 인사들의 은밀한 회합 공간으로 애용되었다.

유시마 비원의 사장은 전 자민당 의원이 맡았다. 그리고 1972년부터는 '법무성 요코하마 입국관리사무소 소장'을 지냈던 인물이 맡았는데 그는 긴자와 합쳐 40명 정도 되는 요정 직업여성들의 출입국 수속을 도왔던 모양이다.

좌절로 끝난 이시하라의 이상

1966년 5월, 마치이는 후쿠시마현의 시라카와를 무대로 종합 레저 개발 계획을 수립한다. 호텔, 골프장 이외에 각종 스포츠 시설, 쇼핑센터, 목장 등을 갖춘, 그간 도쿄에서 전개했던 사업들과는 차원이 다른 계획이었다. 마치이는 이미 예전부터 상황이 어려운 시라카와의 개척 농민들에게 융자 지원을 하고 있었다. 그러나 사업 부진으로 벽에 부딪힌 농민들이 토지를 매수해 줄 것을 제안해 왔고 이에 개발 사업을 결심했다고 한다. 총 예산은 당시의 금액으로 300억 엔 이상이다.

일본의 은행들은 그때까지도 재일한국인인 마치이에게 대출해 주려고 하지 않았다. 마치이는 한국의 대통령 경호실장이었던 박종규, 그리고 박정희 대통령에게 도움의 손길을 요청한다.

마치이와 친분이 두터운 박종규가 거액의 융자를 박정희에게 진언하여 1967년 1월 설립한 한국외환은행이 그 자금줄을 책임지게 되었다. 한국에서는 이 거액 대출에 대해 박정희와 국무총리 정일권 등이 연루된 중앙 정계의 여성 스캔들 은폐에 마치이가 협력한 대가라는 소문도 있다.

과거 일본의 육군사관학교에 유학했던 박정희는 시라카와에서 진행된 훈련에 참가한 적이 있다. 박정희의 뇌리에 새겨진 시라카와의 아름다운 경관도 융자 지원에 한몫했던 것 같다. 그리하여 1968년 7월에 계약이 성립되고 다음 달부터 한국외환은행을 통한 대출이 시작된다.

마치이는 우선 근대적인 농장 만들기에 돌입했다. 전용 허가를 받은 약 5만 평의 농지에 혁신적인 농업을 실현하고자 하는 목표를 내걸었다. 긴자에서 고급 클럽을 경영하던 마치이가 왜 갑자기 후쿠시마에서 농업을 하려 했을까. 아마도 마치이는 머릿속에서 이시하라 간지의 만년과 좌절을 떠올렸을 것이다.

이시하라는 패전을 거쳐 영구 평화 시대의 새로운 사회 건설을 모색했다. 그리고 '도시 해체, 농공일체, 간소한 생활'이라는 이상을 실현하기 위해, 1946년에 고향인 야마가타현 사카타시와 가까운 도유사초로 이주한다. 이시하라는 그곳 니시야마 농장에서 지지자들과 함께 척박한 모래땅을 개척하고 농업과 공업이 일체화된 공동체 건설을 꿈꾸며 만년을 보냈다.

그러나 사업의 자금원으로 기대했던 전기 제염은 기계적 결함으로 실패하고 만다. 니시야마 농장에서의 생활은 어려워졌고 당초 60명 정도 있었던 지지자도 하나둘 떠나갔다. 그리고 이주 3년째인 1949년에 이시하라는 60세로 병사한다. 남은 이들이 니시야마 농장을 근근이 이어갔으나 그조차도 얼마 지나지 않아 자연 소멸했다.

마치이는 시라카와의 근대농장을 '동아농공원'으로 명명한다. 그리고 동아연맹운동에 관여했고 이시하라가 '농업 방면의 국보적 천재'라 평가했던 농정학자인 이케모토 기미오를 원장으로 초빙했다. 마치 마치이는 좌절로 끝나버린 이시하라의 이상을 계승하려는 것처럼 보였다. 그러나 그 실패는 처음부터 약속되었던 것이나 다름없었다.

거듭된 융자에 의한 사업 확대

이 시기에 마치이는 한국 측으로부터 다양한 사업 제안을 받는다. 대한조선공사의 불하, 워커힐호텔의 카지노 운영 등은 마치이의 고사로 성사되지 않았으나 그가 자진해서 맡은 사업도 있다. 부산과 시모노세키를 잇는 연락선 사업이 그것이다.

1905년부터 일본과 한반도 왕래의 주요 교통수단이 되었던 부관연락선은 전쟁 말기부터 운항이 중단된 상태였다. 그 후 1968년 8월, 부산 시장과 시모노세키 시장이 항로 재개에 서로 합의한다. 시모노세키시와 부산시가 운항회사로서 관부페리, 부관페리를 각각 설립하여 공동 운영한다는 내용이다. 한국 측은 일본과 동등한 주권 국가라는 입장을 고수하려는 의도도 있었던 듯하다.

그러나 곧 주주 그룹이 결성된 시모노세키와는 대조적으로 부산에서는 사업 가능성이 없다는 이유로 투자자가 거의 모이지 않았다. 마치이는 이를 보다 못해 한국 정부에 출자를 제안했다.

그리하여 1969년 8월에 마치이를 대표로 하는 부관페리가 설립되었고 1970년 6월부터 운항이 시작되었다. 다만 한국 측이 우려했던 바와 같이 운항 개시 당초에는 3천 톤급 대형선에 맞는 수요가 없었다. 또한 1974년 10월부터 1981년 8월까지 일본제 자동차 반입이 금지되어 사업 파탄의 위기에 처한 적도 있다. 겨우 적자를 벗어나 채산성을 갖게 된 것은 한국에서 해외여행이 자유화된 1989년 이후의 일이다.

마치이는 이 시기에 또다시 거액의 융자를 받아 미국에서의 석유 채취 사업에 착수했다. 여기에는 한국외환은행의 지급 보증과 고다마의 입김이 작용했다. 또한 1973년 6월에는 고급 레스토랑, 사우나, 피트니스 클럽, 클리닉을 갖춘 'TSK·CCC 터미널 빌딩'을 롯폰기에 신축했다. 같은 시기에 고급 회원제 클럽 'TSK·CCC'도 오픈했다. 약 7천 명이 참가한 개업 파티에는 당시의 인기 연예인들도 대거 동원되었다고 한다.

세 명의 죽음을 낳은 문세광 사건

한국에서 일본제 자동차 반입이 금지된 것은 문세광 사건의 영향이다.

문세광은 1974년 8월, 박정희를 겨냥해 두 발의 총알을 발사한다. 총알은 박정희를 비껴갔고 두 번째 총알이 옆에 있던 영부인 육영수의 머리를 관통했다.

문세광은 1951년에 오사카에서 태어난 재일한국인이다. 한국 국적자로 민단에도 가입했으나 일찍이 김일성이나 마오쩌둥에 심취해 있었다고 한다.

사건 당시 22세였던 문세광이 범행에 이른 경위에 대해서는 한국과 일본 경찰의 설명이 서로 다르다. 한국 측에 따르면 조총련이 문세광과 접촉하여 암살을 부추기고 자금을 제공했다고 한다. 한편 일본 측의

박종규의 사임을 전하는 『동아일보』(1974.8.21). 좌측에는 총격의 순간을 담은 연속 사진이 게재되었다. 왼쪽 연단 뒤가 박정희, 왼쪽에서 무대 중앙으로 뛰어 나오는 인물이 박종규, 그리고 중앙에서 쓰러지는 하얀 옷차림의 여성이 육영수.

설명으로는 문세광이 소속했던 재일한국청년동맹(한청)이 박정희 정권 타도의 슬로건을 내건 것이 암살 결심의 계기였다고 한다. 자금도 일본인이 제공했다는 것이다.

　한청은 과거 마치이가 간부를 맡았던 재일대한청년단이 그 전신으로, 1961년의 박정희 군사 쿠데타를 비판한 청년 조직이다. 또한 앞서 설명했듯이 마치이는 권일의 집행부와 대립한 한청을 배제하는 일에서 활약한 바 있다. 같은 국적을 갖고 함께 민단 일에 관여했던 마치이와 문세광은 서로 다른 이상을 향해 움직였던 것이다.

범행에 사용한 권총은 1974년 7월 18일에 오사카시 주오구의 파출소에서 훔친 것이다. 문세광은 다음 달 6일에 오사카에서 한국으로 건너와 서울 시내의 호텔에서 대통령이 참석하는 '광복 기념식'이 열리는 8월 15일이 되기를 기다렸다.

8월 15일의 광복기념식이 진행되는 도중, 국립극장 관객석 3열에서 무대 위로 뛰어올라가 권총을 쏘았다. 이 사건으로 육영수 이외에 합창단의 일원으로 참석했던 16세의 소녀가 희생되었다. 문세광을 향해 쏜 경찰의 탄환이 빗나갔기 때문이다.

문세광은 일본 대사관 직원의 이름을 대고 식장으로 들어갔다고 한다. 그러나 초대받은 사람만 참석할 수 있는 행사에, 그것도 권총을 소지한 문세광이 무대와 매우 가까운 자리까지 들어갔다는 사실을 미심쩍게 생각하는 목소리도 끊이지 않았다. 현행범으로 체포된 문세광은 같은 해 12월 17일에 사형 판결이 확정되어 3일 후 교수형이 집행되었다.

문세광은 항공편으로 한국에 건너갔지만 연락선으로 운반되는 자동차는 권총 등 무기의 은닉 장소로 이용되곤 했다. 이런 이유로 일본제 자동차의 반입이 7년 가까이 금지되었고 그 결과 부관페리의 경영을 압박한 것이다. 또한 박정희의 최측근으로 마치이와도 친했던 박종규도 이 사건으로 인생이 흔들리게 된다. 박종규는 대통령 경호실장으로서 임무를 다하지 못한 책임을 지고 사표를 냈고 사건 6일 후 수리되었다. 후임을 맡은 차지철이 라이벌 관계에 있던 중앙정보부 부장 김재규에 의해 박정희와 함께 사살된 것은 그로부터 5년 후의 일이다.

고다마와의 결별

이 피비린내 나는 사건이 일어나는 사이에 마치이의 인생은 조금씩 금이 가기 시작한다.

시라카와의 개발 사업은 행정 당국으로부터 택지 전용 허가를 받지 못해 계획이 지지부진했다. 『황소라 불린 남자』에 따르면, 교섭을 담당한 동아상호기업의 직원은 관공서가 마치이의 출신 때문에 허가를 꺼리는 듯한 분위기를 느꼈다고 한다.

한편 동아농공원에서는 이케모토가 채산성은 생각지도 않고 유럽에서 고가의 농경 기계를 사들였다. 위의 책에서 당시의 동아상호기업 관계자는 "왜 그런 바보 같은 데에 돈을 쓰는 건지.", "운영이 엉망."이라고 말한다. 그러나 마치이는 "이케모토 선생의 생각대로 하게 해."라고 하고는 더 이상 이야기를 들어주지 않았다고 한다.

터무니없는 인테리어 비용에 관계자도 혀를 내두른 TSK·CCC도 개업 1년 만에 경영난에 부딪혔다. 마치이의 질책을 두려워한 부하 직원이 회원 수를 부풀려 보고했다고 한다. 1974년은 제1차 오일 쇼크의 영향으로 일본 경제가 대혼란에 빠졌던 해다. 마치이가 운영하던 레스토랑, 클럽, 요정도 잇달아 경영 부진에 빠져 대부분이 폐업을 피할 수 없게 되었다.

그리고 1976년 2월, 록히드 사건이 발각된다. 미국의 군수업체인 록히드사가 각국의 비밀 대리인에게 항공기 판매 공작 자금을 주고, 일본 정부가 항공기를 매입하도록 고관들을 상대로 로비를 한 것이다. 일본에서 이 비밀 대리인을 맡았던 것이 바로 고다마다. 고다마는 록히드사로부터 700만 달러(약 21억 엔)의 자금을 받아 그 일부를 고관에게 뇌물로 주었다. 고다마는 지병을 이유로 증인 조사에 불참했고 1976년 3월에 탈세, 5월에는 외환법 위반으로 기소되었다.

도쿄 지검은 이미 전부터 고다마가 연루된 불투명한 자금을 주목해 왔고 마치이의 시라카와 개발 사업도 수사의 도마 위에 올라 있었다. 그리고 1976년 2월, 미 상원에서 열린 록히드사의 공청회를 계기로 그간 의 의혹이 일시에 표면화되었다. 마치이도 고다마의 측근으로서 언론의 표적이 되었고 1973년의 김대중 납치 사건 연루 의혹까지 제기되었다.

그리고 1976년 7월에는 동아상호기업의 의혹이 전면적으로 부각된 다. 토지 개발 규제와 관련하여 후쿠시마현 직원에게 뇌물을 준 혐의로 회사 관계자가 체포된 것이다. 후쿠시마의 뇌물 수수 사건은 다음 달 현 지사인 기무라 모리에의 체포로 번져갔다. 기무라는 전쟁 중에 군의 관으로서 난징 사건에 관여했던 자민당 정치가이다. 후쿠시마현 지사 재임 시에는 원전 유치에 특히 적극적이었던 것으로 알려져 있다. 고다 마 측근의 회사를 둘러싼 이 사건은 당시 '후쿠시마판 록히드 사건'으 로 언론을 떠들썩하게 했다.

거래는 성사되지 않았으나 고다마는 한국에서도 비밀 대리인으로서 공작 자금을 받기로 록히드사와 약속하기도 했다. 록히드사의 여객기 트라이스타를 대한항공에 2~6기 판매하면 고다마가 375만 달러를 챙 기기로 했던 것이다. 대한항공의 대주주는 역시 록히드 사건으로 구속 된 정치꾼 오사노 겐지다.

'사리사욕을 버리고 한일 우호를 위해 애쓰는 애국자' 그렇게 믿고 고다마를 존경해 마지않던 마치이였다. 그러나 실상은 미국의 앞잡이 가 되어 마치이의 조국까지 돈줄로 삼으려 했던 정치 브로커였다. 사건 에 분개한 우익 청년이 경비행기로 고다마가 요양하는 자택에 돌진하

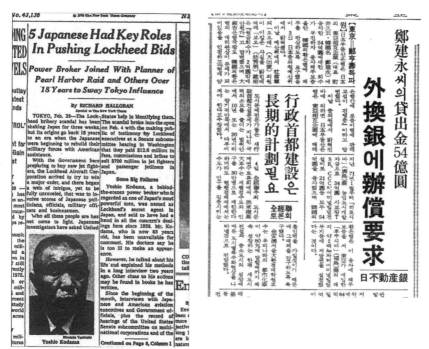

대한항공에 대한 항공기 판매와 관련된 록
히드사와 고다마 요시오의 거래를 전하는
『뉴욕타임스』(1976.3.1.)

한국외환은행이 일본부동산은행으로부터 변제를
독촉받고 있다고 전하는 『동아일보』(1977.3.4.)

여 사망한 것은 1976년 3월의 일이다. 마치이도 록히드 사건 이후, 스
승으로 떠받들던 고다마와 결별했다.

물거품이 된 시라카와의 꿈

'일본부동산은행, 외환은행에 변제 요구'

1977년 3월 4일, 이러한 제목의 기사가 『동아일보』에 게재되었다. 전날 있었던 일본 국회 질의 내용을 소개한 보도다.

질의에 따르면 일본부동산은행은 1971~73년에 한국외환은행의 신용 보증으로 동아상호기업 측에 54억 엔을 융자했다. 그러나 변제된 금액은 2억 엔에 불과하니 그 나머지 52억 엔을 한국외환은행이 변제하라고 요구했다는 것이다.

1968년에 박종규의 주선으로 시작된 한국외환은행으로부터 동아상호기업으로의 융자가 이루어지기 시작했다. 그 잔고는 1977년 시점에서 담보 평가액 88억 엔에 대해 약 155억 엔에 달했다. 또한 동아상호기업이 발행한 총 10억엔 가량의 어음이 한국외환은행 도쿄 지점에서 결제되었다고 한다. 한국 정계에서는 마치이를 계속 지원하자는 목소리도 있었으나, 한국외환은행의 재무 상황은 이미 심각한 수준이었다.

박정희 정권이 지원 중단을 결정하고 얼마 후인 1977년 6월 2일, 동아상호기업은 8천만 엔의 부도 어음으로 은행 거래 정지 처분을 받는다. 그리고 이날 지병을 이유로 증인 조사를 거부하던 고다마가 처음으로 재판에 출두했다.

한국외환은행에 대한 채무를 포함하여 동아상호기업의 부채 총액은 334억 엔에 달했다. 이후 도쿄지방법원의 권고를 받아 자력으로 재건하는 것을 목표로 하게 된다. 그리고 이듬해 1978년에는 세이부그룹 주도로 시라카와의 개발을 계속하기로 결정한다. 마치이는 박정희가 기대했던 이 사업을 "이대로 내버리면 평생 조국에 얼굴을 들 수 없다는 생각에 고심했다고 한다."(『황소라 불린 남자』).

그러한 박정희가 암살된 것은 다음 해인 1979년 10월의 일이다. 기댈 언덕을 모두 잃어버린 마치이는 결국 심장병을 앓게 되어 외출도

삼가게 되었다.

시라카와의 개발 인가는 여전히 후쿠시마현의 완강한 거부로 지지부진한 채 시간만 흘러갔다. 1983년부터는 기다리다 지친 한국외환은행과 동아상호기업 사이에 법정 싸움이 시작되었다. 그러한 상황을 보고 세이부그룹도 마치이가 기대했던 개발 사업에 더 이상 관여하지 않게 되었다. 결국 개발은 계획 단계에서 물거품이 되어 버리고 말았다.

사라진 이상

동아상호기업이 부도를 맞은 직후, 평론가인 가미노고 도시아키는 마치이에게 취재를 요청했다. 병석에 있던 마치이는 이를 거절하였으나 중개자를 통해 어떤 에피소드를 전해왔다. 그것은 마치이가 전후 처음으로 한국 방문 시, 현지 기자에게 소감을 질문받았을 때의 이야기다. 마치이는 "한국의 해방은 기쁘지만 동시에 일본의 패전은 슬프다."고 대답했다(『슈칸분슌(週刊文春)』 1977년 6월 23일 발행호). 이 발언은 당연히 한국에서 뭇매를 맞았다.

가미노고는 굳이 이 에피소드를 전해 준 마치이의 진의를 이해할 수 없었다. 매국노로 비난받는 고다마와 달리 자신은 진정한 열사라고 강조하고 싶었던 것일까.

1984년 1월에 고다마가 급성 심부전으로 타계하여 록히드 사건을 둘러싼 공소가 기각되었다. 같은 해 7월에 마치이도 심근경색으로 쓰러진 이후 날로 몸이 쇠약해졌다. 그 이듬해 12월에는 마치이보다 7살 아래인 박종규가 56세의 젊은 나이로 세상을 떠났다. 사인은 간암이었다.

마치이는 그 후 버블 경제에 따른 지가 급등을 이용해 재기를 시도했으나 투기의 광분에 버림받고 만다. 야쿠자였다는 과거가 자금 조달의 길을 막았기 때문이다.

2002년 9월, 마치이는 심부전으로 세상을 떠난다. 한국외환은행은 동아상호기업이 소유하던 자산의 저당권을 매각하고, 시라카와의 토지와 롯폰기의 빌딩도 모두 남의 손에 넘어갔다. 이시하라 간지의 이상을 계승하고자 마치이가 열의를 쏟은 동아농공원은 당시 목초지였던 풀숲과 같은 미미한 흔적만이 남아 있다. 마치이가 부설한 6.2km의 도로는 아스팔트가 갈라져 그 틈새로 잡초가 무성히 자랐다.

동아시아가 하나로! 일본의 군국주의를 요람으로 탄생한 동아사상은 일본 통치하에 있었던 일부 조선인들의 마음을 사로잡았고 그 중 한 사람인 마치이도 거기에 인생을 바쳤다. 동아사상은 동아시아공동체 등으로 이름을 바뀌어 보수파의 흐름을 잇는 정치가에 의해 그 명맥이 유지되고 있다.

과거의 구상에서 동아시아 맹주는 일본이었다. 그러나 마치이가 만년을 맞이했을 무렵, 공산당이 집권하는 중국이 그 자리를 대신하게 되었다. 중국이 미국과 어깨를 나란히 하는 강대국으로 변모하고, 한일 간, 중일 간의 갈등의 골이 깊어진 지금, 이러한 흐름은 거스를 수 없을 것이다. 마치이가 믿었던 군국주의 일본의 이상은 미미한 흔적만 남긴 채 과거로 사라지고 있다.

정의신

극작가, 영화감독, 1957~
효고현 히메지시 출생 / 재일 2세

히메지성 돌담길에 살던 사람들

JR 히메지역에서 북쪽으로 폭 40m의 오테마에 거리가 쭉 뻗어 있다. 그 길 끝 저 멀리 작게 보이는 하얀 성곽이 히메지성이다. 오테마에 거리를 10분 정도 걷다 보면 동서로 가로지르는 2번 국도와 교차한다. 이 2번 국도의 북측 변을 따라 이어지는 돌담이 과거에 성벽이었던 남부도루이(南部土壘)다.

오테마에 거리의 서쪽에는 돌담 바로 뒤쪽에 초·중 병설 공립학교가 있다. 돌담과 이 학교의 샛길, 지금은 산책로가 된 가늘고 긴 공간에, 100가구 이상이 모여 살던 판잣집 취락이 있었다. 패전 직후의 혼란기, 살 곳 없는 사람들이 모여 움막집을 짓기 시작한 것이 시초였다.

"아버지가 전쟁이 끝나고 얼마 후 간장 가게 사토 씨한테 거기 땅을 샀다고 하는 거예요. 돌담에 면한 작은 땅을 말이죠. 하지만 권리증 같은 것도 없었어요. 게다가 거긴 국유지라서 개인이 마음대로 사고 팔 수 있는 게 아니잖아요? 그런데도 아버지는 사토 씨한테 돈을 주고 샀다는 거죠(웃음). 아무튼 그런 연유로 우리 가족들은 그 취락에서 살게 되었어요.

취락에 사는 사람들은 재일코리안과 일본 사람이 반반 정도였죠. 제가 유치원 들어가기 조금 전부터 거기서 살았어요. 저는 남자 다섯 형제 중 넷째였고 고도성장기라 아버지의 고철상 일도 바빠져서 유치원 들어가기 전까지는 외할머니가 키워 주셨어요. 취락으로 이사한 후로는 고등학교를 졸업할 때까지 거기서 지냈습니다.

취락 바로 앞이 학교였죠. 당시는 유치원, 초등학교, 중학교가 나란히 있었고, 집을 나서면 바로 교문이었어요. 같은 취락에서 다니는 동급생들도 몇 있었어요. 애초에 꽤나 큰 취락이었던 터라 면식이 없는 집들도 많았지만, 학교에서는 모두 제가 거기 사는 정씨네 아들이라는 걸 알고 있었고 그래서 자이니치(재일)라는 것을 숨기지도 않았습니다.

취락에는 가게나 식당도 있었어요. 동급생 여자애의 집에서 하는 식당, 같은 자이니치 아줌마가 하는 곱창구이집 같은……. 우리 집에서도 한 달에 한 번은 거기서 곱창을 사와 집에서 구워 먹곤 했습니다."

정의신은 1957년, 효고현 히메지시에서 태어났다. 극단 '구로텐트'를 거쳐 1987년부터 1996년까지 극단 '신주쿠 양산박'에서 전속 각본가로 활동했다. 한편으로 영화 〈달은 어디에 떠 있는가〉(1993)로 키네마준포 베스트10 각본상, 데라야마 슈지 10주기 기념 공연 희곡 〈더

데라야마〉(1994)로 기시다 구니오 희곡상을 수상했다. 그 후에도 영화
〈사랑을 갈구하는 사람〉(1998) 〈피와 뼈〉(2004)를 비롯하여 연극, 영화,
TV 등 폭넓은 매체를 통해 정력적인 창작 활동을 이어가고 있다. 2014
년에는 자수포장을 받았다.

2008년에 예술선장 문부과학대신상을 수상했고, 2018년 6월에는
영화로도 제작·개봉된 연극 〈야키니쿠 드래곤〉은 불법 판자촌에서 곱
창집을 운영하는 재일교포 가족이 주인공이다. 그 배경으로 정의신이
자란 돌담길 취락이 잘 재현되어 있다고 한다.

"취락에 살 때는 계속 거기를 벗어나고 싶었습니다. 향상심이 없고
변변치 못한 어른들이 싫었어요. 하지만 막상 어른이 되고 보니 제 자
신도 변변치 않은 건 마찬가지더군요. 그래서 '그건 그거대로 괜찮은
거였구나.'하고 생각하게 되었습니다(웃음).

주민들 대부분은 일용직 노동자 같은 최하층 사람들이었어요. 취락
에서 우리 집 살림살이가 제일 좋았을 겁니다. 아버지는 폐품 회수업,
그러니까 고철상을 했는데 간사이 지역에서는 '요세야'라고 불렀죠. 가
난한 아저씨들이 골판지 상자나 헌 잡지를 갖고 와서 돈으로 바꿔 갑니
다. 그런데 그 사람들은 오전에 그렇게 돈을 받아 가면 오후에는 일도
안하고 술만 마시는 거예요.

더부살이 고용인도 아닌데 우리 집 창고에서 먹고 지내는 다리가 불
편한 아저씨도 있었습니다. 길가에 버려진 폐차에 사는 사람도 있었어
요. 제가 초등학생이었을 때 그 다리 불편한 아저씨가 고향인 오카야마
로 가겠다며 리어카를 끌고 취락을 나간 적이 있었습니다. 모두 모여
배웅을 했는데 조금 있다가 다시 돌아오더군요. 가는 도중에 있는 오르

막길이 힘들어서 고향에 가는 걸 포기했다는 겁니다. 참 아무 생각 없이 사는 어른이네, 하고 어린 생각에도 어처구니가 없었습니다(웃음).

근처에 친한 노부부가 사셨는데 어렸을 때 곧잘 놀아주셨습니다. 그런데 부인이라고 생각했던 할머니가 사실은 내연녀였고, 그러다가 젊은 남자랑 눈이 맞아서 도망가 버렸죠. 그 후에 할아버지는 한동안 혼자 사시다가 고향인 오키나와에서 아들이 데리러 와서 취락을 떠나셨어요.

또 서로 공공연하게 말은 안 했지만 몸을 파는 아줌마도 있었어요. 릴리 씨라고 하는 몸을 파는 남자도 있었죠. 그 밖에 '바케네코 영화'[33]의 1대 주인공의 어릴 적 유모였다는 할머니도 있었습니다. 어느 날 그 여배우가 무슨 연유에서인지 유모였던 그 할머니 집으로 도망쳐 와서 매스컴까지 몰려와 온 동네가 난리였던 기억이 있어요.”

'고향'의 원풍경

정의신은 유치원에 들어가기 전까지 묘원으로 알려진 나고야마의 취락에서 외할머니와 함께 살았다. 그곳은 돌담길 옆 취락과 달리 해방 전부터 있던, 조선인들의 집주지였다. 주변보다 지대가 높은 나고야마는 히메지성 서쪽에 위치한다. 가까이에 적십자병원, 소년원, 그리고 화장터가 있었다. 정의신은 혼자서 자주 언덕에 올라가 화장터의 굴뚝에서 연기가 피어오르는 것을 바라보았다고 한다. 정의신은 또 다른 인터뷰에서 모두 이과 계열로 진학한 다른 형제들과 달리 자신만이 문과 계열인 것은

---

33) 고양이 요괴가 등장하는 괴담 영화.

나고야마의 취락에서 지냈던 경험 때문이라고 말한 바 있다.

"할머니는 부산 근처에서 태어나셨습니다. 14세 때 일본에 계시던 할아버지와 결혼하기 위해 혼자서 바다를 건넜습니다. 이 사람이 네 남편 될 사람이라는 말에, 만난 적도 없는 할아버지의 사진만 보고 말이죠. 할아버지는 대충 사는 사람이었는지 할머니는 바로 일을 해야만 했어요. 할머니는 어머니를 포함해서 딸 넷을 낳았는데, 할아버지는 아직 아이들이 어렸을 때 일본인 첩의 집에서 복상사로 돌아가셨다고 합니다. 둘째 딸인 저희 어머니도 소학교 졸업 후 바로 방적 공장에서 일하면서 가계를 도왔습니다.

어머니는 열여섯 때에 아버지와 결혼했어요. 어머니의 언니, 그러니까 장녀는 시집을 갔고, 아버지는 어머니의 두 여동생과 할머니까지 보살폈습니다.

아버지는 성실하고 굳건하게 전후의 혼란기를 이겨낸 사람입니다. 태어난 곳은 충청남도 논산의 시골 마을이었는데 열다섯 때 혼자서 일본으로 건너왔습니다. 학교에서 집에 가는 길에 책가방을 든 채로 훌쩍 바다를 건넜다고 합니다. 당시에도 도항 절차가 필요했을 텐데 그냥 괜찮았다고 하시더군요.

아버지는 성실하고 향학열이 있는 분이셨습니다. 일본에서 교육을 받고 돌아가면 성공할 수 있다는 꿈도 있었을 겁니다. 히로시마의 쌀 도매상에서 일하며 운전면허증도 땄습니다. 일본인 사장도 아버지를 귀여워해서 잘 대해 줬던 모양이에요.

아버지는 히로시마고등사범학교(현 히로시마대학)의 교육학부에 진학했습니다. 그런데 2학년 때 전쟁이 시작돼서 할 수 없이 중퇴하셨죠.

그 후에 도쿄의 육군 나카노학교 시험에 합격해서 일본군 헌병이 되었습니다."

전쟁이 끝나자 정의신의 아버지는 히메지에 땅을 사서 정미소를 하며 생계를 꾸려갔다. 그 얼마 후 고향으로 돌아가기 위해 배편을 알아보고 땅을 팔아 전 재산을 쏟아부었다. 그런데 큰아버지를 먼저 태우고 일본을 떠난 배가 그만 침몰하고 만다. 결국 전 재산을 잃은 일가는 돌담길 옆 취락에 몸을 의지하게 되었다. 외할머니는 고향으로 돌아가지 못한 채, 정의신이 23세 때 타계했다. 그리고 열다섯의 나이에 일본으로 건너온 아버지가 고향 땅을 다시 밟기까지는 반세기의 세월이 흘렀다.

"한국으로 가자는 이야기는 자주 나왔는데 언제나 아버지가 트집을 잡아서 그냥 없던 얘기로 되곤 했어요. 헌병이었던 아버지는 일본에 협력한 사람으로 간주되어 한국에서 배신자 취급을 받았거든요. 친할아버지의 무덤도 공동묘지에 모시지 못하고 소토바[34] 같은 것이 세워져 있을 뿐이었습니다. 한국을 찾은 부모님이 그 광경을 본 것은 아버지가 일본에 오신 지 50년이 지나고 나서였죠. 장남이었던 아버지는 통곡을 하셨고 묘를 다시 만들어 드렸습니다. 그 후로는 성묘하러 자주 한국에 가셨어요. 한국에서 대일 협력자로 간주되던 사람들이 전쟁 희생자로 정식으로 복권된 것은 사실 최근 들어서입니다.

아버지는 몇 년 전에 돌아가셨습니다. 저는 아버지의 고향에 가서 생가를 찾은 적이 있어요. 아버지의 생가는 약재상인가 잡화점인가를

---

34) 卒塔婆: 범어로 죽은 자를 공양하는 문구를 적어 묘 앞에 세워두는 목패.

했다는 얘기를 들었어요. 하지만 친척도 없고 형제분들도 모두 돌아가
셔서 단서를 전혀 찾을 수가 없었습니다. 단지 생가가 있었던 것으로
추측되는 곳은 묘지처럼 되어 있었습니다. 아버지가 살았던 흔적은 결
국 아무것도 발견하지 못했어요."

〈적도 아래의 맥베스〉는 정의신이 명동예술극장에 올리기 위해 쓴
작품으로 2010년에 한국어로 초연되었다. 2017년에는 대폭 수정된 일
본어판이 도쿄 신국립극장에서 상연되었다. 일본인이 연합군 포로들
을 학대했던 태면 철도[35] 건설 현장에서, 포로 감시 임무를 맡았던 조
선인 군속 세 사람이 주인공이다. 이들은 일본인 3명과 함께 B급, C급
전범으로 싱가포르의 교도소에 수감되어 전원이 사형을 선고받는다.
이야기의 밑바탕에는 정의신 부친의 체험이 깔려 있다.

아버지의 마음과 정체성

정의신의 아버지는 창씨개명 때 작은 저항을 했다. 정(鄭)의 일본식
발음 '테이'와 같은 발음이 되도록 '手井'라는 성씨를 고안했다고 한다.
전후에는 줄곧 조선 국적으로 지냈고 재일본조선인총연합회(조총련)의
활동에도 참가했다. 한국 국적으로 바꾼 것은 90년대가 지나 방한을
결심하고 나서의 일이다.

---

35) 泰緬鐵道: 제2차 세계대전 중에 일본군이 군사물자를 수송하기 위해 부설한 415km 길이
　　의 태국-버마(현 미얀마) 간 군용 철도. 영화 〈콰이강의 다리〉로 유명하다.

"아버지는 조선 국적에 대한 애착을 갖고 있었다고 생각합니다. 원래부터 조선 사람이었는데 왜 굳이 바꿔야 하냐는 생각이었겠지요.

저는 문학이나 영화를 계기로 고등학생 때부터 민족의식 같은 것을 조금씩 자각하게 되었습니다. 군사 정권을 비판하다가 투옥된 한국의 김지하 시인이 대단히 주목받던 시기여서 그 영향도 있었죠. 또 조니 오쿠라 씨가 영화 〈이방인의 강〉(1975)에서 박운환이라는 본명으로 출연했었잖아요. 거기에 감화되어서 그때까지 '테이'라고 읽었던 성도 '정'으로 고쳐 읽는 계기가 되었습니다.

다만 아버지는 저희 형제를 조선계나 한국계 학교에 보내려고는 하시지 않았어요. 일본에서 살아갈 거니까 일본의 교육을 받으라는 생각이셨던 거죠. 그래서 저희 형제는 모두 일본의 공립학교를 졸업했습니다. 또 조선인이 안정된 직장에 취직하려면 기술이 필요하다며 저를 제외한 형제 네 명을 모두 자연계 학과로 보내셨습니다. 형들 중 두 명은 약사와 치과 의사이고 남동생도 사이타마에서 의사를 하고 있습니다.

저는 도시샤대학의 문학부에 진학했는데 조선인이 문학부에 가서 뭘 할 거냐고, 아버지랑 크게 싸웠어요. 그래도 가고 싶다며 고집을 부려 입학했는데 결국 2년 다니고 중퇴해 버렸죠(웃음). 게다가 영화학교에 들어간다고까지 했으니, 아버지가 노발대발하실 수밖에요."

대학 중퇴 후 정의신은 약 2년간 교토에서 아르바이트를 하며 지낸다. 영화에 흠뻑 빠진 것이 이 시기이다. 토요일 낮부터 오사카에서 2편, 교토에 돌아가서 올나이트 상영으로 5편, 그리고 일요일에 또 2편을 봤다. 그리고 영화의 길을 가기 위해 이마무라 쇼헤이 감독이 설립한 요코하마 방송영화전문학원(현 일본영화대학)에 진학한다. 처음에는 미술

방면을 지망했으나 서서히 시나리오 작가의 재능을 평가받게 된다.

"여름 방학 때 시나리오를 쓰는 숙제가 있었어요. 자신의 가난한 생활을 소재로 삼긴 했는데 그렇다고 딱히 체험담을 그려내고 싶은 생각은 없었어요. 정체성이나 상처, 트라우마 같은 것을 글로 옮기는 건, 정말 싫거든요(웃음). 처음부터 픽션을 쓰기로 했습니다. 그 시나리오를 담당 교관이던 프로 각본가가 마음에 들어 해서 제자로 들어갔던 시기도 있습니다.

영화학교를 나와서 쇼치쿠 영화사의 촬영소에서 미술 조수를 할 무렵, 재일 선배의 권유로 극단 '구로텐트'와 인연을 맺게 되었습니다. 거기서 쓴 처녀작 희곡이 기시다 구니오 희곡상 후보에 올라서 '연극의 길로 가라는 신의 계시인가' 싶어서 연극에 전념하게 되었습니다. 그 후로도 후보로 오른 적이 다섯 번 정도 있었지만 상은 받지 못했어요. 영화 〈달은 어디에 떠 있는가〉의 각본으로 처음 상을 받았습니다. 그래서 '영화의 길로 가라는 신의 계시인가'하고 생각을 다시 고쳐먹었는데, 그 후 바로 〈더 데라야마〉로 기시다 구니오 희곡상을 수상한 거죠. 결국 '이건 두 마리 토끼를 잡으라는 신의 계시구나' 그냥 흘러가는 대로 하다 보니 여기까지 온 것 같습니다."

한국에서 반향을 불러일으킨 〈야키니쿠 드래곤〉

〈야키니쿠 드래곤〉은 일본의 신국립극장과 한국의 예술의전당이 공동 기획한 작품이다. 시대적 배경은 1969년부터 1971년. 공항 근처의 판자촌에서 야키니쿠 식당을 운영하던 재일한국인 가족이 취락의 퇴거 조치로 뿔뿔이 헤어지는 이야기를 그렸다. 2008년 4월에 신국립극장에서 초연되어 극찬을 받았다.

"1970년 오사카 만국박람회로 공항 활주로가 하나 더 늘었는데 그 공사에서 일한 노동자들이 규슈에서 탄광이 폐쇄되는 바람에 흘러들어온 사람들이라는 이야기를 듣고 바로 이거다 싶은 생각이 들었습니다. 화려한 만국박람회의 뒤에서, 일본의 큰 전환점이 된 시대를 뒷받침하던 것은 그들과 같은 이름 없는 노동자들이었어요.

〈야키니쿠 드래곤〉에서는 그러한 일본의 전환기, 고도 경제 성장 속에서 사라져가는 가족의 모습을 그리고 싶었습니다. 70년대의 번영 속에서 뒤로 밀려난 사람들이 있습니다. 그렇다고 아름다운 노스탤지어 세계로 그릴 생각은 없었어요. 그리 장하지도 아름답지도 않지만 어쨌든 버티며 살아냈다는 내용을 그리고 싶었죠.

아버지는 생전에 제가 하는 일에 대해서 말씀하시는 일이 거의 없었습니다. 그런데 한국에서 〈야키니쿠 드래곤〉을 보시고 돌아가는 택시 안에서 나직이 이렇게 말씀하셨어요. "좋았다."고. 그리고 "너무 너 자신을 팔지는 마라."고도 하시더군요(웃음). 아버지가 돌아가시고 나서 제가 나온 신문 기사의 스크랩을 발견했어요. 말씀은 없으셨지만 지켜보고 계셨던 거죠."

한국에서는 2008년 5월에 상연되었다. 정의신은 상연 전에 한국의 신문 기자로부터 "일본에서는 호평을 받았어도 한국에서는 그렇지 않다. 한국인들은 재일교포에 대해 잘 모르니까."라는 말을 들었다고 한다. 그러나 기자의 예상을 깨고 〈야키니쿠 드래곤〉은 일본 이상의 반향을 불러일으켰다. 정의신은 무대 위에서 그려지는 대가족의 이산이 핵가족화가 급속히 진행되는 한국의 세태와 중첩되어 공감을 얻은 것이라고 분석한다. 일본에서는 1970년대를 경험한 중년층 이상에게 지지를 받았으나 한국에서는 가족의 변화에 직면한 젊은 층이 지지했다.

"분명 한국인들은 자이니치에 대해 잘 알지 못합니다. 자이니치에 대해 그들이 갖고 있는 이미지는 엄청난 부자이거나, 가난한 사람이거나 하는 정도죠. 작은 아버지가 건강하실 때 수십 년 만에 왕래가 재개되었던 시기가 있었습니다. 그런데 그 후로 친척들이 계속 우리 집을 찾아와서는 돈을 달라는 거예요. 신혼여행으로 왔으니 돈을 달라든지 하는 식으로. 정작 저희는 그 결혼식에 초대받지도 않았는데 말이죠. 사람 좋은 아버지도 결국 질려서 연락을 끊어버릴 정도였어요.

저는 한국에서도 계속 작품 활동을 하고 있는데 한국인과 지내다 보면 제 자신이 무척 일본적이라는 것을 느낍니다. 줄곧 일본에서 지내고 일본의 교육을 받아왔으니 그렇게 느끼는 것도 당연하겠죠. 한국인에게 좀 더 다가가고 싶어도 맞춰지지 않는 부분이 있어요. 언어도 한국어 원어민이 아니고 사고방식도 다릅니다. 한국인들도 저를 일본인으로 인식하고 있겠지요.

한국의 문화는 나날이 새로워지고 있는데, 자이니치 사이에서 전해지는 풍습은 예전 그대로입니다. 제사도 1세가 건너왔을 때랑 달라진 게 없어서, 지금의 한국보다 굉장히 구식이에요. 자이니치 사회가 이제는 별개의 문화권이 된 것이죠.

한편으로 제 작품은 일본어로 쓰인 것이고, 누가 뭐라든지 일본 영화,

일본 연극입니다. 단, 저는 자이니치이지 일본인은 아닙니다. 그렇지만 양쪽 문화를 모두 누릴 수 있다고 생각하면 오히려 유쾌하지 않습니까? 더블 컬쳐라는 정체성을 순순히 받아들이고 즐기며 살아가는 거죠. 한국이든 일본이든, 한국인이든 일본인이든 상관없이, 함께 연극을 만들면서 그것을 즐기는 일. 그건 오히려 행운이라고 저는 생각합니다."

작품의 모델이 된 돌담길 옆 취락은 히메지시의 사적 정비 사업과 함께 1985년도부터 퇴거가 개시되어 1992년 3월에 철거가 완료되었다. 퇴거의 대상이 된 가옥은 모두 143채이다.

이제는 산책로가 된 공간에 초·중학생들의 목소리가 돌담까지 울려퍼진다. 일찍이 '기타모토초'라 불리던 취락의 지명도 지도에서 사라져, 한반도와 일본 사이에 가로놓인 하나의 역사가 막을 내렸다. 그러나 그 기억은 이야기로 모습을 바꾸어 양쪽에 이어지고 있다.

参고문헌

『〈在日〉という生き方 差異と平等のジレンマ』朴一(著) / 講談社

『「在日」の精神史2 三つの国家のはざまで』尹健次(著) / 岩波書店

『「在日」の精神史3 アイデンティティの揺らぎ』尹健次(著) / 岩波書店

『「在日企業」の産業経済史 その社会的基盤とダイナミズム』韓載香(著) / 名古屋大学出版会

『「知的野蛮人」になるための本棚』佐藤優(著) / PHP研究所

『NHK 知るを楽しむ 私のこだわり人物伝』第四巻第六号 / NHK出版

『Sports Graphic Number』70号 / 文藝春秋

『アンドレアスの帽子 舞台のある風景』鄭義信(著) / 丸善

『キャロル 夜明け前』ジョニー大倉(著) / 夫婦と生活社

『キャロル 夜明け前 第2章』ジョニー大倉(著) / 青志社

『コリアン世界の旅』野村進(著) / 講談社

『ザイニチ魂! 三つのルーツを感じて生きる』鄭大世(著) / NHK出版

『ジャパニーズ・ロック・インタビュー集 時代を築いた20人の言葉』越谷政義(著) / ティー・
　　　オーエンタテインメント

『ジョニー大倉ラストシャウト!』森永博志(著) / KADOKAWA

『スター誕生 ひばり・錦之助・裕次郎・渥美清そして新・復興期の精神』吉田司(著) / 講談社

『マルハンはなぜトップ企業になったか? 素人発想の「現場力」が強い組織を作る』奥野倫充(著)
　　　/ ビジネス社

『もう一人の力道山』李淳馹(著) / 小学館

『われ生きたり』金嬉老(著) / 新潮社

『僕たちのヒーローはみんな在日だった』朴一(著) / 講談社

『北朝鮮版 力道山物語』キム・テグォン(著) / 柏書房

『十六歳漂流難民から始まった2兆円企業』韓昌祐(著) / 出版文化社

『在日マネー戦争』朴一(著) / 講談社

『在日二世の記憶』小熊英二、高賛侑、高秀美(著) / 集英社

『在日朝鮮人 歴史と現在』水野直樹、文京洙(著) / 岩波書店

『在日朝鮮人企業活動形成史』呉圭祥(著) / 雄山閣出版

『在日韓国人の底力 21世紀へ向けて"韓国系日本人"の確立を』植田剛彦(著) / 日新報道

『夫・力道山の慟哭 没後40年 未亡人が初めて明かす衝撃秘話』田中敬子(著) / 双葉社

『将軍様の錬金術 朝銀破綻と朝鮮総連ダークマネー』金賛汀(著) / 新潮社

『巨怪伝 正力松太郎と影武者たちの一世紀』佐野眞一(著) / 文藝春秋

『帰国船 北朝鮮 凍土への旅立ち』鄭箕海(著) / 文藝春秋

『張本勲 もう一つの人生 被爆者として、人として』張本勲(著) / 新日本出版社

『強者としての在日 経済の目で見た全く新しい視点の在日論』辺真一(著) / ザマサダ

『徐兄弟 獄中からの手紙 徐勝、徐俊植の10年』徐俊植(著) / 岩波書店

『徐勝「英雄」にされた北朝鮮のスパイ 金日成親子の犯罪を隠した日本の妖怪たち』張明秀(著) / 宝島社

『獄中19年 韓国政治犯のたたかい』徐勝(著) / 岩波書店

『悪役レスラーは笑う「卑劣なジャンプ」グレート東郷』森達也(著) / 岩波書店

『日本テレビとCIA 発掘された「正力ファイル」』有馬哲夫(著) / 宝島社

『日本代表李忠成、北朝鮮代表鄭大世 それでも、この道を選んだ』吉田清悟、姜成明(著) / 光文社

『日本国籍を取りますか? 国家・国籍民族と在日コリアン』白井美友紀(編) / 新幹社

『日本経済をゆさぶる在日韓商パワー』間部洋一(著) / 徳間書店

『昭和プロレス正史』斎藤文彦(著) / イースト・プレス

『朝を見ることなく』呉己順さん追悼文集刊行委員会(著) / 社会思想社

『朝鮮総連 その虚像と実像』朴斗鎮著(著) / 中央公論新社

『木村政彦はなぜ力道山を殺さなかったのか』増田俊也(著) / 新潮社

『松田優作 炎 静かに』山口猛(著) / 光文社

『松田優作 遺稿』山口猛(編) / 立風書房

『松田優作、語る』松田優作(著)、山口猛(編) / 筑摩書房

『松田優作と七人の作家たち『探偵物語』のミステリ』李建志(著) / 弦書房

『越境者 松田優作』松田美智子(著) / 新潮社

『蘇る松田優作』大下英治(著) / 廣済堂出版

『橋を架けるも者たち 在日サッカー選手の群像』木村元彦(著) / 集英社

『歴史教科書 在日コリアンの歴史』在日本大韓民国民団中央民族教育委員会(著) / 明石書店

『民族でも国家でもなく 北朝鮮・ヘイトスピーチ・映画』李鳳宇、四方田犬彦(著) / 平凡社

『永遠の挑発 松田優作との21年』松田麻妙(著) / リム出版新社

『海峡 ある在日史学者の半生』李進熙(著) / 青丘文化社

『海峡を渡るバイオリン』陳昌鉉(著) / 河出書房新社

『猛牛(ファンソ)と呼ばれた男「東声会」町井久之の戦後史』城内康伸(著) / 新潮社

『男気万字固め』吉田豪(著) / 幻冬舎

『知っていますか? 在日コリアン 一問一答』川瀬俊治、郭辰雄(著) / 解放出版社

『石原莞爾 その虚飾』佐高信(著) / 講談社

『祖国と母国とフットボール ザイニチ・サッカー・アイデンティティ』愼武宏(著) / 武田ランダ
　　ムハウスジャパン

『私の戦後70年』北海道新聞社(編) / 北海道新聞社

『私戦』本田靖春(著) / 河出書房新社

『立原正秋 追悼』白川正芳(著) / 創林社

『立原正秋 風姿伝』鈴木佐代子(著) / 創林社

『立原正秋』高井有一(著) / 新潮社

『追想 夫立原正秋』立原光代(著) / 角川書店

『身閑ならんと欲すれど風熄まず 立原正秋伝』武田勝彦(著) / ケイエスエス

『解放後 在日朝鮮人運動史』朴慶植(著) / 三一書房

『越境する在日コリアン 日韓の狭間で生きる人々』朴一(著) / 明石書店

『週刊東洋経済』二〇一六年一一月一九日号 / 東洋経済新報社

『金嬉老とオモニ』山本リエ(著) / 創樹社

『金嬉老の真実 寸又峡事件の英雄の意外な素顔』阿部基治(著) / 日本図書刊行会

『韓国の経済発展と在日韓国企業人の役割』永野愼一郎(著) / 岩波書店

『韓国現代史 大統領たちの栄光と砂鉄』木村幹(著) / 中央公論新社

『麻酔と蘇生 高度医療時代の患者サーヴィス』土肥修司(著) / 中央公論新社

저자 **다카쓰키 야스시(高月靖)**

논픽션 작가. 다마미술대학 졸업. 디자이너, 편집자를 거쳐 독립. 한국, 성(性) 등을 중심으로 다양한 테마를 다루고 있다. 주요 저서로는 『한류드라마 전격 해부(韓流ドラマ、ツッコミまくり)』(バジリコ), 『철저비교 일본vs한국(徹底比較日本vs韓国)』(河出書房新社), 『김일, 오키 긴타로 전설(キム・イル大木金太郎伝説)』(河出書房新社) 등이 있다.

역자 **한정선**

한양대학교 일어일문학과 졸업. 도쿄대학 총합문화연구과 비교문학·비교문화 코스에서 석사·박사 학위 취득. 동국대학교 일본학연구소 전문연구원을 거쳐, 현재 부산대학교 일어일문학과 조교수로 재직중. 역서로는 『일본의 혐한파는 무엇을 주장하는가』(오구라 기조, 제이앤씨, 2015), 『전야』(황영치, 보고사, 2017)가 있다.

동국대학교 일본학연구소 번역총서

13인의 재일한인 이야기 – 在日異人傳

2020년 6월 30일 초판 1쇄 펴냄

지은이 다카쓰키 야스시
옮긴이 한정선
펴낸이 김흥국
펴낸곳 도서출판 보고사

책임편집 이순민
표지디자인 손정자

등록 1990년 12월 13일 제6-0429호
주소 경기도 파주시 회동길 337-15 2층
전화 031-955-9797(대표)
　　　 02-922-5120~1(편집), 02-922-2246(영업)
팩스 02-922-6990
메일 kanapub3@naver.com / bogosabooks@naver.com
http://www.bogosabooks.co.kr

ISBN 979-11-6587-064-5　03910
ⓒ 한정선, 2020

정가 18,000원

〈이 저서는 2017년 대한민국 교육부와 한국연구재단의 지원을 받아 수행된 연구임
(NRF-2017S1A5B8059712)〉